나만 알고 싶은

과제탐구
끝판왕

나만 알고 싶은

과제탐구
끝판왕

저자 **신다인 · 이성훈 · 송경훈 · 김승호** | 기획 **정동완**

왜 과제탐구인가?

학교생활에서 과제탐구를 하게 된다면 어떤 경우일까요?

아마도 선생님이 주시는 수행평가나 발표 수업, 독서감상문 작성, 프로젝트 수업과 관련이 있을 것입니다. 학기별 진행되는 교내대회 중 주제탐구 발표와 창의융합 탐구대회도 과제탐구의 시작점이 되기도 합니다.

어느 과정에서 시작되든 과제탐구에서 가장 중요한 것은 '탐구 동기'입니다. 탐구 동기는 곧 문제 인식이며 문제 제기이기 때문입니다. 그런데 대부분은 시작이 참 어렵다고 합니다. 그 이유는 평소 "이런 현상은 왜 생길까?", "이것이 우리에게 미치는 영향은 무엇일까?"라는 질문을 던져보지 않았기 때문입니다. 어떻게 하면 이런 탐구 동기를 성립을 위한 문제 제기와 자주 만날 수 있을까요? 그 해결을 위한 지침서가 바로 '나만 알고 싶은 과제탐구 끝판왕'입니다.

'나만 알고 싶은 과제탐구 끝판왕'에서는 과제탐구 시작이 막막한 학생과 학교에서 그 진행을 지도할 선생님께 탐구 과정 안내와 실제 예시를 드립니다. 이 책은 학생이 스스로 택한 주제를 즐기며 의미 있는 탐구 활동을 하도록 돕습니다. 학생뿐만 아니라 선생님께도 과제탐구를 지원하는 역할을 잘 할 수 있는 가이드를 제공합니다.

과제탐구가 무엇인지 잘 모르신다면, 질문으로 알아보는 과제탐구를 보세요. 이 단계에서 과제탐구에 대한 이해를 넓힐 수 있습니다. 과제탐구에 대해 알지만, 진행을 모른다면 처음부터 끝까지 과제탐구 따라하기를 보기 바랍니다. 과제탐구 과정을 그대로 따라할 수 있게 했습니다. 이미 과제탐구 경험이 있긴 한데, 차별화된 내용을 고민한다면 '과제탐구 학교생활에서 실행하기'는 다양한 형태와 시각으로 접근할 수 있는 방법을 알려드립니다.

과제탐구에 도전한다면 끝까지 포기하지 않고, 문제해결 과정을 거쳐 보고서를 완성해야 합니다. 과제탐구는 다양하고 전문적인 자료를 얼마나 확보했느냐에 따라 질무과 문제 현상을 해석해내는 관점이 달라집니다. 주제와 관련된 개념, 용어, 이론을 정리하고 주제와 관련한 책들과 연구논문을 살펴보면 새로운 지식과 안목이 쌓이게 됩니다. 그러면 다소 엉뚱하고 어설프더라도 창의적인 시각으로 분석하여 해당 연구의 가설과 탐구 방법을 구성합니다.

이 책 '나만 알고 싶은 과제탐구 끝판왕'을 통해 그동안 학생을 지도하면서 체득한 지혜를 담아 더 쉽고 다양한 방법으로 과제탐구에 도전할 방법을 알려드리고 싶었습니다. 부디 과제탐구를 하는 학생에게 정말 필요한 도움 자료로 활용되기를 바라며 글을 마칩니다.

저자 일동

CONTENTS

나만 알고 싶은 과제탐구 끝판왕
추천사

강성진 선생님 / 국원고등학교

◆ 선생님, 생기부가 어느 정도 되어야 인(in)서울 할 수 있나요? 학생들에게 질문을 자주 받는다. "학교 수업 열심히 듣고, 대학 홈페이지 들어가서 열심히 찾아봐!"

그런데 이 책을 읽고 이제는 다른 말을 해줄 수 있게 되었다. "대학에서 원하는 인재가 되어라. 단순한 일에도 의문점을 가지고 호기심을 해결하기 위해 탐구해라. 그 과정을 잘 녹여서 생기부에 담아내기 위해 노력해라."

2015 개정 교육과정 이후 '과제탐구'를 통해 스스로를 드러내는 것이 중요한 시대. 이 책은 학생이 알아야 할 과제탐구에 대한 모든 과정이 담겨져 있다.

권효진 선생님 / 인일여자고등학교

◆ 전문적인 R&E와는 달리 과제탐구에 쉽게 접근할 수 있게 구체적으로 설명이 되어 있어서 좋습니다. 특별한 상황이나 일부 학생만 할 수 있는 것이 아니라, 모든 고등학생이 시도할 수 있도록 여러 차원에서 설명이 되어 있는 점이 장점입니다. 특히 그동안 자신이 했던 여러 가지 활동을 되돌아보며 충분히 과제탐구로 바꿔 시도할 수 있다는 생각이 들어 학생들과 학부모님들에게 추천합니다.

김병규 선생님 / 신한고등학교

◆ 학생부종합전형을 시행한 지 꽤 오랜 시간이 지났음에도 불구하고 학생들과 학부모, 교사들 모두 구체적인 대비 방법의 부재로 어려움을 겪고 있습니다. 특히 전공 적합성과 학업능력을 한 번에 보여줄 수 있는 과제탐구 학습은 그동안 지도방법과 정보 부족으로 인해 접근하기가 힘든 부분이었습니다. 하지만 이번에 출간된 나만 알고 싶은 과제탐구 끝판왕에 수록된 실제 사례를 중심으로 한 상세한 설명과 구체적인 작성 방법을 통해 이러한 문제를 한번에 해결할 수 있으리라 생각합니다.

김종무 선생님 / 예산고등학교

◆ 진로진학에 대한 고민을 한 번이라도 해 본 교사-학생-학부모라면 꼭 함께해야 하는 지침서가 아닐까? 진로교사이면서 진학지원단 및 진학협의회 그리고 대교협 활동을 하면서 늘 아쉬웠던 한 부분을 채워주는 가이드가 아닐까 하는 마음으로 추천합니다. 공평한 평가를 하고자 하는 교사에게, 자신의 역량을 잘 발휘하고자 하는 학생에게, 자녀가 학교에서 무엇을 하고 있는지 궁금해하는 학부모에게 필요한 가이드임을 알려드리며 적극적으로 추천하고자 합니다.

류수진 선생님 / 해운대고등학교

◆ 과제탐구는 2015 개정 교육과정에서 강조되고 있는 다양한 역량을 함양할 수 있는 중요한 내용입니다. 그런데도 과제탐구의 정확한 의미와 실행 방법에 대해서는 막연하고 막막한 학생들이 대부분입니다. 이 교재를 통해 과제탐구를 명확하게 이해하고 교과와 비교과를 아우르며 적용 방법을 익히고 필요한 역량을 길러낼 수 있는지를 알게 될 것입니다.

박성경 선생님 / 합포고등학교

◆ 과제탐구를 시작해보려는 학생, 그리고 그 학생을 지도하시는 선생님께 처음부터 끝까지 친절하게 하나하나 짚어가며 전 과정을 알려주는 좋은 지침서입니다. 계열별 다양한 사례를 통해 과제탐구의 방향을 찾아 나갈 수 있으며, 학생부와의 연계를 통해 실질적으로 입시에 도움을 많이 받을 수 있습니다. 학생부 기재가 간소화되는 상황에서 과제탐구를 통해 교과 세부능력 특기사항에 양질의 탐구과제를 반영함으로써 학생의 지적 호기심과 진로에 대한 적극성을 드러내기에 딱 좋은 활동이라고 생각하며 추천합니다.

박정수 선생님 / 대전한빛고등학교

◆ 평가가 학생들의 학습과 발달에 도움이 되지 못하고 등급화나 서열화의 도구로 활용되는 문제를 해결하기 위해 최근 '과정중심평가'가 강조되고 있습니다. 교사들이 학생들의 수많은 학습에 대한 과정 평가를 하여 생활기록부에 적지요. '구슬이 서말이라도 꿰어야 보배'라는 속담처럼 대입에 꼭 필요한 내용을 생활기록부에 자연스러우면서도 입시에 맞춰 정리할 수 있도록 도움을 주는 책입니다. 교사분만 아니라 학부모님, 학생이 꼭 읽어 보아야 할 책이라고 생각합니다.

변희영 선생님 / 단원중학교

◆ 2015 개정 교육과정을 한마디로 요약하자면, 역량 중심 교육과정일 것이다. 학생들이 실제로 기능하는 힘을 길러주는 것이 중요해졌다. 학생 스스로 관심 있는 분야에 대한 과제를 탐구해보는 경험을 겪게 하려면 어떻게 해야 할까? 과제탐구는 역량 중심 교육과정의 필수이며, 교사는 이제는 모든 것을 혼자 가르치는 것이 아니라 학생에게 과제탐구로 지적 호기심을 유발해야 한다. 이러한 시대적 요구에 친절하면서도 세심한 안내가 돋보이는 책! 학생뿐만 아니라 교사에게도 방향성을 제시해주는 책! '나만 알고 싶은 과제탐구 끝판왕'이다.

신부길 선생님 / 창녕옥야고등학교

◆ 과제탐구에 대한 막연한 두려움이나 수행 과정의 복잡함 등으로 인해 '과제탐구 = 어렵다'라는 인식이 많습니다. 하지만 누구라도 쉽게 이해하고, 따라 하면서 과제탐구를 수행하는 방법과 내용이 들어가 있습니다. 게다가 머릿속에 있는 과제탐구에 대한 내용을 쉽게 다가갈 수 있도록 구성되어 있기에 현장에 계신 선생님도 유용하게 사용하리라 생각됩니다. 꼼꼼하게 읽어 보고 실제 적용시켜보면서 훌륭한 과제탐구의 시간이 되길 바랍니다!

오현수 소장님 / THE나다움
◆ 일단 이 책을 읽고 나면 과제탐구가 부담이 아닌 전략으로 작용한다는 것을 알 수 있다는 점에서 큰 의미가 있다. 중간 중간 대화식의 실제 일어나는 토의 내용을 수록하여 처음 해 보는 과제 토의도 생생하게 알 수 있으며, 과제탐구를 학생들이 자세히 이해하고 직접 실천할 수 있는 가이드를 제공한다는 점에서 학생들에게 나만의 멋진 과제 탐구 길잡이가 될 것이라 확신한다.

이민지 선생님 / 대원고등학교
◆ 학교생활기록부에 없어서는 안 될, 과제탐구! 이렇게 자세히 가르쳐줄 순 없다!

이상민 선생님 / 합천여자고등학교
◆ 나만 알고 싶은 과제탐구 끝판왕은 일상 속 질문이나 관심사 등에서 '왜'라는 질문을 끊임없이 할 수 있도록 학생들에게 기회를 제공하는 책입니다. 또한, 그러한 문제 인식을 창의적이면서 논리적인 과정을 거쳐 보편적 결론이 아닌 특수한 결론을 낼 수 있다는 가능성을 찾게 해주는 지침서가 바로 '나만 알고 싶은 과제탐구 끝판왕'이라고 생각합니다.

이종호 선생님 / 미사중학교
◆ 교육이 희망인 시대에 사는 우리 학생들에게 나만 알고 싶은 과제탐구 끝판왕은 여러분에게 적지 않은 도움이 될 것입니다. 현직 교사들이 심혈을 기울여 작성한 본 교재는 여러분이 글로벌 리더로서 자리매김할 수 있는 귀한 자료들로 채워지고 있습니다. 시간을 투자하여 본 교재를 열심히 공부한 학생들에게는 큰 보람이 될 것을 확실히 믿습니다.

이지원 선생님 / 국원고등학교
◆ 학생들의 자기주도적 학습역량 및 학업역량을 동시에 드러낼 수 있는 '과제탐구'를 이렇게 깊이 있게 알 수 있다니! 학생들이 스스로 문제를 찾고 해결해가는 과정을 교과 & 비교과를 넘나들며 체계적으로 보여주고, 또 다양한 교과의 내용까지 담아내고 있어 학생들에게 유의미한 교육활동을 고려하는 선생님들께 좋은 나침반이 될 듯합니다.

이승희 선생님 / 도래울중학교
◆ 이 책은 실제로 실험을 하며 과제탐구학습을 수행하고자 하는 학생들에게 매우 유익하고, 학생들의 창의력과 융합 능력, 분석력을 키워주는 데 큰 도움을 줄 것으로 기대됩니다.

최은정 / 동성고등학교
◆ 나만의 관심 주제를 찾아 깊이 탐구해보는 경험은, 나 자신을 무한한 가능성의 세계로 이끌어 갑니다. 미지의 세계로 나아가는 설렘을 안고, 탐구하는 즐거움을 흠뻑 느껴보길 바랍니다. 이 책이 안내하는 길을 따라 과제 탐구를 진행해 나가면, 나조차도 인식하지 못하고 있던 멋진 내 모습을 만나게 될 것입니다.

권용길 선생님 / 형곡고등학교

◆ 학생들에게 '과제탐구' 과목에 대한 생각을 물어보면 으레 '무엇을 하란 건지 잘 모르겠다.', '내용이 너무 어렵다.', '솔직히 선생님도 뭘 가르쳐야 하는지 잘 모르시는 것 같다'는 대답이 돌아오곤 합니다. 암기 중심의 교육과정을 거쳐온 이들에게 '탐구'라는 개념은 스스로 생각하기보다는 남들이 적어준 생각을 요약, 정리, 암기하여 읊을 수 있는 능력에 더 가까웠던 것이 사실이지요. 2015 개정 교육과정이 본격적으로 시행되면서 우리 교육은 학생들에게 암기 대신 '생각하는 능력', '탐구하는 능력'을 길러주고자 합니다. '과제탐구'는 이러한 역량을 기르는 데 가장 적합한 과목이지만, 수업 방식의 난해함과 낯섦으로 인해 학생들이 쉬이 접하기 어려운 과목이었지요. 그런 점에서 나만 알고 싶은 과제탐구 끝판왕은 '과제탐구'란 무엇인가에 대한 해석부터 시작하여 과제탐구의 종류, 적용 사례, 과제탐구 방법 등을 상세히 안내하고 있습니다. 이 책은 학생들의 탐구능력과 지적 호기심 확장은 물론, 학생들을 지도하는 선생님들에게도 앞으로 어떻게 학생들을 교육해 나갈 것인가에 대한 방향을 제시해주는 훌륭한 지침서가 되리라 생각합니다.

권은재 선생님 / 풍생고등학교

◆ 왜? 라는 질문에 공감할 수 있는 사회 분위기를 만들어 가는 첫걸음. 바로 과제탐구입니다.
과제탐구를 통해 학생들은 스스로 문제를 찾고 해결하면서 주어진 길이 아니라 스스로 나아가는 길을 만들 수 있습니다. 그 길을 밝혀주는 책이 '나만 알고 싶은 과제탐구 끝판왕'이라 생각합니다.

김용택 대표컨설턴트 / 진학멘토 '신의한수' 입시전략연구소

◆ 자기소개서 작성 워크숍을 하다보면 과제탐구를 하면서 실험에서 영향을 주는 변인의 종류에 대해 신중하게 고려하고 정확한 실험을 위해 변인 통제를 제대로 해야 했는가를 질문하면 당황하는 경우를 보았습니다. 'Ⅳ. 과제탐구 처음부터 끝까지 따라하기'를 읽고 반복하여 따라하면 실험에 숙달되어 가는 자신을 발견하게 될 것입니다.

김정미 선생님 / 송천고등학교

◆ 과제 탐구를 준비할 학생들에게 필독서가 될만 합니다. 고등학교에서 입시를 준비하는 학생들 꼭 읽어보세요~^^

김진건 소장님 / 강남정보학원 입시전략연구소

◆ 2015 개정 교육과정의 핵심 단어는 '탐구'일 것입니다. '수학과제 탐구', '사회문제 탐구', '체육 탐구' 과목을 포함한 다양한 과제탐구는 학생부종합전형에서 요구되는 지적호기심과 성장잠재력을 발휘할 수 있도록 도와주는 과정입니다. 『나만 알고 싶은 과제탐구 끝판왕』은 미래 인재의 핵심 역량인 창의력, 창의지성을 드러내는데 중요한 과정인 과제탐구에 대해서 기초부터 적용까지, 실제 학생들을 지도했던 경험이 녹아 있어서 과제탐구 수행에 어려움을 느끼는 학생들에게 소중한 지침서가 될 것입니다.

김진연 선생님 / 지도중학교

◆ 과제탐구를 사례로 접하니 이 사례만으로도 과제탐구의 방향성이 확 잡히는 느낌이다. 아니, 어떻게 해야 하는지를 분명 알 수 있었다. 학교에서 학생들이 실제적으로 어떻게 해야하는지를 제시하니 교사로서, 학생으로서도 이만한 지침서가 있을까.

김혜빈 선생님 / 서창고등학교

◆ 학생들 스스로 과제 탐구를 수행해보는 것이 중요하다는 말은 많이 들었는데 그 과정이 어떻게 이루어지는지는 자세히 알지 못했습니다. 검토를 통해서 과제 탐구의 과정이 어떻게 이루어지는지 이해하게 되었고, 앞으로 책을 통해 학생분만 아니라 선생님들도 과제탐구에 대한 사고의 폭을 넓힐 수 있을 것 같다는 생각이 듭니다.

도현진 선생님 / 흥진중학교

◆ 기존의 '과제'라는 말에 중압감을 받았던 학생들이라면 꼭 이 책을 추천합니다! 과제 탐구에 고민이 많은 학생에게 실천 가능한 구체적인 방안을 제시해주고 있는 것이 매우 인상적입니다. 최근 사상 초유의 온라인 개학을 맞이하여 학생들의 자율성이 강조됨에 따라 학생 스스로가 탐구하고 연구하는 과제 탐구의 중요성 역시 부상하고 있습니다. 이러한 시대에 흐름에 맞게 추상적인 과제 탐구가 아닌, 어떤 프로그램을 과제 정리에 이용하면 좋은지, 무슨 그래프를 어떻게 이용하며 어떠한 방식으로 과제에 접근하고 탐구하면 좋은지 구체적이고 실질적인 방안들을 제공한다는 점에서 학생들에게 유용한 길라잡이가 되리라 확신합니다.

박영범 선생님 / 한겨레중학교

◆ 진로를 탐색하고 싶은 학생, 자신의 능력을 발휘하고 싶은 학생, 과제탐구가 무엇인지 알고 싶은 학생들을 위한 최고의 지도서입니다. 당신의 미래가 변하는 첫걸음을 '나만 알고 싶은 과제탐구 끝판왕'이 함께 합니다.

배미희 선생님 / 천안불무중학교

◆ 과제탐구는 현재 교육과정에서 강조하고 있지만, 정확한 가이드라인이 없어서 학생들이 어려워합니다. 이 책은 과제탐구에 대해서 기초부터 차근차근 알려주는 안내서 같은 역할을 합니다. 학생생활기록부에 대한 고민을 '나만 알고 싶은 과제탐구 끝판왕!!'을 통해 해결하세요.

송슬기 선생님 / 신화중학교

◆ 실생활에서 발견할 수 있는 문제 상황을 창의적인 방법으로 탐구해 낼 수 있는 인재를 만들어 내는 책입니다. 학생들분만 아니라 일선에서 학생들의 과제연구 활동을 지도하시는 선생님들께도 큰 도움이 되리라 생각합니다. 또한 고등학교에서의 과제연구분만 아니라 중학교 영재교육, STEAM교육을 담당하는 선생님 역시 참고할 만한 책이라 생각합니다.

안세룡 선생님 / 원곡고등학교

◆ 찬찬히 읽어보는 학교생활기록부 특기사항 참고서. 교과 세부능력 및 특기사항, 진로활동 특기사항, 동아리활동 특기사항에 뚜렷한 산출물로 구체적이고 차별화된 활동이 부각될 수 있게 활동해보는 것은 어떨까요?

유성주 선생님 / 송촌중학교

◆ 나만 알고 싶은 과제탐구 끝판왕은 막연하기만 해서 사막 속 신기루 같던 과제탐구를 실제로 볼 수 있고 만질 수 있고, 마실 수 있는 물로 만들어주는 책입니다. 진짜 끝판왕 맞네요!

윤소라 선생님 / 광명경영회계고등학교

◆ 학생부종합전형에서 교과 연계 과제탐구 경험이 다른 지원자들과 자신을 차별화시켜 드러낼 수 있는 좋은 요소라는 것을 알지만 어떻게 시작해야 하는지 막막해하는 학생들, 지도방법에서 조언을 얻고자 하는 교사들에게 아주 좋은 지침서라고 생각합니다. 과제탐구 시작부터 보고서 작성까지의 모든 단계가 실질적인 예시와 함께 상세히 안내되어 있고, 추후 이것이 생활기록부에 어떻게 기록이 되어 학생 본인의 진로 방향과 연결시킬 수 있는지도 알 수 있어, 입시 준비하는 학생들은 꼭 읽어보시길 추천합니다.

이미경 선생님 / 용산고등학교

◆ 나만 알고 싶은 과제탐구 끝판왕은 과제탐구라고 하면 막연히 어려움을 느끼는 학생들에게 어떻게 과제탐구를 시작하고 과제탐구를 발전시켜 나갈 수 있는지에 대한 좋은 길잡이가 되어 줄 것입니다. 고등학교 현장에서 과제탐구를 시작하는 아이들이 흔히 범하는 실수들과 과정들을 쉬운 대화형식으로 풀어내고 있어 과제탐구과정 설계에도 큰 도움이 되리라 생각합니다. 창의성과 자기주도적 학습능력이 요구되는 이 시대에 과제탐구를 통해서 이러한 능력을 길러보면 어떨지!!!

이범석 원장님 / 코스모스과학학원

◆ 일반고에서 의미 있는 과제탐구를 하고 싶어도 방법을 몰라 도전하지 못하는 경우가 많았습니다. 이 교재를 통하여 과제탐구 방법에 대해 자세히 배울 수 있고 이를 통하여 좋은 탐구보고서가 많아질 것이라 기대합니다.

조보경 선생님 / 건양고등학교

◆ 과제 탐구에 대한 자세한 예시를 통해 학생 스스로 과제 탐구에 대한 자기주도학습을 해낼 수 있는 가이드라인이 되는 책입니다. 왜 과제탐구를 해야 하는지에 대한 이유를 비롯하여 과제 탐구에 대한 총제적인 이해가 담겨있어 학생들에게 좋은 본보기로 사용됨에 충분하며 또한 교사에게는 학교에서 실제 사용할 수 있는 각종 창제활동과의 연계를 목표로 참고서가 되기에 매우 추천합니다.

허제현 선생님 / 안화고등학교

◆ 중학교 담임을 하면서 아이들이 고등학교 생활에 관한 막연한 고민과 걱정을 하는 장면들을 심심치 않게 보곤 하였습니다. 입시제도에 관한 구체적인 이해도 쉽지 않은 상황에서, 언론과 매체에서 이야기하는 생활기록부에 대한 다양한 이야기들이 우리 아이들을 겁에 질린 양처럼 만들곤 하죠. 이 책이 학생들 스스로 본인의 활동을 체계적으로 계획하고 실행, 정리할 수 있는 좋은 지침서, 혹은 교사와 학부모에게 아이들을 이끌어 줄 가이드북이 되리라고 생각합니다.

이상민 선생님 / 합천여자고등학교

◆ 최근 프로젝트, 협동과 공감, 문제의 정확한 분석, 계열을 고려하지 않는 창의융합형 인재 양성 등이 사회적 키워드가 되고 있습니다. 이런 시대적 흐름 속에서 우리의 교육도 학생들이 이론만 익히는 것에 그치지 않고 끊임없이 사고하고 탐구하는 자세를 길러주기 위한 프로그램으로 바뀌어야 한다는 목소리가 커지고 있는 가운데 다양한 과제활동 수업이 각광을 받고 실제 학교 현장에서도 이를 접목시키기 위해 노력 중입니다.

본 교재는 사회, 과학 분야 문제에 대한 탐구활동과 과정중심형 프로그램을 수업에만 국한하지 않고 창의적 체험활동, 교내대회 등 학교 활동 전반에 걸쳐 운영할 수 있게 디자인을 제시하는 유익한 교재입니다. 이 책이 학교 현장에서 널리 쓰일 것을 기대하는 마음으로 추천합니다!

이연정 선생님 / 시흥배곧고등학교

◆ 과제연구, 과제탐구라는 다소 거창해 보이는 분야에 대한 두려움을 없애는 데 큰 도움이 될 것 같습니다. 현장에서 학생들도 교사도 또한 학부모도 느끼는 막연함을 세심하게 짚어주는 필독서라 생각됩니다. 자신의 학습에 있어 주도권을 쥐고 열심히 자신의 능력을 개발하는 데 큰 도움 받으시기를 바랍니다.

기획 저자 / 정동완 선생님

경남 진로상담교사, 교육전문가 봉사단체 [오늘과 내일의 학교] 회장, 팟캐스트 [진학주책쇼, 초등주책쇼] MC

2017~2018 EBS 파견교사, 교육의 상향평준화를 지향하는 오늘과 내일의 학교 회장. 영어교육학
사, 영재교육석사를 거쳐 의미단위 영어로 교육학박사 과정을 수료했다. 외국어영재교육 강사 7년 경
력, 외국어 특목고에서 6년 동안 근무했다. 전국단위 교사 및 학생, 학부모대상 강의를 500회 이상 하였으
며, 2017~2018년 EBS 영어, 입시 대표강사로 활동하였고, 현재 팟캐스트 [진학주책쇼, 초등주책쇼]
의 MC를 맡고 있다. 〈끝판왕 시리즈〉, 〈유초등생활백서〉, 〈중학생활백서〉, 〈나만의 학생부 만들기〉, 〈드디어 공
부가되기 시작했다〉 등 35권 기획 및 저작하였다. EBS 〈4차 산업 혁명 시대의 미래교육과 신직업〉,
〈EBS 진학 마스타 과정〉, 〈T셀파 진로연수〉 원격연수 총괄 기획을 맡았고, 초등학교와 중학교, 고등
학교를 위한 학생 〈나만의 맞춤형 가이드-E북〉 콘텐츠를 교육의 상향 평준화를 위해 검토 및 개발에 자
문으로 도움을 주는 중이다.

저서

『나만의 학생부 만들기(넥서스에듀)』, 『자소서, 면접, 학생부, 공부 끝판왕 시리즈(꿈구두)』, 『사(思)
고치면 영어가 된다(박영스토리)』, 『시험에 나는 어법만 딱(꿈틀)』, 『드디어 공부가 되기 시작했다(우
먼센스)』, 『중학생활백서(서울문화사)』, 『10대가 맞이할 세상, 새로운 미래직업(미디어숲)』, 『학종혁
명(우리교과서)』, 『대입혁명(꿈결)』, 『옆집 아이, 성적의 비밀 건강에 있다(서울문화사)』, 『대한민국 십
대, 건강은 하십니까(꿈결)』 외 35권

나만 알고 싶은 과제탐구 끝판왕

저자 프로필

신다인 선생님

현 서울과학고등학교 물리 교사

'STEAM R&E 지도교사 매뉴얼(교육부, 한국과학창의재단)' 공동 저술, '2019 과학동아 디라이브러리 신과람 특집 R&E 활동안내문' 저술, 2020 과학동아 4월호 '스쿨 리포트 A+ 과학책 독서 토론활동' 저술, 과천과학 관 과학탐구관 전시 연계 과학교육 콘텐츠 공동 개발, 역량중심 영재교육 프로그램(초등) 에너지 파트 공동 개발, LG 상남도서관 신과람쌤과 함께하는 과학도구 이야기 및 안전한 통합과학 실험 영상 공동 제작

이성훈 선생님

현 '이즈유' 입시연구소장 및 과제탐구소장

'합격 사례로 분석한 특목고/자사고 입시멘토링' 공동 집필, 메디컬(의학/약학) 및 자연공학 계열별 탐구 역량 관련 입시자료 개발 및 상담 진행 등 교육 현장에서 학생과 학부모, 교육 전문가들에게 학생부 종합전 형 준비를 위한 '실전 로드맵' 제시, 최근 12년간 계열별 선택과목 로드맵 분석 및 학생부 세특과 과제탐구 수업 다수 진행(제시문 기반 면접 & MMI 면접 등)

송경훈 선생님

현 밀양여자고등학교 수석교사

'면접 끝판왕' 공동 집필, 경남교육청 면접, 자소서 온라인 강의 촬영, 2013년부터 매년 50차례 대입 및 미래 수업 관련 단위학교 특강, 2011, 2017년 수업 전문성 신장 교육부 장관 표창, 창의교육거점 센터 영남권 연구위원, 2019 교육부 직원 대상 '학교 수업의 변화와 학생부 기록' 강의, 2019 교육부 학생부 작성 유튜브 홍보 영상 촬영, 2022~ 건국대 정책자문단 교사

김승호 선생님

현 서원고등학교 윤리 교사

'김승호의 프로젝트 수업도전기', '정시 확대 논쟁에 숨겨진 교사의 역할', '스포츠 감독의 리더십, 교사 의 리더십', '학생들은 왜 집에서 수행평가를 하는가', '디지털 교과서, 교과서를 대체할 수 있을까?' 등 교육의 변화에 대한 여러 칼럼 저술

질문으로 알아보는 과제탐구

질문으로 알아보는 과제탐구

Q 1. 과제탐구 활동 결과보고서는 '논문 형식'으로 적어야 할까요?

A. 과제탐구 활동 결과보고서를 '꼭 이렇게 써야 한다'라고 정해진 양식은 없습니다. 학교마다 저마다의 계획서와 보고서 양식을 활용하기도 합니다. 간혹 과제탐구 활동 결과를 간략한 논문 형식으로 작성하면 체계적으로 정리하는 법을 익힐 수 있어서 활용하기도 합니다. 어떤 형식으로 보고서를 작성하든 기억해야 할 것은 과학적이고 논리적인 글쓰기여야 한다는 점입니다. 이를 탐구적 글쓰기라고도 하는데요. 탐구적 글쓰기는 문제 제기, 실험, 관찰, 주장과 증거, 읽기, 반성의 6단계로 구성이 됩니다.

Q 2. 과제탐구는 꼭 전문적인 내용으로 '깊이 있게' 작성해야 할까요?

A. 잘 작성된 과제탐구 보고서를 보면 멋진 주제에 깊이 있는 분석과 전문적인 내용이 담겨 있습니다. 이렇게 잘 작성된 과제탐구 보고서는 학생들 지도 자료로 사용되기도 합니다. 학생이 실현 가능한 수준의 주제로 탐구 활동을 하며 학문적으로 궁금한 내용을 스스로 찾아가는 즐거움을 가지게 하는 것이 가장 중요합니다. 꾸준히 탐구활동을 진행하다 보면 자연스럽게 멋진 주제와 깊이 있는 분석, 전문적인 내용을 담은 보고서를 작성하게 될 것입니다.

Q 3. 과제탐구는 진학하고자 하는 학과에 맞춰 전공적합성[1]을 드러내야 할까요?

A. 만약 어느 학생이 기계 쪽에 관심이 있다면 자연스럽게 기계 관련 책을 많이 읽게 될 것입니다. 같은 맥락으로 '평소에 관심이 있던 주제로 과제탐구 활동을 했다'라고 이해하면 됩니다. 다시 말해, 꼭 전공적합성에 맞춰야 한다는 뜻이 아닙니다. 학교 수업 시간에 모둠별로 주어진 과제를 수행한다면 모둠원과 주제 변경이나 조율을 할 수 있습니다. 또, 진로가 바뀌기 전에 관심 있었던 주제로 탐구를 한 경우 현재의 진로와 맞지 않을 수도 있습니다.

과제탐구 활동과 전공적합성이 맞으면 정말 좋지만, 대학에서 주목하는 것은 학문에 대한 몰입의 경험과 자기 주도성입니다. 즉 과제탐구 활동을 하면서 어려움에 부딪혔을 때 어떻게 창의적으로 해결해 나갔는지, 논리적인 과정으로 이끌며 최선을 다했는지를 잘 표현하는 것이 더 중요합니다. 전공적합성을 계열적합성으로 넓히면 더 좋습니다.

---

1) 전공적합성은 '지원전공(계열)과 관련된 분야에 대한 관심과 이해, 노력과 준비 정도'라고 정의할 수 있으며, 세부 평가항목으로는
 (1) 전공 관련 교과목 이수 및 성취도(지성/지식), (2) 전공에 대한 관심과 이해(감정/느낌), (3) 전공 관련 활동과 경험(의지/행동)이 있다.
 출처: 건국대·경희대·서울여대·연세대·중앙대·한국외대 입학처(6개 대학) 학생부종합전형 공통 평가요소 및 평가항목 연구책자

Q 4. 과제탐구는 결과보고서를 반드시 완성해야 하지요?

A. 결과보고서를 작성하지 않아도 된다는 생각으로 과제탐구 활동을 시작하면 일정이 지연되고 그 과정이 나태해질 가능성이 큽니다. 결과보고서 제출 일정에 쫓겨 그 과정을 대충하지 않도록 주의해야 합니다. 만약 최선을 다했음에도 불구하고 부득이 결과를 도출하지 못했다면 실행한 과정까지만 보고서를 작성하도록 합니다. 이때 현재까지의 과제탐구 활동에서 부족한 부분과 앞으로의 제언을 적는 것이 필요합니다.

Q 5. 과제탐구는 학생부에 기록되지 않는다고 하던데요?

A. 다음은 2022학년도 이후 학교생활기록부의 작성지침(개선안)입니다.

자율탐구활동으로 작성한 연구보고서(소논문) 관련사항 일체는 기재할 수 없으며, 탐구보고서 등으로 편법적 기재할 수 없다. 다만, 정규교육과정의 교과 성취기준에 따라 수업 중 연구보고서 작성이 가능한 과목*은 특기할 만한 사항이 있는 과목 및 학생에 대하여 연구보고서(소논문) 실적(제목, 연구 주제 및 참여인원, 소요시간)을 제외하고 '세부능력 및 특기사항'을 기재할 수 있다.
*연구보고서(소논문) 작성 가능 과목: 수학과제 탐구, 사회문제 탐구, 융합과학 탐구, 과학과제 연구, 사회과제 연구

위 지침에 따라 관련 내용은 기록할 수 없으나, 수업 시간에 배웠던 주제 중 관심 있는 주제에 관해 스스로 탐구 활동을 하고, 적절한 수업 시간에 발표하였다면 그 분야와 성장한 과정을 기록할 수 있습니다. 동아리활동에서 동아리원과 지도교사가 의논해서 정규교육과정 속에서 탐구 활동을 했다면 역시 학생부에 관심 분야와 그 과정에서 배우고 느낀 점을 기록할 수 있습니다. 과제연구 수업 시간에 진행된 과제탐구 활동은 정규교과 활동에 해당하므로 사교육 개입 없이 학교의 교육과정 속에서 진행한 내용입니다. 그러므로 기록이 가능합니다.

Q 6. 과제탐구는 수학과제 탐구, 사회문제 탐구, 과학탐구실험, 융합과학 등의 수업 시간에만 할 수 있는 거 아닌가요?

A. 교과수업(예 : 융합과학탐구, 과학탐구실험 수업 등), 동아리활동 등의 정규교육과정 속에서 관심 있는 주제를 스스로 탐구하고, 발표하고, 토의하는 활동이 이루어졌다면 학생의 관심 분야와 배우고 느낀 점을 기록할 수 있습니다. 다만 소논문, R&E라는 용어와 연구 주제 및 참여 인원, 소요 시간은 기록할 수 없습니다.

Q 7. 과제탐구 수업에서만 선생님께 문의할 수 있고 나머지 시간에는 학생들끼리 해야 한다던데요?

A. 과제탐구 활동 수업에서 교사의 역할은 촉진자와 안내자의 역할을 주로 합니다. 그러나 스스로 문제를 해결해 나가다가 어려움에 부딪힐 때와 학교나 사회의 지원이 필요할 때는 언제든지 도움을 요청하여 받을 수 있습니다. 만약 수업 시간에만 과제탐구 활동을 한다면 그 연속성과 내용 면에서 부족한 점이 있을 수 있습니다. 수시로 선생님과의 회의를 통해 과제탐구 활동을 진행하면서 수업 시간에는 그 진행 과정을 공유하고 선생님의 집중적인 피드백을 받는 시간으로 활용하면 좋을 것 같습니다.

Q 8. 과제탐구는 똑똑한 학생이 상위권 대학을 가기 위해서 하는 활동이라던데요?

A. 상위권 대학을 가기 위한 활동은 아닙니다. 과제탐구 활동은 성적에 따라 하는 활동도 아닙니다. 관심 있는 주제에 대해 스스로 좀 더 알아보기 위해 하는 것입니다. 아마도 이런 말이 학교 교육과정 속에 이루어지는 교과 활동에 먼저 집중하고, 그 외에 과제탐구 활동을 하는 것이 좋다는 의미에서 나온 것 같습니다. 정말로 조금 더 알고 싶은 내용이 있다면 적극적으로 도전해 보기를 권합니다.

Q 9. 우리 학교는 마땅한 시설이 없어서 과제탐구 활동을 할 수 없는데요?

A. 학교마다 시설의 차이가 있고, 학생들의 과제탐구 활동을 지원할 여건이 다르긴 합니다. 만약 과제탐구를 지원할 수 있는 여건이 부족하다면 인근 대학의 시설을 활용하는 것도 좋습니다. 선생님과의 의논을 통해 대학에 미리 도움을 요청하면 시설과 장비를 사용할 수 있습니다. 이때 담당 교수님의 멘토링을 받는 것도 과제탐구 활동의 내실화를 위해 효과적입니다.

I

과제탐구 이해하기

I

과제탐구 이해하기

1. 과제탐구가 뭐죠?

과제탐구는 학생이 관심 있는 주제에 관해 스스로 탐구하는 활동을 말합니다. 문자 그대로 '과제'를 '탐구'하는 것입니다. 여기서 '과제'라는 것이 참 다양하고, '탐구'라는 말도 여러 의미가 있을 수 있습니다. 국어사전에서는 어떻게 정의할까요? '탐구'는 국어사전에서 '진리나 학문이나 원리 등을 파고들어 깊이 연구하는 것'이라고 나옵니다. 다음 사례를 통해 학생이 학문이나 원리를 배운 후에 스스로 궁금해하며 해답을 찾는 과정을 살펴보겠습니다.

고등학교 수업 시간에 통합과학의 '지구 시스템', 통합사회의 '지역사회 문제 현상', 국제사회 단원에서 '대기오염과 지구 환경문제'에 관해 공부한 학생이 있습니다. 학생이 수업에서 쌓는 배경지식 중 '미세먼지가 위험한 이유'를 알게 되었습니다. 미세먼지가 왜 위험할까요? 자동차 배기가스, 난방 연료와 공장 매연 등의 연소 과정에서 발생되는 먼지 입자가 눈에 보이지 않을 정도로 작기 때문입니다. 그래서 사람이 미세먼지를 들이마시면 대부분 기도에서 걸러지지 않고 폐에 깊숙이 침투하기 때문인 것을 알게 됩니다.

이후 '미세먼지와 황사의 차이점'이 무엇인지 모둠토의를 해야 하는 학생은 참고자료를 검색합니다. 이를 통해 황사와 달리 미세먼지는 납, 카드뮴 등 중금속과 각종 화학물질을 포함한다는 것을 알게 됩니다. 미세먼지는 인체에 들어오면 차곡차곡 쌓여 면역 기능을 떨어뜨리고 혈액과 폐의 염증 반응, 심장 질환과 호흡기 질환 등의 직접적인 원인이 된다는 점을 모둠토의 시간에 발표해서 다른 친구와 공유합니다.

이때 모둠토의에 참가해서 위의 내용을 들은 학생 중 어느 학생의 관심 분야가 행정 및 정책학 관련 계열이라면 그 학생은 도시별 대기오염 개선을 위한 환경 모니터링 시스템 비교에 대하여 의료보건 관련 계열에 관심이 있는 다른 학생은 초미세먼지로 인해 저하되는 면역 기능을 돕는 공기청정기 효과 개선을 과제탐구의 목표로 정하게 됩니다.

어떤 것을 탐구할지는 학생에게 달려 있습니다. 즉, 무엇을 탐구할지의 주도성은 온전히 학생에게 있다는 점입니다. 스스로 정한 과제에 파고들어 깊이 연구해야 하니 반드시 학생의 흥미와 동기가 충분해야 할 뿐만 아니라 이를 연구할 끈기가 반드시 있어야 성공하는 것이 과제탐구입니다.

2. 과제탐구, 유익한가요?

여러분은 왜 대학에 가려고 합니까? 대학에 가면 무엇을 할까요? 대학은 학문에 대한 심오한 이론과 그 응용 방법을 연구하는 것을 목적으로 하는 최고 교육 기관입니다. 대학은 학문을 연구할 수 있는 학생을 뽑고자 합니다. 대학에서 전하는 말에 의하면 학교에 입학해 들어와도 학과 공부에 제대로 적응하지 못하는 학생이 종종 있다고 합니다. 대학 입장에서 과제탐구는 어떤 의미가 있을까요?

과제탐구는 대학교에서 요구하는 능력을 수행할 수 있는 인재인지 알아볼 수 있는 지표가 될 수 있습니다. 과제탐구를 수행했다는 것은 이 학생이 해당 분야에 관심을 가지고 그것에 대한 깊이 있는 연구를 수행해본 경험이 있다는 것이니까요. 실제로 과제탐구를 한 번이라도 해 본 친구들은 알겠지만, 연구는 세심한 관찰, 조사능력과 끈기가 필요합니다. 과제탐구를 수행하는 과정에서 많은 것을 배우고 스스로 성장합니다.

앞선 미세먼지 사례를 다시 들고 오겠습니다. 학생이 실외뿐만 아니라 바깥의 오염된 공기가 그대로 들어오는 실내에서도 미세먼지의 위험성이 여전히 남아있다는 사실에 문제를 느낍니다. 미세먼지는 우리 생활과 밀접한 관련이 있는 주제라서 학생의 관심이 증폭될 것입니다. 미세먼지가 아니더라도 학생들이 발견하는 대부분의 문제 상황은 평소 관찰이 가능한 학교생활에서 발견되는 경우가 많을 것입니다.

이 학생은 미세먼지와 실내공기 오염에 대한 자료 조사를 통해 현대인의 실내 활동 증가, 건축 자재의 화학물질 사용 증가, 건물의 고층화로 인한 환기 부족으로 인한 실내 공기 오염이 심화 될 수 있음을 배웁니다. 과학 칼럼에서 실내가 실외보다 노출 시간이 훨씬 길어서 더 위험할 수 있다는 점도 찾아냅니다. 이후 건축 자재와 실내 전자기기 등 오염 발생원에 의해서 생기는 먼지, 이산화탄소, 포름알데히드, 석면, 라돈, 미생물 등이 실내공기 오염을 일으킨다는 사실을 추가 조사하여 알아냅니다.

그러다가 대부분 고등학교의 교실에 공기청정기와 같은 별도의 기기를 갖추고 있지 않다는 점을 발견합니다. 즉 미세먼지를 포함한 실내공기 오염의 위험에 노출되어 있다는 점을 과제탐구의 문제 인식으로 정할 수 있습니다. 또한, 교실의 창문이 여닫이로 되어 더욱 환기가 어렵고 실내공기 오염에 더 취약하다는 점도 관찰을 통해 알게 됩니다. 생활에서 나오는 과제탐구의 주제가 정해진 순간입니다.

대학은 입시에서 과제탐구를 왜, 무엇을, 어떻게 그리고 얼마나 깊이 있게 했는지를 검증하기 위해 학교생활기록부를 꼼꼼히 살펴보고 그 내용을 면접 질문으로 사용합니다. 과제탐구를 제대로 수행하고 학생부에 충분히 표현되었다면, 그 검증 과정에서 학생의 역량을 드러낼 수 있습니다.

3. 과제탐구, 어떻게 해요?

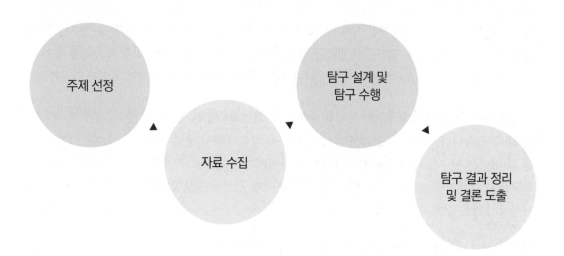

우선 어떤 '과제'를 탐구할 것인가 정해야 합니다. 그 과제를 정할 때 무조건 흥미만 가지고 접근하면 많은 시행착오가 생길 수 있습니다. 과제 탐구는 우리 주변에서 일어나는 자연현상을 포함하여 학교에서 배우는 과목 또는 학생이 접근 가능한 모든 영역(국어, 수학, 사회, 과학, 역사, 예체능 등)에서 평소 궁금했거나 알아보고 싶은 주제 모두 가능합니다. 과제탐구의 '과제'를 정하고 나면 그 과제를 탐구하기 위한 정보를 수집할 차례입니다. 이때 관련 선행연구, 탐구 설계에 필요한 이론적 배경, 그리고 탐구 결과 해석이 필요한 지식을 모두 조사하는 것이 좋습니다. 충분히 자료를 조사하고 나면 이제 탐구 설계를 시작합니다.

탐구를 설계할 때에는 변인(탐구에 영향을 미치는 속성이나 조건)에 유의하여 타당하고 신뢰도[2] 있는 탐구가 되도록 하는 것이 좋습니다. 설계가 끝났으면 탐구 수행을 시작합니다. 탐구를 수행하는 과정과 결과를 잘 기록해 놓는 것이 좋습니다. 나중에 이 과정과 결과를 모두 보기 좋게 정리해야 하니까요.

탐구 결과가 도출되었다면 탐구 결과에 대한 이론적 배경을 가지고 논리적으로 해석합니다. 이를 '결론'이라고 하며 이 연구를 통해 알게 된 점과 보완할 점, 추후 연계 탐구로 진행하면 좋은 주제를 함께 제시해도 좋습니다. 탐구 결론까지 도출하면 탐구 과정이 모두 끝났다고 생각할 수 있지만, 사실 그렇지 않습니다. 이 모든 과정을 다른 사람에게 설명할 수 있도록 탐구 보고서, 포스터나 PPT 자료로 만드는 것까지가 과제탐구의 전체 과정입니다.

---

2) 타당도 : 측정하려는 내용이나 평가 목표를 얼마나 잘 측정하고 있는지를 말함.
　신뢰도 : 통계에서 어떠한 값이 알맞은 모평균이라고 믿을 수 있는 정도를 말함.

계속 나왔던 사례를 이어가 보겠습니다. 교실 속 미세먼지 오염 문제 현상을 관찰한 학생이 [우리 교실의 실내공기 오염물질 정화에 효과적인 식물 찾기]를 과제탐구의 주제로 실험을 시작합니다. 먼저 이론적 배경을 정리하며 알게 된 점을 바탕으로 어떤 식물을 선택하여 실내공기 오염물질을 정화 실험에 사용할 것인지 충분히 따져 봅니다. 이와 함께 식물에 의한 공기청정기능 중에 잎의 흡수 및 흡착을 통해 공기 중 오염원을 제거하는 방식과 증산작용을 통해 향, 피톤치드, 음이온 등 다양한 식물화학 물질(phyto-chemical)을 방출하는 방식의 차이점을 비교할 계획을 세웁니다. 이 과정에서 자연스럽게 양성으로 이온화되는 미세먼지가 식물에서 발생한 음이온에 의해 제거되는 일반적인 원리를 공부할 수 있습니다.

실험이 진행되면서 찾은 자료 중 우주선 안에서 식물의 공기정화 효과를 검증한 NASA의 연구에서 식물별 공기정화 능력, 관리 용이성, 병충해 저항성, 습도조절 능력의 4개 부문으로 공기정화 식물의 순위를 평가한 것이 많은 도움이 됩니다. 실험을 통해 추위에 강하고 음지에서도 잘 자라는 관음죽이 학교 교실이나 교무실의 실내 환경에 적합할 것이라는 가설을 검증합니다. 그리고 그 결과를 과제탐구 보고서로 정리합니다.

평소에 답이 주어진 교과서 학습이나 학습지 풀이만 해 왔다면 그 학생은 스스로 탐구를 설계하고 결론을 만드는 과정이 무척 힘들고 생소할 것입니다. 하지만 그 어려움을 극복한 후에 느껴지는 성취감과 개인적 성장은 가장 강력한 배움이 일어나는 몰입의 경험이 될 수 있습니다.

II

과제탐구로 진로와 진학 잡기

과제탐구로 진로와 진학 잡기

1. 공부하기도 바쁜데 과제탐구라니요?

"공부하기도 바쁘고 수행평가도 힘든데, 과제탐구라니? 그게 뭐고, 왜 해야 하지요?"

"문제를 찾아서 해결하라는데 너무 어려워요. 학생 수준에 맞는 활동인가요?"

학생들에게 과제탐구를 이야기하면 쏟아져 나오는 불만입니다. 학교교육과정도 따라가기 벅찬데 별도의 시간에 과제탐구를 하라고 하면 좋은 소리가 나오기는 쉽지 않지요. 하지만 이 책을 보는 여러분도 요즘 심심찮게 과제탐구에 관한 이야기를 들어서 이 책을 읽어보게 된 건 아닌지요? 도대체 과제탐구는 왜 해야 하는 걸까요?

· 2015 교육과정

교과 영역	교과 (군)	공통 과목	선택 과목(기본 단위 수: 5단위)		
			일반 선택 (3~7단위)	진로 선택 (2~8단위)	
기초	국어	국어	화법과 작문, 독서, 언어와 매체, 문학	실용 국어, 심화 국어, 고전 읽기	
	수학	수학	수학 I, 수학 II, 미적분, 확률과 통계	실용 수학, 기하, 경제 수학, 수학과제 탐구	
	영어	영어	영어 회화, 영어 I, 영어 독해와 작문, 영어 II	실용 영어, 영어권 문화, 진로 영어, 영미 문학 읽기	
	한국사	한국사			
탐구	사회 (역사/ 도덕 포함)	통합사회	한국지리, 세계지리, 세계사, 동아시아사, 경제, 정치와 법, 사회· 문화, 생활과 윤리, 윤리와 사상	여행지리, 사회문제 탐구, 고전과 윤리	
	과학	통합과학 과학탐구 실험	물리학 I, 화학 I, 생명 과학 I, 지구과학 I	물리학 II, 화학 II, 생명 과학 II, 지구과학 II, 과학사, 생활과 과학, 융합과학	
	체육		체육, 운동과 건강	스포츠 생활, 체육 탐구	
체육· 예술	예술		음악, 미술, 연극	음악 연주, 음악 감상 과 비평, 미술 창작, 미술 감상과 비평	

· 2022 교육과정

※ ▇ 수능 출제과목 / ▇ 석차등급 미기재 과목

교과(군)	공통과목 (기초소양)	선택 과목		
		일반선택 (학문별 주요내용)	진로선택 (심화과목)	융합 선택 (교과융합, 실생활응용)
국어	공통국어1 공통국어2	화법과 언어, 독서와 작문, 문학	주제 탐구 독서, 문학과 영상, 직무 의사소통	독서 토론과 글쓰기, 매체 의사소통, 언어생활 탐구
수학	공통수학1 공통수학2 기본수학1 기본수학2	대수, 미적분 I, 확률과 통계	기하, 미적분 II, 경제 수학, 인공지능 수학, 직무 수학	수학과 문화, 실용 통계, 수학과제 탐구
영어	공통영어1 공통영어2 기본영어1 기본영어2	영어 I, 영어 II, 영어 독해와 작문	영미 문학 읽기, 영어 발표와 토론, 심화 영어, 심화 영어 독해와 작문, 직무 영어	실생활 영어 회화, 미디어 영어, 세계 문화와 영어
사회 (역사/ 도덕 포함)	한국사1 한국사2	세계시민과 지리, 세계사, 사회와 문화, 현대사회와 윤리	한국지리 탐구, 도시의 미래 탐구, 동아시아 역사 기행, 정치, 법과 사회, 경제, 윤리와 사상, 인문학과 윤리, 국제 관계의 이해	여행지리, 역사로 탐구하는 현대 세계, 사회문제 탐구, 금융과 경제생활, 윤리문제 탐구, 기후 변화와 지속가능한 세계
과학	통합과학1 통합과학2	물리학, 화학, 생명과학, 지구과학	역학과 에너지, 전자기와 양자, 물질과 에너지, 화학 반응의 세계, 세포와 물질대사, 생물의 유전, 지구시스템과학, 행성우주과학	과학의 역사와 문화, 기후변화와 환경생태, 융합과학 탐구
기술·가정 /정보		기술·가정	로봇과 공학세계, 생활과학 탐구	창의 공학 설계, 지식 재산 일반, 생애 설계와 자립, 아동발달과 부모
		정보	인공지능 기초, 데이터 과학	소프트웨어와 생활
제2외국어 /한문		독일어, 프랑스어, 스페인어, 중국어, 일본어, 러시아어, 아랍어, 베트남어	독일어 회화, 프랑스어 회화, (…) 베트남어 회화, 심화 독일어, 심화 프랑스어, (…) 심화 베트남어	독일어권 문화, (…) 베트남 문화 *8개 언어 모두 각각의 회화/심화/문화 과목 포함
		한문	한문 고전 읽기	언어생활과 한자
체육		체육1, 체육2	운동과 건강, 스포츠 문화, 스포츠 과학	스포츠 생활1, 스포츠 생활2
예술		음악, 미술, 연극	음악 연주와 창작, 음악 감상과 비평, 미술 창작, 미술 감상과 비평	음악과 미디어, 미술과 매체
교양		진로와 직업, 생태와 환경	인간과 철학, 논리와 사고, 인간과 심리, 교육의 이해, 삶과 종교, 보건	인간과 경제활동, 논술

2015 개정 교육과정의 고등학교 교과에 고1의 공통과목과 2~3학년 선택과목에 '진로 선택과목'이 생겼습니다. 기초 교과인 국·영·수는 물론 사회, 과학, 체육, 예술, 기술·가정 모두 해당합니다. 이 과목의 제목을 들여다보면 특이한 단어가 눈에 띕니다. 바로 '탐구'라는 단어입니다. 수학 교과의 진로 선택에 '수학 과제탐구'가 있습니다. 사회도 '사회문제 탐구'가 존재합니다. 과학은 애초 공통과목에 과학탐구 실험이 들어갔습니다. 또한, 진로 선택으로 '생활과 과학', '융합과학'도 있고요. 체육 교과에서도 '체육 탐구'라는 진로 선택과목이 신설되었습니다. 다음은 그 과목별 과제탐구에 대한 교육과정 해설 내용입니다. 어딘가 앞에서 설명한 과제탐구와 비슷하지요? 2015 개정 교육과정에서도 과제탐구를 권장하고 있습니다.

수학 과제탐구	'수학과제 탐구'는 자신의 수준과 흥미에 맞는 수학과제를 선정하여 탐구하는 경험을 통해 수학 과제 탐구 능력 향상을 원하는 원하는 학생들이 선택하여 이수하기에 적합한 과목이다. 수학과제 탐구의 목적과 절차, 연구 윤리를 학습하고, 이를 토대로 이전에 학습한 수학 내용을 더 깊이 탐구하거나 다른 교과와 수학을 융합한 흥미로운 주제를 선택하여 탐구한다. 탐구 유형은 학생의 수준과 흥미, 학교 실정에 맞게 교사가 선택하여 운영할 수 있다.
사회 문제탐구	'사회문제 탐구'는 실생활에서 접할 수 있는 다양한 사회문제를 탐구하는 과목이다. 학생들은 게임 과다 몰입, 학교 폭력 등 사회적 논란이 되는 사회문제와 관련하여 탐구 계획을 직접 수립하고, 다양한 원인 분석을 토대로 대안 마련을 위한 보고서를 작성함으로써 자료 수집 및 분석 능력, 문제해결능력을 함양할 수 있다. 본 과목은 사회문제를 해결하는데 흥미와 관심이 많거나 사회과학 계열로 진학하고자 하는 학생들에게 도움이 될 것이다.
체육탐구	'체육 탐구'는 체육의 가치와 역할을 이해하고 체육 활동을 인문적, 자연적 관점에서 종합적으로 학습함으로써 체육 관련 진로를 효율적으로 준비할 수 있는 능력과 자질을 함양하는데 목적이 있다. '체육 탐구'는 체육계열 학과를 선택하거나 체육 관련 분야로 진출하고자하는 학생들의 기본적인 소양을 함양하는데 적합한 과목이다.

3)

물론 과제탐구는 과목에만 한정되지는 않습니다. 학교행사에도 각종 과제탐구 대회가 있고, 교외에도 관련 대회가 있습니다. 게다가 선생님에 따라 과제탐구 보고서를 제출하게 하기도 합니다. 이렇게 우리 교육과정에서 과제탐구는 여러 연결성을 가지고 있습니다.

3) 2015 개정 교육과정 안내(고등학교)/국가교육과정정보센터

2015 개정 교육과정에 탐구 과목이 들어간 이유는 무엇인지 짚어볼까요? 2015 개정 교육과정은 교육과정 개정의 중점사항으로 다음 6가지를 제시했습니다.

가. 인문·사회·과학 기술 기초 소양을 균형 있게 함양하고, 학생의 적성과 진로에 따른 선택 학습을 강화한다.

나. 교과의 핵심개념을 중심으로 학습 내용을 구조화하고 학습량을 적정화하여 학습의 질을 개선한다.

다. 교과 특성에 맞는 다양한 학생 참여형 수업을 활성화하여 자기주도적 학습능력을 기르고 학습의 즐거움을 경험하도록 한다.

라. 학습의 과정을 중시하는 평가를 강화하여 학생이 자신의 학습을 성찰하도록 하고, 평가 결과를 활용하여 교수·학습의 질을 개선한다.

마. 교과의 교육 목표, 교육 내용, 교수·학습 및 평가의 일관성을 강화한다.

바. 특성화 고등학교와 산업 수요 맞춤형 고등학교에서는 국가직무능력표준을 활용하여 산업사회가 필요로 하는 기초 역량과 직무 능력을 함양한다.

'가' 항목에서 2015 개정 교육과정은 학생의 적성과 진로에 따른 선택 학습을 강화한다고 합니다. 진로 선택과목의 탄생 배경이네요. '나'에서 교과 학습량을 적정화시켰다는 말은 학생이 학습해야 할 분량을 줄였다는 뜻입니다. 분량을 줄인 대신 무엇을 요구할까요? 바로 '다' 항의 '자기주도적 학습능력'의 신장이라 할 수 있습니다.

결론적으로 2015 개정 교육과정에서는 학습량을 줄여 학생이 적성과 진로에 맞는 과목을 선택할 수 있게 하고, 자기주도적 학습능력을 강화하는 것을 목표로 합니다. 교과별 '탐구'과목 신설이 이러한 교육과정의 배경에서 나온 것이지요. 과제탐구는 공부하기도 바쁜데 해야 하는 별도의 활동이 아니라, 2015 개정 교육과정에서 요구하는 공부 그 자체라 할 수 있습니다.

'교육과정이 바뀌었으니 이제 이렇게 해라'라고 하면 갑자기 학생이 잘 할 수 있을까요? 교육학자 브루너는 "지식의 최전선에서 새로운 지식을 만들어내는 학자들이 하는 일이나 초등학생이 하는 일을 막론하고 모든 지적 활동은 근본적으로 동일하다."[4]고 합니다. 얼핏 들으면 '나이에 상관없이 지식의 내용은 같구나'라고 이해할 수 있습니다. 하지만 여기서 주목해야 할 것은 학습자의 학습 의욕입니다. 어린 학습자일수록 학습하고자 하는 의욕에 중대한 영향을 주게 되는 것입니다. 과제탐구를 브루너의 학습이론과 연결시킨다면 과제탐구의 출발점 행동 즉, 문제 제기가 매우 중요하다는 것과 맥을 같이 한다고 이해하면 좋겠습니다.

브루너(Bruner)는 교사의 지시를 최소화하고 학생의 자발적 학습을 통해 학습 목표를 달성하게 하는 교육 방법인 [발견학습][5]을 주장했습니다. 발견학습이란, 교사가 가르칠 내용을 학습자에게 일방적으로 전달하는 것이 아니라, 교사의 활동 안내에 따라 학습자가 주체적으로 사고하고 핵심 개념을 발견하여 지식의 구조를 이루는 학습을 말합니다. 일종의 '가설검증 수업'이지요. 학생은 기본 개념이나 원리를 학습한 후에 자신이 세운 가설을 스스로 검증하여 보편화하는 과정을 알게 됩니다.

4) 이홍우(2006), 지식의 구조와 교과, 교육과학사
5) 이홍우(2006), 지식의 구조와 교과, 교육과학사

자, 이해가 되셨나요? 과제탐구는 학교 공부와 별개로 진행해야 하는 활동이 아닙니다. 2015 개정 교육과정에 따라 진행되는 **학교 공부에 과제탐구가 포함되는 것**입니다.

2. 나의 꿈 발견, 진로 선택의 계기가 되었어요

학생부종합전형 평가요소 중 큰 비중을 차지하는 '**학업역량과 진로역량**'이라는 항목이 있습니다. 이 항목은 대학의 학과에 지원하는 학생이 그 전공에 적합한지 판단하는 것을 의미하며, 대학 입학 후 해당 전공 연구를 수행할 수 있는 능력을 말합니다. 다시 말하면, 학생이 고등학교 생활에서 보여 준 전공에 관한 관심과 열정, 학업능력과 적성을 평가합니다.

학업역량과 진로역량을 어떻게 드러내면 좋을까요? 학교 수업을 잘 듣고 시험을 잘 봐서 성적이 좋으면 잘 드러날까요? 사실 해당 학과에 지원해서 합격한 학생이 지필고사에는 강할 수 있지요. 대학에서는 학교마다 다른 시험의 수준이 다르고 그 형태도 파악이 힘듭니다. 대학 수업이 고등학교보다 심화 내용일 것은 예측되지만, 수업 접근 방식과 수업에 요구되는 역량은 다릅니다.

고등학교 생활에서 **학업역량과 진로역량을 드러낼 가장 좋은 방법은 관심사에 대한 탐구**입니다. 사회학과에 진학을 원한다면, 그 학생은 고등학교 교육과정을 통해 사회문제에 대한 호기심과 탐구 정신으로 자신의 배경지식을 바탕으로 사회에서 일어나는 이슈를 판단하는 태도를 갖출 수 있었다는 것을 입증해야 합니다. 생물학과에 진학하고 싶은 학생이라면 자신이 생물학에 흥미가 있고, 다양한 탐구 과정을 통해 예비 생물학자로서 성장해왔음을 보여줘야 합니다. 과제탐구 활동 과정에서 나타나는 호기심, 탐구 정신, 가설과 검증, 이 모든 단계가 결국 자신의 진로를 위한 진학 활동을 입증할 증거가 되는 셈입니다.

아직 자신의 흥미를 찾지 못한 경우에도 과제탐구는 훌륭한 길잡이가 되어줍니다. 다음은 과제탐구를 하면서 자신의 관심사를 찾고 그에 대한 문제의식을 통해 대학 진학과 전공 탐색을 성공적으로 마친 사례입니다. 사례의 학생도 처음에는 단순 흥미로 접근했고 명료한 관심사가 없었지만 과제탐구를 통해 발전시켰습니다. 보통의 학생들은 정해진 진로가 있어야 과제탐구를 할 수 있다고 생각합니다. 그들은 친구의 탐구 결과물을 볼 때마다 그 깊이에서 현재의 자신을 초라하게 느낍니다. 하지만 과제탐구는 막연한 흥미를 구체적인 진로로 바꿔주는 활동입니다.

나경이의 진로 찾기

> 나경이는 딱히 진로가 없어 불안하다. 친구들은 각자 꿈이 있어 동아리 활동에 적극적이고, 자율 활동도 열심히 하는 것 같은데 혼자만 뒤처지는 것 같다. 특히 진로시간이면 자신이 없어진다. 이런저런 활동들을 진로시간에 하기는 하지만, 아직도 좋아하는 것이 무엇인지 모르겠다. 그나마 역사 수업이 재밌긴 하지만 시험 기간에 역사 공부를 하는 것 외에 뭘 해야 할지 모르겠다.
>
> 부모님께서는 일단 공부를 해서 좋은 대학에 들어간 후에 직업을 결정해도 늦지 않다고 말씀하신다. 이것저것 하다 보면 꿈이 생길 거라고도 하신다. 그래도 막막하기만 해서 결국 선생님을 찾아갔다. 선생님께서는 역사 과제탐구를 해 보라고 제안해 주셨다. 나경이가 역사를 좋아하니 가장 흥미로운 역사 주제를 정해 탐구보고서를 작성해 보라는 말씀이셨다.
>
> 나경이는 조선 시대의 붕당 정치에 관해 탐구를 시작했다. 붕당 정치 관련 책을 역사 선생님께 추천받았고, 자료를 찾기 위해 논문도 적극적으로 이용하였다. 그렇게 사전 조사를 하니 나경이 스스로 붕당 정치에 흥미로웠던 이유가 조선 시대의 붕당 정치와 요즘의 정치 양상이 비슷하다는 생각에서였다는 것을 깨달았다. 탐구 과정을 마치면서 현재 정치와 과거 붕당 정치를 비교, 대조하는 보고서를 작성해서 역사 선생님께 제출했다.
>
> 그 후에도 나경이는 과거와 현재를 비교하는 역사 탐구를 계속하고 싶다는 생각이 들었다. 조사하는 과정에서 권력을 가진 당파가 다시 분화되는 것을 보면서, 오늘날 현대 정치의 정당 변천사를 다음 과제로 삼아야겠다고 생각했다.

이렇게 과제 탐구는 막연한 진로를 직접 찾을 수 있게 만듭니다. 그 이유를 알아볼까요?

첫째, 과제 탐구는 관심 키워드를 찾는 과정에서 시작하기 때문입니다. 나경이 사례에서 보듯이 역사에 흥미가 있었지만, 학교 수업과 시험공부 외에는 다른 연결을 시키지 못하고 있었습니다. 그러다가 선생님의 조언으로 역사 과제 탐구를 하면서 스스로 관심 분야인 조선의 붕당 정치를 찾게 되었습니다.

둘째, 과제탐구의 과정은 자신의 관심사와 그것에 관심을 가진 이유를 찾는 과정이기 때문입니다. 주제 선정 이유, 목적을 명확히 하는 과정에서 학생은 '과제'를 명확히 하고, 동시에 자신을 이해하게 됩니다. 나경이 역시 막연한 관심인 붕당 정치를 깊게 조사하면서, 스스로 깨닫게 됩니다. 그리고 이후에도 계속하고 싶은 것을 찾게 됩니다. 과제탐구 한 번으로 끝나는 게 아니라 새로운 호기심을 불러일으키는 것입니다. 이러한 호기심이 모여 탐구를 다시 하고 그 결과가 누적되면 진로가 됩니다.

셋째, 탐구 결과물이 쌓이면, 자연스럽게 진로 활동이 되기 때문입니다. 탐구한 결과물을 선생님께 제출하면 그 내용을 읽고, 학생의 활동 내용을 파악한 후 학생부에 특기사항으로 작성해 주십니다. 학생부에 누적된 기록은 고등학교부터 학과에 관심을 두고 적극적으로 탐구한 결과물로 증명이 됩니다. 특히 과제탐구는 학생이 주도적으로 주제를 정하고 자료를 수집하여 탐구물을 만든 것이므로 다른 학생과의 차별성을 드러낼 수 있습니다.

3. 대학 진학에 많은 도움이 되었어요

하나의 주제에 대한 깊은 몰입 경험은 서로 다른 활동에도 영향을 끼치고 그 과정에서 학생의 역량도 성장합니다. 혼자 열심히 공부하며 관심 분야를 탐구하는 활동도 좋지만, 영어동아리에서 발표와 토론 주제를 고민한 경험, 참고자료로 읽은 보고서와 논문을 정리한 경험은 실험과정 설계와 과제탐구 주제를 분석할 때 도움이 됩니다. 이렇게 과제탐구 활동이 주는 효과는 서로 다른 활동 사이의 상호작용일 것입니다. 또, 혼자만의 과제탐구보다 팀으로 움직이는 과제탐구라면 구성원 사이의 상호작용도 의미 있습니다. 문제 상황과 과학적 이슈를 다른 친구와 의논하고 같이 해결책을 찾아봄으로써, 혼자서는 생각하지 못한 아이디어 도출과 융합적인 사고력, 문제해결 능력을 신장시킬 수 있습니다.

의학계열에 지원하려는 학생이 있습니다. 생명과학과 의학 관련 탐구 가능한 주제 파악에 필요한 기초지식을 쌓으려면 무엇을 해야 할까요? 세부 전공 분야를 아직 정하지는 못했지만, 진로희망 사유에 '난치병 및 뇌질환 진단과 치료'라는 목표를 썼습니다. 의사로서의 인성을 기르기 위해 학교 내 인성 함양 프로그램인 멘토링활동, 토론, 교내 봉사활동을 통하여 친구들과 소통하며 협동하는 자세도 길렀습니다. 더불어 진로희망에 적합한 활동을 탐구하려고 합니다. 어떤 자료를 찾아보면 좋을까요? 다음과 같은 키워드를 사용하면 여러 자료를 찾을 수 있습니다. 학생이 관심이 있는 난치병과 뇌질환 관련 키워드를 줄기세포, 인공장기, 게놈으로 정해서 검색하면 연관 도서, 선행 연구자료를 찾을 수 있습니다. 그러면 이를 기반으로 할 수 있는 교내·외 활동을 다음과 같이 찾을 수 있을 것입니다.

생명과학 (의학) 탐구 키워드			
키워드 (이슈)	탐구 가능한 연관도서	선행 연구자료	교내/교외 활동
줄기 세포	〈줄기세포 발견에서 재생의학까지〉. 샐리 모건(저자). 다섯수레/ 2011.06.01. : 원제 From Micro scopes to Stem Cell Research: Discovering Regenerative Medicine(2006년)	〈선행 논문〉 문가람(2014).〈줄기세포배양액을 이용한 여드름 개선〉. 성결대 교육 전문대학원(미용교육 2014. 8)	영어토론 주제 선정 &발표대본 작성하기 : 줄기세포 관련 기술의 발전과 연구가 지속되어야 하는가?
인공 장기	〈생각하는 생물학 강의〉. 유영제(저자). 오래 / 2013.03.30.	배형선(2009). 〈인공 망막 기반의 시각장애보조기 디자인 연구 = Investigation of the design for vision prosthesis by based on artificial retina〉. 홍익대학교 대학원(산업디자인학과 2009. 2)	영자신문반 기사 게재 : 뇌 전기자극에 의한 급속한 지능향상	론머맨 서로 정보를 주고받는 인간의 뇌와 컴퓨터	코드명J
	〈손에 잡히는 바이오토크〉.김은기(저자). 디아스포라/ 2015.09.21.		
	〈영화 속의 바이오테크놀로지〉. 박태현(저자). 글램북스/ 2015.05.10.		
유전자 &게놈	〈유전자의 내밀한 역사〉. 싯다르타 무케르지(저자). 이한음(역자). 까치/ 2017.03.06. : 원제 The gene: An intimate history(2016년)	최만희(2010). 〈특허법에 의한 유전자 보호에 관한 고찰 = (A) study on the protection of a gene by the Patent Law〉. 경희대 국제법무대학원	온라인 대학강의 (또는 YTN사이언스 동영상) 시청 후 탐구보고서 작성&발표 수업하기
	〈생명설계도, 게놈〉. 매트 리들리(저자). 반니/ 2016.02.28. : 원제 Genome: The Autobiography of a Species in 23 Chapters(1999년)		뇌는 무엇을 원하는가? 〈동물행동학〉으로 푸는 생존과 번식의 방정식

이제 대학 진학과 어떻게 연결시킬까요? 이 학생은 BM동아리에 들어갔습니다. 거기에서 관심 분야이지만, 교과 시간에 접하지 못한 내용을 배우며 생명 관련 지식을 넓혔습니다. 이와 함께 보건환경 프로그램을 통해 보건 상식과 의료 행정 절차에 대해 탐구하며 보건학 관련 KOCW 강좌를 들었습니다. 이렇게 2년 동안 열심히 활동하여 자율활동과 진로활동에 기록할 수 있었습니다. 또한, 자율동아리인 수학동아리 활동도 2년 동안 꾸준히 했습니다. 생활 속 응용문제에 대한 풀이와 설명에 대한 또래멘토링을 진행하면서 수학적 사고력을 길렀지요.

〈학교생활기록부에 기록한 사례〉
BM(바이오메디컬) 동아리
나노셀룰로오스 기술이 생체의학, 나노 복합재료 개발 등에 활용되는 것을 동아리 학술제 발표 주제로 정함. 최근 핀란드와 스웨덴, 미국, 일본에서 IT와 종이를 접목한 복합체 개발 연구가 진행 중임을 사전 조사로 학습함.

특히 생물학적 센서를 가진 바이오액티브 종이의 원리와 특징, 한계점을 동아리 부원들과의 토의와 실험과정을 통해 분류함. 세균, 독성물질을 감지하는 이 종이를 포장지로 쓸 경우, 유통되는 제품의 품질을 철저히 관리할 수 있음을 보고서의 결론 부분에서 강조함.

〈면접 사례 일부〉
...(전략) 박테리아의 호흡을 이용해 전기를 만드는 시스템을 구현할 수도 있다는 가능성을 '지속가능 발전 아이디어 발표'를 준비하며 팀원들에게 제시하였습니다. 이 원리를 가능케 하면 종이로 만든 기기들이 스스로 작동할 수 있는 점을 근거로 아이디어 탐구계획서의 생활 속 문제 현상 개선이라는 평가 기준에서 담당 선생님들로부터 좋은 평가를 받았습니다.

또한, 아이디어를 구체화한 탐구보고서를 검토 받을 때 인상 깊었던 질문이 있었는데, 바로 '사람의 땀과 소변, 혈액으로도 그 원리가 가능할까?'였습니다. 이후 이 질문의 답을 찾기 위해서 팀원마다 조사한 자료 중에 실제 특허 기술로 상용화 가능성을 인정받은 사례를 같이 공부했습니다. 물을 흡수하는 성질 덕분에 따로 펌프나 관을 연결할 필요가 없다는 점과 인공장기 전원으로 사용한다면 체액을 활용해 전기를 만들 수 있는 효과를 파악할 수 있었습니다. (생략)...

대학에서 위 학생의 학생부와 면접 사례를 본다면 어떤 역량을 가지고 있다고 판단할 수 있을까요? 어떻게 학생은 꾸준히 공부하면서 다양한 탐구 경험을 할 수 있었을까요? 바로 문제해결 능력입니다. 문제해결 능력은 단순히 문제를 많이 풀어서 나오는 단순한 것이 아닙니다. 과제탐구 활동을 통해 문제 상황을 직면하고 이를 해결하기 위해 가설을 세워 실험하고, 행동하고 그 결과를 분석하는 일련의 과정에서 길러지는 특별한 역량입니다.

쉬어가기 코너

영철이의 진로 찾기

영철이는 요즘 생각이 많다. 그동안 축구만 열심히 하면서 지냈는데 어느덧 고등학생이 됐다. 이제 진로나 대학 고민, 성적 고민을 해야 할 것 같은데, 자신이 무엇을 잘하는지 무엇을 좋아하는지도 모르겠다. 좀 더 고민하고 싶은데 학교에서는 이런 영철이의 마음을 알아주는 사람이 없다.

윤리 선생님께서 과제를 주셨다. 생활과 윤리 시간에 배운 것을 바탕으로 사회문제 해결하기 보고서를 작성해 오라는 것이었다. 간혹 사회문제에 관심은 있었지만, 깊이 생각을 해 본 적이 없었던 영철이에게 너무 어려운 과제였다. 영철이는 선생님이 나눠준 과제탐구 프로세스를 열심히 읽어보았다. 먼저 탐구 주제를 정하라고 하는데 어떤 주제를 선정해야 좋을지 도대체 모르겠다. 모둠 활동에서는 친구들이 정해준 것에 대강 동의하고 맡은 역할에 따라 가면 됐는데 혼자 하려니 막막했다. 선생님을 찾아갔다.

"선생님 탐구 주제 선정을 어떻게 해야 하나요?"

선생님은 과제탐구가 주어지면 가장 많은 질문이 주제 선정에 대한 것이라고 말씀하셨다. 자율과제탐구는 자신의 평소 궁금했던 것에대한 문제제기가 기초이지만, 과제로 주어진다면 평소 생각하지 않았던 일에 대한 막막함이 생기는 거라고 하셨다. 영철이는 선생님의 의견에 완전히 동의했다.

"사회문제 해결하기라, 영철이가 제일 먼저 찾아야 할 것은 무엇일까?"
"해결하고 싶은 사회문제요. 하지만 저는 해결하고 싶기는커녕 사회문제가 무엇인지 잘 모르겠어요."
"영철이는 뭘 좋아하니?"
"사실 그것을 모르겠어요. 정말 제가 뭘 좋아하는지 잘 모르겠거든요."
"그래? 선생님은 영철이가 점심시간이나 방과 후에 축구를 하는 건 봤는데, 축구는 좋아하지 않니?"
"맞아요. 축구는 좋아해요. 하지만 이제 와 축구선수가 되긴 어렵고요. 그럼 직업으로 하기도 힘들잖아요."

선생님은 영철이에게 우선 축구 쪽에서 생겨나는 문제에 대해서 찾아오라고 하셨다. 영철이는 축구 커뮤니티에 들어가서 자신이 썼던 글과 댓글을 살폈다. 축구 국가대표 선수가 올림픽 메달을 따면서 군 면제를 받았는데 대체활동인 봉사활동을 하지 않아서 문제가 된 사건이나 축구 국가대표 감독선임 문제에서 열심히 달았던 댓글을 발견할 수 있었다. 이것을 사회문제라고 할 수 있을까? 영철이는 다시 선생님을 찾아갔다.

"선생님, 이런 것도 사회문제라고 할 수 있나요?"
"그렇지, 보통 사회문제라면 어려운 것만을 생각하는데 선생님 생각에 사회문제는 그 범위가 다양해. 영철이는 축구 국가
  대표가 군 면제를 받고도 의무 활동을 하지 않은 것이 몹시 화가 났었구나."
"네, 남들은 군대에 다 가는데, 국가대표 선수가 국제대회서 메달을 따면 군대에 가지 않잖아요. 그럼 대체복무라도 제대로
  해야지, 봉사활동 서류를 조작한 것은 옳지 않다고 생각해요."
"그래, 그럼 어떻게 해결해야 할까?"
"글쎄요, 법적인 처분을 받았으니 된 거 아닐까요?
"이후에도 이런 문제가 계속된다면 어떻게 하겠니? 이런 문제가 거듭되지 않도록 할 방법이 있을까? 그런데 왜 이런 문제가 생긴 것일까? 이 답을 찾으면 좋지 않겠니?"

영철이는 집에 돌아와서 다시 고민하기 시작했다. 사실 댓글을 달 때만 해도 그 선수의 행동에 분노했었는데, 정작 이 것을 사회문제라고 생각한 적도, 해결해야 할 문제라고 여긴 적도 없었다. 그러나 이 문제를 어떻게 해결하면 좋을까 생각하니 구체적인 질문이 생겼다. 영철이는 구체적인 질문 3가지를 정리했다.

첫째, 스포츠 국가대표가 메달을 땄을 때 주는 병역특례는 공정한가?
둘째, 단체종목의 경우 기여도가 높은 선수와 그렇지 않은 선수가 같은 특혜를 받는 것은 공정한가?
셋째, 스포츠 대회에서 메달을 따는 것은 개인적인 노력의 결과로 얻은 개인의 명예인가, 국가의 명예인가?

선생님께 이 질문을 들고 가서 여쭤보니 다 괜찮다고 하시며 결정은 영철이에게 맡기셨다.

영철이는 윤리 교과서를 찾아 읽기 시작했다. 세 가지 질문 중에서, 생활과 윤리 시간에 배운 배경지식을 사용할 수 있 는 주제로 결정해야겠다고 생각했다. 생활과 윤리 교과서 '사회와 윤리' 단원에 직업윤리, 공정성, 시민의 권리와 의무 등이 나와 있었다. 영철이는 공정성에 초점을 맞춰 첫째와 둘째 질문을 통합해서 조사할 수 있겠다고 생각했다.

선생님께 이렇게 잡은 주제를 검토받았다. 선생님은 이런 주제는 연구 사례가 있을 거라고 논문을 검색해보라셨다. 논 문을 검색하니, 정말 다양한 형태의 비슷한 논문이 있었다. 영철이는 선생님께 어떻게 하면 좋을지 다시 질문을 드렸다.

"영철아, 주제가 같아도 내용이 다를 거야. 또 결론이 같아도 조사 방법이 다를 수 있고, 혹은 조사 내용이 비 슷해도 결론이 다를 수도 있지. 기존의 논문을 바탕으로 네가 연구할 점을 고민해보렴."

영철이는 이 주제를 바탕으로 자신의 축구 커뮤니티에 설문을 올렸다. 병역특례에 대한 사람들의 생각을 알고 싶어서 였다. 그 외 다른 스포츠 커뮤니티에도 설문을 진행했다. 그런데 설문에 설문자의 '나이'를 적게 하니, 연령대별 대답의 차 이가 있다는 것을 알 수 있었다.

그 후, 몇 번 더 설문을 진행했고, 설문 결과를 바탕으로 보고 자료를 제작했다. '스포츠 병역특례는 공정한가? 10~20 대의 공정성에 대한 인식을 바탕으로'라는 주제로 보고서를 작성했다. 이 보고서에는 10~20대가 생각하는 공정성은 무엇인지와 그들에게 병역특례가 어떤 의미인지에 대한 의견이 담겼다. 이 보고서는 기존 논문과는 다른, 영철이 시강 에서의 접근과 그 결과 그 결과를 보여준 특별 탐구보고서인 셈이었다.

보고서를 보신 선생님은 영철이에게 조언을 주셨다. 스포츠에 관한 관심을 바탕으로 스포츠 마케팅이나 스포츠경영학, 스포츠행정학 등의 진로를 생각하라고 하셨다. 또, 탐구한 공정성의 입장을 다른 사회문제에도 적용해 보라고 말씀하 셨다. 그렇지 않아도 자신이 좋아하던 축구와 윤리가 접목되는 것에 깜짝 놀란 영철이는 선생님이 말씀해주신 것을 생 각하며 축구선수로의 진로가 아니어도 관련 진로가 많다는 것이 신기했다.

선생님은 영철이의 보고서를 바탕으로 영철이가 탐구한 내용과 그 활동을 윤리 교과 세부능력 및 특기사항에 적어주 셨고, 영철이도 이를 바탕으로 자신의 진로희망을 적었다. 이후에도 다른 교과목의 과제탐구 활동에 스포츠를 접목해 서 영철이만의 진로 적성을 길렀고, 학생부종합전형으로 스포츠 관련 학과에 지원해서 합격했다.

III

과제탐구 사례로 만나기

과제탐구 사례로 만나기

1. 학교 활동에서 과제탐구 해요

1) 교과 시간을 활용한 과제탐구

고등학생은 잠자는 시간을 제외하고 하루의 절반 이상을 학교에서 보냅니다. 학교에서 학생들이 접하는 과목도 국어, 영어, 수학, 과학, 사회, 예체능 등 다양합니다. 학생은 수업 시간을 통해 여러 분야의 방대한 지식을 접합니다. 각 수업에서 다양한 활동도 합니다. 이러한 학교 생활을 바탕으로 학교생활기록부의 과목별 세부능력 및 특기사항이 기록됩니다.

과목별 세부능력 및 특기사항을 줄여서 '과세특'이라고 하는데요. 과세특은 과목별 500자씩 기재 가능합니다. 한 학생이 1년에 대략 10과목을 이수하기 때문에 과세특 기록이 3년 쌓인다면 교과세특 글자 수의 총합은 약 15,000자[6]가 됩니다. 이 기록을 잘 활용하면 학생의 지적 탐구능력, 과제 집중도, 자기주도학습 능력, 흥미와 특기, 리더십과 인성 등 다양한 역량을 특별한 활동을 하려 애쓰지 않아도 충분히 드러낼 수 있습니다. 학교 선생님들이 '무엇보다 학교 수업이 가장 기본이고 중요하다'라고 강조하는 이유입니다.

어떻게 해야 교과 시간에 학생의 과제탐구 역량과 그 성과를 보여줄 수 있을까요? 수업 시간의 다양한 활동을 적극적으로 이용하는 것입니다. 수업 시간에 이루어지는 수행평가만 해도 그 형태가 매우 다양합니다. 다음은 수행평가로 제시되는 예시 활동입니다. 이런 활동 모두 개인의 과제탐구 활동이 됩니다.

> • 교과서 진도에 맞추어 소주제 하나를 미리 공부해 수업하듯 발표하기
> • 교과 및 수업 주제와 관련해 자유롭게 주제를 선정하여 발표 자료 만들기
> • 수업과 관련된 책을 읽고 토론하기
> • 교과 관련 자유주제 탐구보고서나 글쓰기 작성 후 제출하기
> • 교과 관련 내용을 알리거나 배운 내용을 이용해 UCC 만들기
> • TED나 페임랩의 형식을 빌려 대본을 준비해 발표하기
> • 포스터 만들어 발표하기

위의 발표 외에 다른 형태의 문제해결 활동이 있을 수 있고, 이 또한 과제탐구 경험이 될 수 있습니다. 교과 시간을 이용하면 교과 시간 외에 다른 활동을 하는 것보다 훨씬 효율적으로 교과 관련

---

6) 500자(과목당 글자수)×10과목×3년=15,000자

흥미와 관심을 드러낼 수 있습니다. 교과 시간에 이어지는 활동을 통해 꾸준한 탐구능력을 일목 요연하게 선보이고 이를 학생부에 기록할 수 있습니다. 실제로 다음에서 학교생활기록부의 과목별 세부능력 및 특기사항 일부를 보겠습니다.

학교생활기록부 과목별 세부능력 및 특기사항
*공립고 학생의 학교생활기록부(2016~2018)

1학년 국어 I

- 국어 첫 수업 '자기소개하기'에서 국어 공책 제목을 '자아해석, 관계 이해'로 정한 이유를 설명하면서 심리학자나 상담사가 되고 싶은 꿈을 밝히는 글을 꾸밈없이 써서 발표함.
- 속담을 활용한 글쓰기에서 '오르지 못할 나무는 쳐다보지도 말아라.'란 우리 속담은 '학습된 무기력'이 반영된 것이라고 비판을 하면서, '쳐다보지도 못하면 오를 수 없다.'라는 자신의 주장을 니체의 말을 이용하여 설득력 있게 제시함.

1학년 국어 II

- 독서 토론 프로그램에서 심층적인 독서를 목표로 하여 '데미안'과 '진화심리학' 두 개의 책을 선정함. 줄거리, 논의점, 심층 조사 및 분석, 발표와 토론, 보고서 작성 등의 5단계로 진행함. 비판적 사고능력, 의사소통 능력, 설득력 있는 발표와 토론을 함. 친구들을 올바르게 인도하는 점에서 데미안 같다는 평가를 받음.
- 심리학에 해박하며, 십계명을 진화심리학으로 설명함. 자신의 사고를 성찰하는 메타인지 능력이 탁월함.
- '차마설', '이옥설'을 읽고 '설 양식의 표현원리를 활용한 글쓰기' 과제로 '축담설'이라는 제목의 글을 써서 수업 시간에 발표함. 중학교 2학년 때 어린아이와 벽돌쌓기 놀이를 하면서 얻은 깨달음을 우리의 인생에 적용해 어떤 일을 시작하다 무너지는 한이 있더라도 남아있는 잔해에서 재도전하면 훨씬 빨리 재건할 수 있다는 내용의 글을 설득력 있게 써서 발표함.

1학년 영어 I

- 교과서에서 배운 '노블리스 오블리주'를 주제로 발표를 준비함. 구체적인 내용으로 '왜 생식 기회를 잃어버리는 자기희생, 노블리스 오블리주를 그 사람들은 추구했을까?'라는 질문을 품음. 그 답을 책과 인터넷을 통해 '자기희생을 통해 사람들을 살리고 이미 있는 자기 자손들을 보존할 수 있었으며 그들에게 많은 생식기회를 보장했다.'라는 답을 찾음. 이 주제를 다른 학생들과 공유함으로써 큰 관심과 호응을 얻음.

1학년 통합사회

- 사회현상에 대한 단순한 이해에서 벗어나 비판적 관점에서 사회문제를 인식하고 자신의 주장을 논리적으로 전개하며 다양한 독서를 통해 사회현상에 대한 통찰력을 기르고 독서 토론 활동에 적극적으로 참여함.

1학년 한국사	● 아놀드 토인비의 역사관을 이해하고 고구려가 삼국통일을 하지 못한 이유를 도전과 응전에 빗대어 적절히 설명함. 제러드 다이아몬드의 '총, 균, 쇠'를 읽고 지리적 조건이 문명의 발달에 미치는 영향을 이해함. 책에서 이해한 내용을 바탕으로 논설문 수행평가에서 자신의 논리를 풀어나가는 능력이 출중함. ● 해방 후 정치지도자에 대한 평가 쓰기 수행평가에서 여운형을 창조적 소수로 평가하며 예증을 통해 자신의 논리를 치밀하게 전개함.
1학년 통합과학	● 우주의 생성원리에 대한 궁금증(블랙홀의 미래는 어떻게 되는지? 태양계의 소멸 이후 지구인은 어떻게 해야 하는지? 등)을 자료 조사를 한 것을 바탕으로 질문하기를 즐겨함.
1학년 기술가정	● 사회현상과 시대 상황의 변화에 따른 가정과 가족관계의 변화에 관해 관심이 높으며 특히 임신과 출산단원에서는 우리나라의 저출산 고령화가 국가의 미래에 끼치는 심각성에 대해 인식하고 낙태와 관련하여 자신의 의견을 분명히 제시하였으며 아동발달 단원에서는 부모의 역할과 책임에 대해 진지하게 토론함.
1학년 음악과 생활	● 서양 음악사 작곡가 보고서 작성에 있어서 고전 시대에 성행한 양식을 파악하여 고전 시대 작곡가 하이든의 음악적 특징을 이해하고 있으며 보고서의 제출 기한, 형식, 내용 등을 조건에 적합하게 창의적으로 잘 작성함.

한 학년에서만 과제탐구 활동을 엿볼 수 있는 부분을 발췌한 것이 이 정도입니다. 이 학생은 관심 분야와 진로가 명확하고, 평소 책을 많이 읽고, 열심히 도전하는 멋진 태도가 있었다고 합니다. 실제로 서울대 인문계열에 수시전형으로 합격했지만, 대학교에 다니다 의생명계열로 진로를 변경하고 반수 후, 다시 수시 모집에서 의대, 치대, 한의대를 모두 합격하였습니다.

위와 같은 기록이 3년 쌓인다고 생각하면, 교과 시간에 과제탐구 활동을 한 학생과 그렇지 않은 학생은 큰 차이가 날 수밖에 없습니다. 과세특만 읽어도 학생이 어떤 분야에 관심이 있는지, 깊이 있는 과제탐구 활동을 하였는지, 어느 정도의 자기주도적 학습능력과 탐구 능력을 갖췄는지 짐작할 수 있습니다. 그 과정에서 학생의 인격적 성장과 가치관 파악이 가능합니다.

2) 비교과 시간을 활용한 과제탐구

본인의 흥미를 해결하는 과제탐구

과제탐구를 한다고 모두가 진로를 찾는 진로 활동이 되는 것은 아닙니다. 과제탐구는 호기심을 뚜렷이 하는 출발점이라 할 수 있습니다. 막연한 호기심을 구체적 질문으로 바꾸는 과정에서 진짜 흥미를 찾거나 자신에게 필요한 것을 깨닫습니다. 흥미와 관련해 더 많은 책을 읽고 싶다거나, 관련 활동을 해 보고 싶다거나, 듣고 싶은 특강이 생긴다거나 하는 스스로 움직이게 해줄 동기가 생기게 됩니다. 이후 학교 안팎에서 일어나는 행사나 활동에 본인의 필요에 따라 주도적으로 참여합니다. 자신의 흥미와 적성에 맞는 활동에 참여하며 내면화하고 자신만의 브랜딩을 하는 것이 진로 활동의 핵심입니다.

보통의 학생은 이런저런 진로 활동에 참여는 하지만, 뚜렷한 방향이나 목적이 없이 수동적으로, 억지로 참여하는 일회성인 경우가 많습니다. 공자는 '내 도(道)는 일이관지(一以貫之)'라고 했습니다. 일이관지의 뜻은 '한 가지로 전체를 꿰뚫었다'입니다. 즉, 하나의 기준으로 전체를 설명할 수 있다는 것입니다. 이를 진로 활동에 빗대보면 진정한 흥미, 하나를 찾으면 그것으로 진로활동이 확장될 것이라는 뜻입니다. 그 하나를 찾는 과정이 과제탐구입니다.

과제탐구 활동은 그 자체로 자기소개서 문항의 답이 됩니다. 과제탐구 활동을 하면서 배우고 느낀 점과 그 활동을 위해 기울인 노력 등 관련된 모든 것이 학생부종합전형과 자기주도전형에 적합합니다. 이제는 학습이라는 개념을 단순히 책상에 앉아 공부하는 것으로 말하지 않습니다. 조사하고 분석하고 탐구하는 모든 과정이 학습에 해당합니다. 그리고 학생부종합전형은 바로 이런 활동을 하는 학생을 원합니다.

과제탐구의 형태는 다양하게 존재합니다. 문제를 찾아 가설을 세워 해결하거나 실천하는 것이 과제탐구의 주된 과정입니다. 하지만 국제문제는 가설을 세워 해결하거나 연구하는 것 자체가 쉽지 않습니다. 다음 사례의 모의 UN 활동은 UN 대사단에 집중하기보다 사전 준비와 사후 활동에 중점을 두고 활동한 사례입니다.

모의 UN 동아리 실천사례

가. 주제 선정

학생들이 모의 UN을 통해 해결하고 싶은 주제를 선정하도록 합니다. 학생들이 가장 관심을 가진 주제는 '미세먼지 문제해결을 위한 국제적 논의'였습니다. 학생들은 각국의 대사단 역할을 맡습니다.(독일, 일본, 시리아, 벨기에, 우크라이나, 중국, 한국 등) 촉진자가 선배들과 후배들이 팀을 짜서 자료를 찾고 해석을 할 수 있도록 도와줍니다.

나. 관련 자료 조사

현재 UN에서 환경과 미세먼지에 관해 진행하고 있는 것을 함께 조사합니다. 이미 논의되었던 것을 다시 논의하는 것은 중복이니 피해야겠죠. UN 홈페이지에 들어가 검색을 합니다. UN 홈페이지는 아랍어, 중국어, 영어, 프랑스어, 러시아어, 스페인어로 접근 가능합니다.

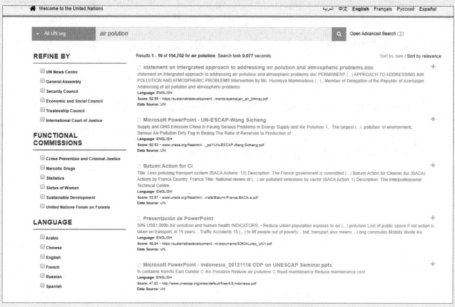

〈UN 사이트에서 air pollution을 검색한 모습〉

팀원은 각 국가에 맞는 정보를 찾습니다. 미세먼지와 직접적 관련은 없어 보이더라도 환경과 관련된 자료들을 모두 찾습니다. 우크라이나 팀은 구소련의 체르노빌 사고에 대한 대처방안을 찾았습니다. 독일 팀은 '이끼 벽'이라는 친환경 소재를 조사했습니다. 벨기에 팀은 정부의 대기 환경 발표를 준비했습니다. 시리아 팀은 현재 화학발전소로 인해 미세먼지가 심각한 자국의 상황을 번역했습니다. 국제적 이슈와 관련된 조사이니만큼 각 나라의 언어로 찾는 것도 좋지만, 영어만 사용하더라도 좋은 자료들을 찾을 수 있었습니다.

이 중 독일 팀의 활동 과정을 살펴보겠습니다. 먼저 한국 구글 창을 이용해서 독일의 미세먼지를 검색했습니다. 연관 검색어에 나온 독일의 이끼 벽에 관심을 둡니다.

〈독일 미세먼지 구글 검색 결과〉

한국 기사는 대체로 간단한 내용으로만 나와서 영어로 재검색을 합니다. 이 과정에서 외국의 기사를 찾거나 논문을 확인합니다.

〈'이끼벽'을 영어 검색한 결과와 관련 기사〉

다. 대본 작성 및 모의 UN 회의 진행

조사한 내용을 바탕으로 모의 UN 회의에서 발제하거나 질문할 내용을 대본으로 작성합니다. 모의 UN 회의 절차에 따라 형식에 맞춰 발제문을 만듭니다. 그리고 준비된 내용을 바탕으로 모의 UN을 진행합니다.

> **질문**
>
> **남아공** – '에스콤'이란 발전소가 기존에 전기를 생산하는 발전소와 어떤 차이점이 있습니까?
> **한국** – 중국과 어떠한 방향(방식)의 미세먼지 저감 방안을 마련하고 싶습니까?
> **독일** – '이끼 벤치' 설치로 어떤 효과를 보았습니까?
> **미국** – 대기환경기준 이외에 다른 환경 정책에는 어떤 것들이 있습니까?
> **일본** – 'NO디젤차 프로젝트'는 어떤 정책인지 자세히 설명해 주시길 바랍니다.
> **중국** – '생태 문명 건설'을 중점 업무로 지정하여 어떠한 효과를 볼 수 있습니까?
> **프랑스** – 교통과 관련된 정책 이외에 다른 정책에는 어떤 것들이 있습니까?

라. 회의 이후

회의 이후가 매우 중요합니다. 회의 후 새롭게 알게 된 점과 느낀 점을 바탕으로 현재 UN에서 시행되는 미세먼지 정책과 세계 각국의 정책, 한국에 도입되었으면 좋을 만한 내용을 정리합니다. 모의 UN에서 의결된 것을 바탕으로 정리하되, 자신의 견해가 다르다면 학생 본인의 의견과 관점을 담아 보고서를 작성합니다.

모의 UN 회의 경험을 바탕으로 다른 많은 주제로 더 많은 탐구를 해 보고 싶다면 지역 모의 UN 페이스북 페이지를 만들어 지역 단위 모의 UN 회의를 개최하고 운영해보는 것도 좋은 방법입니다.

〈지역 모의 UN 연합 페이스북 페이지〉

3) 독서활동 후 연계 과제탐구

독서 활동도 과제탐구로 활용하면 좋습니다. 책은 교과서처럼 교과로 나누어 분리된 내용이 아닙니다. 보통 주제별로 나누어져 있고, 저자가 해당 주제에 대하여 깊고 넓게 탐구한 뒤 저자의 생각을 덧붙여 정리해 놓습니다. 우리는 어떤 사람이 읽었다는 책 목록만 보아도 그 사람의 관심 분야를 알 수 있고, 그 사람이 가진 배경지식도 짐작할 수 있습니다.

공부만으로도 바쁜 학생들은 책을 읽을 수 있는 시간이 한정되어 있습니다. 그렇기에 계획적으로 독서를 해야 합니다. 자신의 지식을 넓히면서 학업에도 도움을 주는 독서를 계획해서 실행하면 얻는 유익이 많습니다. 다만 독서를 계획할 때, 읽고자 하는 주제의 범위를 너무 좁게도, 너무 넓게도 잡지 않도록 고려해야 합니다. 주제 범위가 넓으면 학생의 관심사나 전공적합성을 파악하기가 어렵습니다. 그렇다고 너무 한 주제에만 국한되면 학생의 전체 역량을 파악하기 어렵고 자칫 외골수적인 성향의 사람으로 보이게 만듭니다.

물리학자가 되고 싶은 학생이 있다고 생각해봅시다. 이 학생은 물리학과에 지원을 희망하지요. 독서를 한다면 물리학과 직접 연결된 카를로 로벨리의 '모든 순간의 물리학', 김범준의 '관계의 과학'이나 김상욱의 '떨림과 울림'과 과학 전반의 지식을 쌓을 수 있는 리처드 도킨스의 '이기적 유전자', 칼 세이건의 '코스모스', 제레미 리프킨의 '엔트로피', 장하석의 '과학, 철학을 만나다', 랜들 먼로의 '위험한 과학책'이 도움이 됩니다. 과학책은 아니지만, 물리학과 관련 있는 오스카 E. 페르난데스의 '미적분으로 바라본 하루'와 같은 책도 물리적 소양을 기를 수 있어 좋습니다.

꼭 전공이 아니어도 세상을 살아가는데 필요한 소양을 기를 수 있는 책도 함께 읽어야 합니다. 철학책인 야마구치 슈의 '철학은 어떻게 삶의 무기가 되는가?', 추리 소설인 다니엘 콜의 '봉제인형 살인사건', 자기 계발 도서인 제임스 클리어의 '아주 작은 습관의 힘', 시집인 나태주의 '꽃을 보듯 너를 본다'와 같은 종류이지요. 2018학년도 서울대학교에 지원한 학생이 가장 많이 읽은 도서 1위가 무엇일까요? 바로 기시미 이치로의 '미움받을 용기'입니다. 한때 서점가에서 베스트셀러 1위를 달리던 책이죠. 사회적 이슈나 베스트셀러인 책을 읽고 자기 생각을 정리해보는 것도 필요합니다. 어떤 책을 읽으면 좋을지 잘 모르겠다면 읽고 싶은 분야와 읽는 목적을 정해 학교 사서 선생님이나 관련 과목 선생님께 조언을 요청해보세요. 분명 좋은 책을 추천해주실 겁니다.

진로 탐색에 독서를 활용할 수 있습니다. 1학년 때 여러 분야를 다룬 다양한 책을 읽으며 진로를 탐색하고 관심 가는 분야에 더 집중해 관련 책을 찾아 읽으면 좋습니다. 책을 골라 읽었는데 처음 생각과 다르다면 다른 분야를 찾으면 됩니다. 그 탐색의 과정이 독서 기록으로 남게 되고, 이는 학생 진로 탐색에서 자기주도성을 보여줍니다. 이렇게 탐색한다면 독서 활동 자체가 과제탐구 과정이 됩니다.

독서활동을 과제탐구라고 이해했다면 독서 기록의 중요성도 눈치챘을 것입니다. 기록의 양만 채우려는 태도는 좋지 않습니다. 책을 대충 읽고 대강 써서 독서기록장을 제출하는 학생이 가끔 있는데요. 고3이 되어 면접 준비를 위해 모의 면접을 하면서 물으면 침묵을 하거나, 읽었는데 기억이 나지 않는다고 합니다. 혹은 대답은 하는데 책의 수준에 비해 생각의 깊이가 너무 얕아서 책을 끝까지 이해하면서 읽었나 의심스럽기도 합니다.

독서활동은 정독과 기록이 매우 중요하다고 할 수 있습니다. 학생부 기록에 필요한 도서목록을 채우는 독서가 아니라 좋은 책을 깊게 사유하며 읽고 그 내용을 기록해야 합니다. 탐구과제 보고서처럼은 아니어도 일정 형식을 갖춰서 쓰면 더 좋은데요. 다음의 독서 기록 예시는 '책을 읽은 동기, 책 내용 탐색 및 정리, 책의 내용을 내 삶에 연결, 이로 인해 생긴 나의 변화' 순입니다. 이런 기록의 형식은 실제 대입 면접에서 자주 나오는 질문이기도 합니다. 또한, 전에 읽은 책의 '나의 변화'와 다음에 읽을 책의 동기로 자동 연결됩니다.

이렇게 독서를 통한 과제탐구의 과정을 체계적으로 기록해나갈 수 있습니다. 이런 일련의 과정을 '독서탐구'라고 해도 좋은데요. 가끔 독서탐구와 다른 탐구 활동이 서로 연결되기도 합니다. 예를 들어, 수업 시간에 어떤 내용을 배웠습니다. 학생이 그 내용에 관심이 생겨서 책을 찾아 읽었고, 그 책에서 나온 내용을 실험으로 실행하거나 조사 활동해 볼 수 있겠지요. 토론 독서 활동의 연결은 자주 나타납니다.

독서탐구 활동을 잘 정리하면 학생 개인의 과제 탐구 내용 기록과 연계에 도움이 되지만 학생을 담당하는 지도교사에게도 학생 파악의 중요 정보가 됩니다. 독서기록장에 단순히 기록한 내용보다 위에서 제시한 독서탐구 기록의 형식에 맞추면, 학생의 관심사와 지적 탐구의 깊이까지 가늠할 수 있습니다. 학생이 아무리 독서탐구 활동을 했다 하더라도 이를 담당 교사가 제대로 알지 못한다면 아무 소용이 없습니다. 학생부 기록을 담당하실 선생님께 자신의 활동을 효과적으로 전달하는 것은 매우 중요합니다. 종합의견, 과세특, 동아리세특의 영역은 교사가 학생을 관찰하여 학생의 태도, 성취한 내용을 바탕으로 학생에 관한 판단을 적을 수 있습니다. 평소 독서 탐구활동을 충실히 하며 잘 기록한 독서기록장은 교사의 학생에 대한 평가를 도와줄 중요 자료가 되어줄 것입니다.

2. 희망 계열에 맞게 과제탐구 해요

독서 탐구 활동을 계열별로 어떻게 하고 그것을 다른 활동에 연계시킬지 구체적인 사례와 함께 살펴보겠습니다. 깊이 있는 독서 후 다양한 활동을 연계한 사례를 제시해 드리겠습니다.

1) 인문사회계열 과제탐구

다음 학생은 언론인, 방송 연출가를 꿈꾸며 자신이 지원할 전공 분야의 필수 역량인 문제를 보는 통찰력과 비판적 사고력을 기르는 활동을 해 왔습니다. 미디어의 기능에 관해 탐구한 경험을 바탕으로 언론의 영향력과 언론윤리에 대한 과제탐구 활동과 '미디어 심리학'을 읽는 독서를 통해 배우고 느낀 점을 제시한 부분이 인상적입니다. 독서 후에 영상 매체가 갖는 사회학적 의미를 공부하고 싶다는 실천 의지가 엿보이기 때문입니다.

> **학생부 기록 예시**
>
> 단순히 언론인이 되고 싶다는 생각만 앞서 있던 1학년 때는 언론인으로서 갖춰야 할 언론윤리에 대한 탐구보고서를 어뷰징 기사와 관련하여 작성했습니다. 그 과정에서 언론의 영향력이 크기 때문에 다른 분야보다도 더욱 진실한 윤리가 요청된다는 것을 배웠습니다.
>
> 이후 언론이 대중에게 큰 영향력을 행사할 수 있는 이유가 궁금해졌고, 도서 '미디어 심리학'을 읽으며 궁금증을 해결할 수 있었습니다. 책을 통해 미디어와 수용자 사이에 작용하는 감정이입과 서스펜스 같은 상호작용이 막대한 영향력을 만들어낸다는 것을 확인했습니다. 하지만 근본적으로 중요한 것은 결국 미디어의 '내용'임을 깨닫고, 제가 관심을 기울여야 하는 것은 미디어의 기능이나 전달 방법이 아닌, '콘텐츠'라는 것을 알게 되었습니다.
>
> 이때부터 언론은 어떤 내용을 다뤄야 하며, PD를 꿈꾸는 저는 어떤 콘텐츠를 영상으로 만들어 사회에 기여하고 싶은지 꾸준히 상상하고 기획해 보았습니다. 한 번은 영어 시간에 미디어의 역사적 변화과정을 지문으로 접하게 되면서, 영상 매체가 갖는 사회학적 의미와 필요성을 배울 기회가 있었습니다.

흔히 과제탐구를 한다고 하면 자연과학계열이라는 오해가 많습니다. 탐구라는 말을 자연과학 계열에서 많이 쓰기 때문입니다. 앞서 보았듯이 과제탐구는 과학에 국한되지 않습니다. 2015 개정 교육과정의 선택과목에 '사회문제 탐구'나 '체육탐구'가 있는 것 기억해 주세요.

과제탐구 활동을 위해 가장 필요한 역량은 탐구의식입니다. 어떤 영역이든지 탐구의식에서 출발하는 것은 같습니다. 다만, 구체적인 탐구 분야에서 자연이나 과학적 현상을 탐구한다면 자연과학계열 과제탐구가 되고, 사회현상이나 역사적 문제 등을 탐구하면 인문사회계열의 과제탐구인 것입니다. 인문사회계열의 과제탐구는 〈문제 제기→가설 설정→자료수집 및 분석→결론〉의 연역적 탐구과정을 거치며, 사회현상의 인과관계를 객관적으로 탐구하는 과정입니다. 다음에서 그 과정을 차례차례 살펴보겠습니다.

가. 문제 제기

사회현상 탐구를 위한 주제를 선정하기 위해 문제 제기가 필요합니다. 문제 제기란 문제의식이라고 할 수도 있는데요. 문제 제기라는 말을 하니 뭔가 학술적인 용어로 들리지만, 어렵게 생각할 것 아닙니다. 평소 신문 보도나 TV 뉴스를 보다가 생기는 불만을 말로 하는 것 그게 바로 문제의식입니다. 바로 아래와 같은 것이지요.

"한국의 아동·청소년의 자살이 심각해. 학교 교육이 문제야."
"우리 사회는 범법자에 대한 처벌이 너무 약한 것 같아."
"국가가 전염병에 대한 대처를 잘하지 못하고 있어."
"아프리카 사람들이 굶어 죽는 건 다른 나라 사람들이 돕지 않아서야."
"요즘은 미세먼지가 너무 심해서 살 수가 없어."

이 글을 읽는 여러분 모두 이런 경험이 있으실 테지요? 어떤 현상에 대해 툴툴거리며 말하는 부분이 바로 문제의식입니다. 다만 혼자 혹은 지인과 가볍게 나눈 이야기라서 개인적 문제라고 치부했을 겁니다. 이런 부분이 사회적으로 해결해야 할 문제가 되는지 확인하는 작업이 인문사회계열의 과제탐구 활동의 시작이라 할 수 있습니다.

나. 가설 설정

가설 설정은 앞선 문제의식을 잘 다듬어 정리된 문장으로 만드는 일입니다. 평소에 자신이 가졌던 생각이 정말 문제인지 확인하는 작업이라 할 수 있습니다. 보통의 학생은 문제 제기가 가장 어렵다고 생각하는데, 실제로 가장 막히는 부분이 바로 가설 설정입니다.

가설이 뭘까요? 가설이란, 현실적 조건에서 실제로 검증 가능한 어떤 현상의 규칙성에 대해 예상하는 일을 말합니다. 앞으로 탐구할 문제에 대한 잠정적인 결론이기도 하지요. 그 예측이 실험을 통해 입증되면 확실한 결론 즉, 이론이 됩니다. 가설을 세우려면 가설의 성립조건을 잘 알아야 하는데요. 다음은 가설의 4가지 조건[8]입니다.

① 간단명료해야 한다.
② 특정 가치가 개입되지 않아야 한다.
③ 경험적으로 검증 가능해야 한다.
④ 계량화가 가능해야 한다.

가설 설정에는 형식적 요건과 실질적 요건도 필요합니다. 형식적 요건은 독립 변인과 종속 변인의 명확한 관계로 진술하는 것을 말합니다. 실질적 요건은 검증이 될 가능성과 검증할만한 필요가 있는지 확인하는 것을 의미합니다.

---

8) 박선웅 외(2014), 사회문화 교과서, 금성출판사. 37쪽.

가설 설정 단계에서는 제기된 문제의식을 탐구활동으로 연결하기 위한 구체적인 연구 방법도 생각해 두어야 합니다. 가설을 어떻게 설정하는지에 따라 양적 연구나 질적 연구로 그 연구법이 결정되기 때문입니다. 또, 가설 설정을 위해 제기된 문제를 우선 검증할 수 있게 형태를 잡아야 합니다. 앞에서 예시로 든 문제의식 중, "우리 사회는 범법자에 대한 처벌이 너무 약한 것 같아"를 가지고 설명하겠습니다.

여기에서 범법자에 대한 처벌을 문제 삼았으니, 이를 검증할만한 형태로 문장을 구성합니다. 우리 사회의 범죄자에 대한 처벌이 정말 약한지를 검증하고 싶다면 '한국의 범법자 처벌은 타국에 비해 약하다.'라고 가설 설정합니다. 이 가설은 양적 연구로 검증할 수 있습니다. 이때 타국을 어느 나라로 정할지도 중요한 문제가 됩니다. 일반적으로 선진국이나 법에 대한 만족도가 높은 나라와 비교할 수 있겠지요. 이렇게 비교 가능한 객관적 자료를 수집하여 분석하는 방법을 '양적 연구 방법'이라고 합니다.

다른 형태의 가설을 설정해 보겠습니다. 외국과 비교가 아닌, 우리 사회가 가진 법적 감수성을 설정하는 것이지요. 그 가설을 '한국의 범법자 처벌 수위는 국민의 법적 감수성과 비교해 부족하다.'라고 하겠습니다. 이 가설을 검증하기 위해 국민이 가지고 있는 법적 감수성이라는 '객관적'이지는 않지만, 그 가치가 반영된 것을 조사해야 합니다. 이런 방식으로 사회문제에 대한 현상의 가치를 해석하는 방법을 '질적 연구 방법'이라고 합니다.

가설은 무한대 설정이 가능합니다. 하나의 문제의식에 오직 하나만의 가설은 없습니다. 가설을 설정할 때, 연구를 통해 검증하고자 하는 개념과 단어의 의미를 분명하게 제한하는 것이 중요합니다. 위의 범죄자 처벌 문제에서도 막연히 '처벌이 약하다'라고 하는데 실제 처벌을 받기까지 법적으로 3가지 단계를 거칩니다. 법적 형량, 검찰의 구형, 판사의 최종 판결 순이지요. 가설을 설정할 때, 범죄에 대한 법적 형량이 낮은 것인지, 검찰의 구형이 낮은 것인지, 판사의 최종 판결이 낮은 수준인지 구분해서 가설을 세우는 것이 더욱 명확해집니다.

다. 자료수집 및 분석

인문사회계열의 탐구활동에서 실험을 하는 일은 거의 없습니다. 이 계열에 적합한 연구 방법은 질적 연구와 양적 연구 두 가지 중 하나입니다. 어느 연구 방법을 사용하든 자료수집 단계에서는 주로 문헌 조사, 인터뷰, 설문 조사, 사진 촬영을 합니다. 이 중 학생이 가장 손쉽게 사용하는 자료수집 방법은 바로 설문 조사입니다. 왜냐하면 설문 조사는 따로 비용이 들지 않고, 비교적 이른 시일 안에 결과를 낼 수 있다는 점에서 학생이 선호하기 때문입니다. 그렇지만 설문 조사에 대한 충분한 기술이 없다면 오히려 피하는 것이 좋습니다.

설문 조사의 장단점

장점

무기명 조사가 가능하다.
손쉽게 대단위 연구가 가능하다.
주관성을 배제할 수 있다.
결과가 비교적 정확하다.
조사 비용이 적고 빠르다.

단점

설문의 방향으로 의도될 수 있다.
제한적이고 단순한 답만 얻을 수 있다.
답변자가 질문을 이해하지 못하면
답이 부정확할 수 있다.
대충 설문 조사에 응하면
부실한 답변이 나온다.
회수율이 낮다.

특히 사회문제를 위한 설문 조사를 한다면 반드시 고려할 점이 있습니다. 바로 '이 설문이 유의미한 통계자료가 될 수 있는가.'라는 것입니다. 대부분의 학생 조사자는 설문 조사를 할 때 쉬운 대상에게 알려 결과를 받은 후에 통계를 냅니다. 이들이 택하는 가장 쉬운 방법은 학교 SNS에 올리는 것입니다. 이런 통계는 사실 의미가 없습니다. 왜냐하면, 설문 조사는 무작위 수집을 원칙으로 하기 때문입니다. 우리나라 사회현상에 대한 문제를 조사하는데 특정 학교, 특정 나이대 100여 명의 의견이 과연 그 문제를 증명할 수 있을까요? 다시 '우리 사회에 범법자 처벌이 약하다.'라는 의견에 대해 OO중학교 학생 100여 명의 응답자 중 70%가 동의한다고 한들, 과연 이것이 우리 사회의 범법자 처벌이 약하다는 증거가 될 수 있느냐는 말입니다.

따라서 조사 범위가 한정된 학생은 이미 완료된 설문 결과를 이용하기를 추천합니다. 여론조사 기관이나 공공기관에서 발표한 데이터는 충분한 신뢰를 주는 자료입니다. 다만 주의할 것은 최신 자료를 이용해야 한다는 것입니다. 같은 설문내용에 2010년과 2020년의 결과가 있다면 당연히 2020년 자료를 이용해야 합니다. 혹시 2010년 자료가 내 의견과 더 유사하다고 해서 그것을 사용해서는 안 됩니다.

라. 결론

연구한 내용을 바탕으로 결론을 내리는 단계입니다. 그 결과물의 형태는 다양하게 나타납니다. 자료 조사 방법으로 인터뷰나 사진 촬영을 했다면, 이것을 더 분명하게 보여주도록 영상으로 만들 수 있습니다. 연구논문을 활용했다면 보고서의 형태로 작성하는 게 좋습니다.

혹시 결론에서 처음에 가설로 설정했던 내용이 조사 결과 틀린 가설일 수도 있습니다. 걱정할 것 없습니다. 학생 연구는 틀린 가설도 괜찮습니다. 인문사회계열 탐구활동을 통해 자신이 알고 있던 지식에 대한 학문적 근거를 마련하고 선입견이나 잘못된 오개념을 수정하는 것은 학생의 탐구활동에 있어 실패가 아니라 오히려 긍정적인 모습이기 때문입니다.

결론에서 꼭 강조하고 싶은 것은 탐구과정에서 필요한 연구 윤리의식과 실천입니다. 먼저 연구 수행 과정에서 지켜야 할 연구 윤리[9]는 무엇일까요? 첫째, 연구자는 정직성과 진실성을 유지해야 합니다. 자료를 편파적으로 수집하거나, 조작하거나, 왜곡하는 행위를 하지 말아야 합니다. 둘째, 위조, 변조, 표절하면 안 됩니다. 학생이 손쉽게 범하는 가장 대표적인 부정행위이기도 합니다. 셋째, 연구 결과가 연구자의 의도 및 가설과 맞지 않게 나오더라도, 정직하고 객관적으로 자료를 수집하고 분석하여 결론을 내야 합니다.

더불어 연구 대상이나 조사 대상자와 관련하여 지켜야 하는 연구 윤리도 있습니다. 연구자는 조사 대상자에게 연구목적을 사전에 알리고, 조사 참여의 동의를 얻어야 합니다. 조사 대상자가 조사에 자발적으로 참여토록 유도하고 혹여, 조사 대상자가 조사를 중간에 그만두더라도 이를 막아선 안됩니다. 또, 수집된 조사 대상자의 개인정보를 연구 이외의 목적으로 사용하지 말아야 합니다. 조사 대상자의 사생활과 익명성을 보호해 주어야 합니다.

마지막으로, 연구자의 사회적 책임과 관련된 연구 윤리도 있습니다. 본인이 연구한 결과가 반인권적, 비민주적인 목적으로 악용될 소지를 주는 것은 옳지 않습니다. 그리고 사회적 약자를 억압하거나 특정 집단의 권익을 훼손하는 연구는 아닌지 스스로 성찰하고 검토하는 태도가 필요합니다.

공정한 연구자의 자세로 임하는 것이 중요합니다. 좋은 탐구 결과만 보여 주는데에 급급해 자료를 조작하는 잘못을 범하지 않아야 합니다. 탐구활동을 수행하는 동안 연구자로서의 정직함도 잃지 말아야 합니다. 자연과학계열에서 과제탐구와 실험과정을 설명한 다음 장에서 학생이 길러야 할 과학적 시선과 탐구력의 밑바탕이 바로 연구 윤리 실천하기라는 점을 꼭 기억해 주세요.

9) 박선웅외(2014), 사회문화 교과서, 금성출판사. 37쪽

2) 자연과학계열 과제탐구

자연과학계열 과제탐구는 현상을 섬세하게 관찰하고 합리적인 근거로 사고하는 과학적 통찰력이 중요합니다. 과제연구를 통해 자신의 궁금증을 해결하는 동시에 성취감을 느낄 수 있겠지만, 자신의 과학적 역량을 높이고 성장하는 기회로 이용하는 것도 중요합니다.

인문사회계열 과제탐구의 〈문제 제기→가설 설정→자료 수집 및 분석→결론〉으로 이어지는 과정은 연역적 탐구 방법입니다. 이 방법은 자연과학계열에도 자주 활용됩니다. 각 단계에 관한 설명은 앞선 인문사회계열의 과제탐구 방법을 참고해 주세요.

귀납적 탐구 방법도 있습니다. 이 방법은 〈관찰 주제 선정→관찰 방법 설정→관찰 수행→관찰 결과 해석→일반화〉 순으로 진행됩니다. 귀납적 탐구 방법은 오랜 시간의 관찰을 통해 지속적인 검증을 요구하기에 학생이 수행하기에 다소 어렵습니다. 실행한다면, 과학적 사고력을 기를 수 있는 중요한 탐구 방법이 되어줍니다.

다음 학생은 응급치료 절차 중 개선하고 싶은 문제 상황을 찾아낸 뒤에 환자에게 효과적인 원격의료 제공을 위한 논문을 찾아 조사하였습니다. 관심 있는 문제에 대한 사고력의 확장을 책을 통해 실천한 사례입니다.

[진로활동 기록 사례]

'골든아워(이국종)'를 읽고 응급치료의 절차에 대해 의문을 가짐.
의료법과 병원 종사자의 조직구조에 대한 논문을 조사함. 환자에게 효과적인 원격의료 제공을 위해 의료법 제34조 1항을 원격의료 허용 범위를 상세하게 정하도록 개정해 국민 참여 입법센터에 제출함.

이후 수행평가로 단편영화 제작을 위해 대본을 작성하면서 궁금해진 '헤이플릭 분열 또는 헤이플릭 한계10)'를 탐구했습니다. '골든아워(이국종)'를 읽으면서 깨달은 점을 바탕으로 개선이 필요한 의료 시스템을 주제로 영어 에세이를 작성한 경험의 기록은 주변 현상에 대해 스스로 질문을 던지고 그 해답을 찾는 노력을 하는 학생의 좋은 습관을 드러낼 수 있습니다.

---

10) 1961년 해부학자 레너드 헤이플릭(Leonard Hayflick, 1928~)은 세포가 보통 70번 정도 분열을 하면 더는 분열하지 못한다는 것을 발견하고 '헤이플릭 한계'라 이름 붙였다. 1980년대 분자생물학자 엘리자베스 블랙번(Elizabeth Blackburn,1948~)은 그 이유가 세포의 염색체의 양 끝에 있는 텔로미어(telomere)와 관계있다는 것을 밝혔다.

영화에 대한 관심과 영어 역량을 발휘하여 영어를 기반으로 하는 단편영화를 제작함. 모 고등학교의 성적 조작 사건에 대한 풍자와 꿈의 성취를 위해 서로 다른 태도를 보이는 의대생들의 모습을 담아 노력의 가치에 대해 생각해볼 수 있는 영화임. 직접 시나리오를 영어로 쓰고 연출을 담당하며 주제 의식이 명확하게 전달될 수 있도록 영화적 기법을 적극적으로 활용하는 등 노력을 기울이는 모습이 인상적이었음. 영화를 만들며 대사 속에 활용한 '헤이플릭 분열'에 대해 관심을 두고 탐구하는 계기가 됨.

'골든아워(이국종)'를 읽고 의사들이 겪는 어려움, 열악한 의료 시스템, 의사로서의 사명감을 주제로 영작함. 의미적 측면과 형태적인 측면에서 뛰어난 영어 글쓰기 역량을 보여주었으며 합리적 사고와 따뜻한 마음을 엿볼 수 있었음.

또한, 뇌과학 관련 과학 저널에서 배운 배경지식을 활용해 인간의 수면 동안 세포내 DNA 활동성이 증가하는 까닭이 활성산소에 의한 DNA 손상을 복원하기 위한 것임을 배웠습니다. 학생은 여기서 멈추지 않고 수면 장애의 발생 원인에 관해 탐구하는 모습을 보여줌으로 의과학과 생명공학 분야에 필요한 학업태도를 충실히 하고 있음을 증명하고 있습니다.

관심 분야인 뇌과학과 관련된 과학 저널을 찾아보며 신경전달물질의 유전자 발현 조절을 통해 우울증과 같은 신경 정신 질환을 치료할 수 있다는 사실을 알고 〈수면 과학〉을 주제로 자유 탐구 활동을 진행함.

인간의 수면 상태에서 세포내 DNA 활동성이 증가하는 이유를 조사하였으며, 생체 활동으로 인해 발생하는 활성산소에 의한 DNA 손상을 복원하기 위함임을 찾아내어 발표함. 빛의 파장에 따른 수면 장애 발생 원인을 조사, 발표하였으며, 호르몬 분비와 관련하여 수면 과정을 설명함.

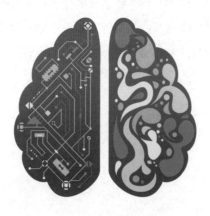

어떻게 하면 과학적 시선을 형성할 수 있을까요? 아래 그림을 보고 단계별로 생각해 봅시다.

1단계 : 유치원생이 이 그림을 본다면 어떤 생각을 할 수 있을까요? 유치원생이라고 생각하고 자연스럽게 생각을 적어봅니다.

2단계 : 초등학교 4학년이 이 그림을 본다면 어떤 생각을 할 수 있을까요? 초등학교 4학년이라고 생각하고 자연스럽게 생각을 적어봅니다.

3단계 : 중학생이 이 그림을 본다면 어떤 생각을 할 수 있을까요? 중학생이라고 생각하고 자연스럽게 생각을 적어봅니다.

4단계 : 고등학생이 이 그림을 본다면 어떤 생각을 할 수 있을까요? 고등학생이라고 생각하고 자연스럽게 생각을 적어봅니다.

이 과정을 반복하면서 학생들은 자료를 바라보는 자신감과 과학적 시선을 자연스럽게 형성할 수 있습니다. 필자가 수업 시간에 이 과정을 실제로 했을 때, 고등학생에게는 다음과 같은 교사의 질문을 덧붙여서 학생의 생각을 심화시켜 보았습니다.

1. 학생
연기의 색깔이 달라요.

2. 교사
그 이유는 무엇일까요?

3. 학생
연소의 과정이 달라서 그래요.

4. 교사
완전연소와 불완전 연소의 차이점은 무엇일까요?

5. 학생
산소가 충분할 때 완전연소, 산소가 부족할 때 불완전 연소가 일어나요.

6. 교사
이 그림에서 연기의 색으로 완전연소와 불완전 연소를 찾아볼까요?

자연과학계열의 연역적 탐구과정에서 중요한 점은 가설 설정 단계에서 변인을 명확하게 정하여 탐구 활동을 시작하는 일입니다. 여기서는 가설 설정부터 실험설계와 활동 그리고 사후 활동까지의 순서로 사례를 제시하고자 합니다.

우선 '내진설계'와 관련된 가설 설정 단계에서부터 구체적인 실험설계와 탐구 활동 진행이 가능한 주제 예시입니다.

- 우리나라의 지진 위험성에 대한 조사
- 통계자료를 통해 확인할 수 있는 강도별 위험성
- 지진과 쓰나미의 관계
- 판의 경계에서 일어나는 현상들 분석
- 관련 직업, 고층 아파트 건축에서의 내진설계 방법 등

내진설계 실험장치 활용 사례

1) 내진설계 실험장치를 이용해 5층의 기본 건물 구조를 만든다.

 교사 질문

건물 층수는 바닥을 기준으로 할까요? 공간을 기준으로 할까요?
(당연하다고 생각되는 것을 꼼꼼하게 생각하기 활동)

[학생 모둠 토의 내용 사례]

 기준이 달라진다고 건물 높이에 영향이 가니? - 바닥을 기준으로 한다면 공간이 4개, 공간을 기준으로 한다면 5개로 차이나.

 우와 그냥 단순하게 생각했는데 정확한 답을 찾으려니 모르겠네.

 공간이 기준 아니니? 높은 건물을 다녀보면 벽의 가운데 층수를 안내하는 표지판을 붙여 놓잖아.

 그런 것 같은데. 정확한 자료 찾아볼까?

2) 기본 건물 구조를 만들고 난 뒤 손을 이용해 건물을 일정한 힘으로 흔들어 본다.

 교사 질문

건물의 어떤 부분을 흔들어야 할까요?
(실험에 빠져서 연구하고자 하는 주제를 잊어버리지 않도록 하는 활동)
이후 모둠별로 토의 활동 및 발표

3) 엘리베이터 구조를 대체할 A4 용지를 세로로 말아서 기본 건물 구조의 가운데에 넣는다.

•기본 건물 구조를 흔들었던 힘과 같은 힘으로 건물을 흔들어 보고 두 가지 경우를 비교해 본다.

 교사 질문 어느 정도의 힘으로 건물을 흔들어야 하는지 과학적 근거를 들어 설명해 보세요.
(그냥 실험하는 것이 아니라 독립 변인에 따른 종속 변인이 나올 수 있는 범위 안에서 실험이 진행되어야 하는 것을 알려주는 활동)

•위 과정까지 실험한 뒤에 건물이 견뎌야 할 힘을 200이라고 가정하고, 학생이 주는 힘이 300이라면 어떠한 조작 변인을 적용하더라도 실험 결과가 똑같이 나올 수밖에 없다는 것을 파악할 수 있다.

4) 무계추를 건물의 어떤 위치에 달았을 때 건물의 안정도에 어떤 차이가 나는지 비교해서 실험한다.

– 실험 제한조건
실험장치의 필름 통 안에 들어 있는 추 4개와 실만 이용하고, 상자 안의 추가적인 실험 도구를 사용하지는 않는다.
추의 위치는 제일 아래쪽 공간에 떠 있어야 하고, 실은 아래쪽부터 첫 번째 하얀 판, 두 번째 하얀 판, 세 번째 하얀 판, 네 번째 판에 고정 위치를 바꿔가면서 실험하고, 검은색 기둥에 묶어서는 안 된다.

– 교사는 시간을 주어 학생들이 답을 찾도록 한다.

답 : 각 층의 하얀 판에 실을 손으로 살짝만 눌러서 잡아주면 된다.

- 답을 가르쳐 주면서 손을 누르는 것이 건물의 안정도에 영향을 주지 않는지 물어본다. 물론 맞지만, 실험주제로 던져
  준 것이 어떤 것인지 다시 한번 생각해보게 한다.

- 실험주제는 각 층에 추를 달았을 때의 안정도 차이지 절대적인 값이 아니라는 것을 설명해 준다. 최소한의 같은
  힘으로 누르고 같은 힘으로 흔들어 준다면 이것은 안정도 차이에 영향을 주는 조작 변인이 아니라 통제 변인임을
  설명해 준다.

- 실험주제에 따른 실험설계를 할 수 있도록 한다.

5) 수업 후 느낀 점 나누기 사례

•연구할 때 그냥 재밌는 주제로 활동을 하면서 정리하면서 했는데, 사전 계획이 얼마나 중요한지 알 수
있었습니다.

•중간에 틀린 내용이 자주 나와 처음부터 다시 했던 연구 과정이 많았는데, 어떤 부분이 틀렸는지 알 수
있었습니다.

•선생님께서 왜 이 수업을 했는지 알 수 있었습니다. 제가 지금 막 시작한 연구 과정에 대해 전체적
으로 검토해 볼 기회를 얻을 수 있었습니다.

3. 논문을 활용해서 과제탐구 해요

1) 논문으로 관심 폭과 배경지식 넓히기

관심 있는 주제와 관련된 논문을 읽으면 더 깊어지는 지식과 과제탐구 과정에 대해 학습할 수 있다는 장점이 있습니다. 과제탐구 결과 처리 방법과 결론 작성법은 물론이고 논문 마지막에 제시되는 제언을 통한 아이디어 획득도 가능합니다.

국내에서 논문을 검색할 수 있는 사이트 중 몇 가지 예를 들면 다음과 같습니다.

Science Direct : 국외 SCI급 논문 자료 http://www.sciencedirect.com
디비피아 http://www.dbpia.co.kr
국회도서관 https://www.nanet.go.kr/main.do
학술연구정보서비스 http://www.riss.kr/index.do

위의 사이트에서 논문명, 저자, 주제어 등으로 논문을 검색할 수 있습니다. 탐구 주제가 명확히 잡히지 않았을 때는 주제어 검색을, 어느 정도 주제가 잡혀간다면 논문명 검색을 추천합니다. 검색 결과가 나오면 결과 안에서 재검색으로 연구하고자 하는 주제어를 한 번 더 넣으면 범위를 좁혀 줍니다. 사실 고등학생 수준에서 논문의 전체 내용을 읽기는 너무 힘이 들 것입니다. 논문의 초록(抄錄)[11]을 읽으면서 자신의 과제탐구에 도움이 될만한 논문을 선택합니다. 또, 해당 논문의 저자가 논문 작성을 하면서 참고한 문헌을 통해 연구하고자 하는 주제와 관련이 높은 추가 자료를 얻을 수도 있고, 논문을 살핌으로써 그동안 알지 못했던 다양한 배경지식을 쌓을 수도 있습니다.

학술적인 문서인 논문을 다 읽어내는 것은 고등학생 수준에서 다소 어렵지만, 그 안에 포함된 다양한 내용을 학습할 수 있는 좋은 자료가 있어서 매우 유용합니다. 논문을 읽으려면 나에게 필요한 논문을 찾는 방법과 찾은 논문을 효과적으로 읽는 방법을 습득하는 기본역량이 매우 중요합니다. 다음은 여러 분야에서 논문 읽기 활동을 진행한 사례입니다.

11) 논문 등의 앞부분에서 글의 내용을 간략히 요약한 부분

● 활동 내용

1차시 **디지털 화폐(전자화폐) 종류**	활동 목표	전자화폐의 탄생과 종류를 조사해보기
	활동 내용	1. 암호화폐의 창시자 데이비드 차움에 대해 알아보기 2. 블록체인, 비트코인에 대해 알아보기 3. 디지털 화폐(암호화폐)의 문제점과 해결방법에 대해 알아보기

● 활동지 (출처 밝히기)

1. 암호화폐 창시자 데이비드 차움의 업적 조사하기		
2. 블록체인, 비트코인에 대한 기존 선행 논문들의 다양한 정의 찾아보기	논문 제목	
	정의	
	논문 제목	
	정의	
	논문 제목	
	정의	
2-1. 각 정의에서 공통으로 사용하고 있는 용어는?		
3. 논문상에서 제시하고 있는 디지털 화폐의 문제점과 해결방안 3개 찾아보기		
3-1. 찾아본 각 논문의 제목과 문제점과 해결방안이 논문의 어느 부분에 기록되어 있는지 정리해보기		

• 활동 내용

<table>
<tr><td rowspan="3">2차시
블록체인 기술의 작동 원리</td><td>활동 목표</td><td>블록체인 기술의 작동 원리에 대한 이해</td></tr>
<tr><td rowspan="2">활동 내용</td><td>1. 블록체인 기술의 작동 원리에 대해 알아보기</td></tr>
<tr><td>2. 블록체인 기술의 특징에 대해 알아보기</td></tr>
</table>

• 활동지 (출처 밝히기)

<table>
<tr><td rowspan="6">1. 블록체인 기술의 작동 원리에 대한 논문 읽기</td><td>논문 제목</td><td></td></tr>
<tr><td>작동 원리</td><td></td></tr>
<tr><td>논문 제목</td><td></td></tr>
<tr><td>작동 원리</td><td></td></tr>
<tr><td>논문 제목</td><td></td></tr>
<tr><td>작동 원리</td><td></td></tr>
<tr><td>1-1. 각 원리에서 공통으로 기술되어 있는 과정은?</td><td colspan="2"></td></tr>
<tr><td>2. 위에서 찾은 내용을 바탕으로 출처를 기록하는 방법에 따라 출처를 기록하고 자신만의 표현으로 내용을 정리해보자.</td><td colspan="2"></td></tr>
</table>

• 활동 내용

| 3차시
전자화폐와 실물화폐 간의
공통점과 차이점 | 활동 목표 | 전자화폐와 실물화폐 간의 차이점을 이해 |
| | 활동 내용 | 1. 전자화폐와 실물화폐 간의 차이점을 파악하기
2. 전자화폐와 실물화폐에서 나타나는 차이점이 초래하는 사회적 경제적 영향에 대해 알아보기 |

• 활동지 (출처 밝히기)

1. 전자화폐와 실물화폐 간의 차이점에 대한 논문 읽기	논문 제목		
		전자화폐	실물화폐
	논문 제목		
		전자화폐	실물화폐
1-1. 각 논문에서 관련 내용은 논문의 어떤 목차에 적혀 있는가? 해당 목차는 어떤 내용으로 구성되어 있는가?			
2. 전자화폐와 실물화폐에서 나타나는 차이점이 초래하는 사회/경제적 영향을 다룬 논문을 찾아보고 내용을 요약해보자.	논문 제목		
	내용 요약		

• 활동 내용

4차시 **전자화폐 소수점 단위** **거래의 장점**	**활동 목표**　전자화폐의 소수점 단위 거래가 가져올 변화를 예측 **활동 내용**　1. 소수점 아래 거래 수량의 특이성 파악하기 　　　　　　2. 비트코인 소수점 단위 거래의 장점 파악하기

• 활동지 (출처 밝히기)

1. 전자화폐의 소수점 단위 거래에 관련된 논문 2편을 찾아본다.	논문 제목	
	논문 제목	
1-1. 각 논문에서 소수점 아래 거래 수량의 특이성을 정리해보자.		
2. 위에서 찾은 내용을 바탕으로 출처를 기록하는 방법에 따라 출처를 기록하고 비트코인 소수점 단위 거래의 장점을 자신만의 표현으로 정리해보자.		

자연과학 계열에서 논문 읽기 활동
1) 분야 : 친환경 일회용 젓가락 제작

● 활동 내용

1차시 논문검색 사이트를 활용한 주제 및 탐구방법 분석	활동 목표	〈논문 탐색〉을 통해 연구 주제를 선정하는 방법을 안내

활동 내용

[활동 1] 각자 관심 있는 분야에서 소주제를 정해 관련 있는 논문 3편을 읽고 분석하여 연구 노트에 작성하기
· 친환경 제품에 관련된 논문 3편을 읽고 논문을 통해 알게 된 점이나 관련 연구 동향을 파악하여 연구 노트에 작성해 보기

[활동 2] 연구 방법에 대한 정보를 획득하기
· 친환경 제품에 관한 연구를 어떻게 수행하였는지에 대해 논문을 분석한 뒤 구성원들과 각 연구를 진행하는 과정에 대한 나눔 활동하기

● 활동지 (출처 밝히기)

1. 논문 3편에서 친환경에 대해서 어떻게 용어 정리를 하고 있는지 정리해보자.	논문 제목	
	친환경정의	
	논문 제목	
	친환경정의	
	논문 제목	
	친환경정의	
1-1. 위의 각 논문에서 말하고 있는 친환경 연구의 경향을 찾아 정리해보자.	논문 제목	
	연구 경향	
	논문 제목	
	연구 경향	
	논문 제목	
	연구 경향	
1-2. 위의 각 논문 중 한 편을 골라 친환경 연구는 어떻게 진행되고 검증하고 있는지 정리해보자.		
2. 모둠원들과 나누면서 알게 된 내용을 정리해보자.		

• 활동 내용

<table>
<tr><td rowspan="5">2차시
논문검색을 활용하여 주제탐구
(R&E)를 위한 이론적 배경 탐구
및 선행연구 분석</td><td>활동 목표</td><td>선행연구 분석을 위한 논문 탐색을 통해 이론적 배경을 탐구하는 방법을 안내</td></tr>
<tr><td rowspan="4">활동 내용</td><td>**[활동1] RISS 사이트를 활용하여 선행연구의 이론적 배경을 검토하고 이론에 대한 정보를 획득하기**
· 친환경 제품의 제작과정에 대한 정보를 정리
· 이론적 배경 정리를 통한 관련 지식을 내면화하기</td></tr>
<tr><td>**[활동2] 선행연구를 분석하여 연구 노력의 중복을 회피하기**
· 키프리스 사이트를 통해 특허 관련 검색을 하고, RISS 사이트를 통해 중복되는 선행연구가 있는지 찾아본 후, 연구 주제를 설정</td></tr>
</table>

• 활동지 (출처 밝히기)

<table>
<tr><td rowspan="4">1. 논문 2편의 친환경 제품 제작과정을 정리해보자.</td><td>논문 제목</td><td></td></tr>
<tr><td>제작과정</td><td></td></tr>
<tr><td>논문 제목</td><td></td></tr>
<tr><td>제작과정</td><td></td></tr>
<tr><td>1-1. 위 제작과정에서 공통점을 찾아보자.</td><td colspan="2"></td></tr>
<tr><td>2. 친환경 제품에 관련된 논문 2편의 이론적 배경 내용을 정리해보자.</td><td colspan="2"></td></tr>
<tr><td>2-1. 이론적 배경에는 어떤 내용이 기록된다고 생각하는가?</td><td colspan="2"></td></tr>
<tr><td>3. 키프리스 사이트를 통해 우리가 제작하고자 하는 제품이 미리 나와 있는지 조사해보자.</td><td colspan="2"></td></tr>
<tr><td>4. RISS 사이트를 통해 우리 주제와 유사한 선행연구가 있는지 조사해보자.</td><td colspan="2"></td></tr>
</table>

●활동 내용

<table>
<tr><td rowspan="3">3차시
주제탐구(R&E)를 위한 이론적
배경 탐구 및 선행연구에
대한 상호토의</td><td>활동 목표</td><td>이론적 배경 탐구를 위한 상호토의를 통해 선행연구를 분석할 수 있도록 안내</td></tr>
<tr><td>활동 내용</td><td>[활동1] 각자 조사한 자료를 발표하고 상호토의를 통해 이론에 대한 지식을 정리하기
·각자 찾아본 유사한 선행연구 과제의 장단점을 발표</td></tr>
<tr><td></td><td>[활동2] 상호토의를 통해 선행연구에 대해 분석하기
·공유한 내용 속에서 우리 연구에 도움이 될 만한 과정을 추출해서 정리</td></tr>
</table>

●활동지 (출처 밝히기)

<table>
<tr><td rowspan="2">1. 논문 3편에서 친환경에 대해서 어떻게 용어 정리를 하고 있는지 정리해보자.</td><td>논문 제목</td><td></td></tr>
<tr><td>논문 제목</td><td></td></tr>
<tr><td></td><td>논문 제목</td><td></td></tr>
<tr><td>1-1. 위 논문의 선행연구에서 장/단점을 분석해보자.</td><td></td><td></td></tr>
<tr><td>1-2. 분석 자료를 통해 우리 연구에 도움 되는 내용을 정리해보자.</td><td></td><td></td></tr>
</table>

2) 분야 : 아두이노를 이용한 Li-Fi 통신기술

● 활동 내용

1차시 논문검색 사이트 활용하기	활동 목표	다양한 논문검색 사이트를 활용해 검색 방법에 대한 이해도를 높이고 키워드 찾기
	활동 내용	1. RISS, DBPIA, 국회도서관을 이용해 '아두이노'를 키워드로 논문을 검색하기 2. Li-Fi 기술의 정의를 찾아보기

● 활동지 (출처 밝히기)

1. '아두이노'를 키워드로 검색했을 때 논문 검색사이트에서 표시되는 논문 제목을 3편 적어보자.	RISS	
	DBPIA	
	국회도서관	
1-1. 위 논문에서 자신이 찾고자 하는 내용으로 범위를 줄이는 검색 방법을 찾아 적는다.		
1-2. 각 논문 제목의 키워드를 정해보자.		
2. 논문 2~3편에서 Li-Fi 기술의 정의를 찾아서 정리해보자.		
2-1. 공통 용어를 뽑아낸 뒤 자신만의 Li-Fi 용어 정리를 해 보자.		
2-2. 관련 용어의 정의가 논문 목차 중 어디에 기록되어 있는가?		
3. 흔히 알고 있는 용어와 논문상의 용어 정의가 다른 경우를 찾아보자.		
3-1. 논문에서 용어 정의가 왜 중요한지 자기 생각을 적어보자.		

● 활동 내용

2차시 **탐구 방법 분석**	활동 목표	연구 주제를 선정한 뒤 탐구 설계하는 방법에 대해 이해
	활동 내용	1. '아두이노', 'Li-Fi'를 키워드로 논문 2편을 검색하기 2. 각 논문의 주제에 따른 탐구 설계과정 분석하기

● 활동지 (출처 밝히기)

1. 키워드로 검색한 논문 2편의 제목을 적어보자.	논문 제목	
	논문 제목	
1-1. 각 논문의 탐구 설계과정을 요약해보자.		
1-2. 탐구 설계과정의 공통점을 찾아 자신의 탐구 설계과정을 공통점에 맞게 적어보자.		

● 활동 내용

3차시 **이론적 배경을 통한** **배경지식 형성**	활동 목표	이론적 배경을 읽어 보면서 과제탐구 활동에 대한 배경지식을 형성
	활동 내용	1. '아두이노'를 활용한 Li-Fi로 논문을 검색한 후, 모둠별 주제와 비슷한 2편을 선정하기 2. 각 논문의 이론적 배경에 있는 내용 요약하기

● 활동지 (출처 밝히기)

1. 이론적 배경에서 핵심 내용을 정리해 발표하는 시간을 갖는다.	
1-1. Li-Fi 구현 방법 및 아두이노 작동 원리를 인포그래픽으로 표현하기	

● 활동 내용

<table>
<tr><td rowspan="2">4차시
선행연구 분석을 통한
연구 주제 잡기</td><td>활동 목표</td><td>선행연구 분석 방법 및 제언에서 아이디어를 얻기</td></tr>
<tr><td>활동 내용</td><td>1. 우리 모둠 주제와 비슷한 선행연구 사례를 찾아보기
2. 해당 논문의 제언을 통해 우리 모둠의 연구 주제 방향 잡기</td></tr>
</table>

● 활동지 (출처 밝히기)

1. 우리 모둠에서 연구하고자 하는 방향과 비슷한 논문을 찾아 제목을 적어보자.	논문 제목	
	논문 제목	
1-1. 각 논문의 제언에 있는 내용을 요약해보자.		
1-2. 위의 내용을 바탕으로 우리 모둠의 실현 가능한 연구 주제를 구체적으로 잡아보자.		

2) 학술논문 이용과 학생 후기

학술논문은 어떤 경우에 이용하면 좋을까요? 단행본 도서를 읽고, 관심 있는 분야나 내용이 생겼을 때 논문 읽기를 통해 이를 심화, 확장시킬 수 있습니다. 독서 탐구도 의미 있는 과제 탐구 활동 과정에 속한다는 것을 앞에서 읽었을 것입니다. 혹은 아직 진로를 정하지 못했다면 흥미 있는 키워드로 논문을 검색하는 것도 좋은 방법입니다.

논문은 초록부터 찬찬히 읽으면 생각보다 내용이 어렵지 않을 뿐만 아니라 선행연구와 결론이 잘 정리되어 있어서 단행본보다 핵심내용 파악이 오히려 쉬운 경우가 많습니다. 또한, 자신이 연구하여 작성한 논문은 이제 학생부에 기재할 수 없지만 독서활동상황에 논문 제목과 저자 입력이 가능합니다. 논문의 내용을 단순히 인용하거나 요약하는 것에서 끝내지 않고 그 주제에 대해 추가 자료 조사를 하여 보고서를 작성하면 진로활동 특기사항 등에 그 내용을 기록할 수 있습니다. 요즘 고등학교마다 논문을 사용할 수 있는 아이디를 사서 학생은 무료로 사용할 수 있게 하기도 합니다. 담당 선생님이나 담임 선생님께 문의해 보면 사용 가능한지 알 수 있을 것입니다.

구체적으로 2~3권의 단행본을 읽고 관련 논문을 4~5편 찾아서 읽은 후에 독서활동상황에 체계적으로 정리하면 학생의 진로희망이 무엇인지 구체적으로 드러낼 뿐만 아니라 관련 분야의 배경지식을 쌓아가는 모습도 보여 줄 수 있습니다. 이렇게 작성한 주제별 탐구보고서는 학생부의 다양한 영역에 기록이 가능합니다. 즉 탐구보고서의 근거가 독서활동상황의 단행본과 논문이 되기 때문에 학생부의 각 영역이 유기적으로 연결되어 기재된다는 의미입니다. 학생부 기록을 위해서 정리는 어떻게 하면 좋을까요? 간단한 양식을 첨부합니다. 필요에 따라 적절히 수정해서 사용하면 좋겠습니다.

학술논문 읽기 활동 기록지

교과		담당 선생님	
단원		학번/이름	

1. 수업 중 호기심이 생겼거나 관심이 있었던 부분

2. 관심에 대한 키워드 선정과 그 이유

  가. 관심 키워드(예, 인공지능, 3D 프린터, 미세먼지 등등)

  나. 키워드 선정 이유

3. 관심 키워드 관련 논문 3편 이상 검색 (논문 제목, 저자 적기)

  가.

  나.

  다.

4. 찾은 논문 중 선정하여 정리하기

  가. 논문 요약

  나. 새롭게 알게 된 용어 및 개념

  다. 새롭게 알게 된 점, 흥미로운 점

5. 전공과 관련하여 더 연구하고 싶은 점

6. 기타 의견

다음은 논문을 이용한 과제탐구 활동으로 학생의 과학적 역량을 신장시킬 연간 계획표입니다.

과제탐구 활동을 바탕으로 한 과학적 역량 강화 계획

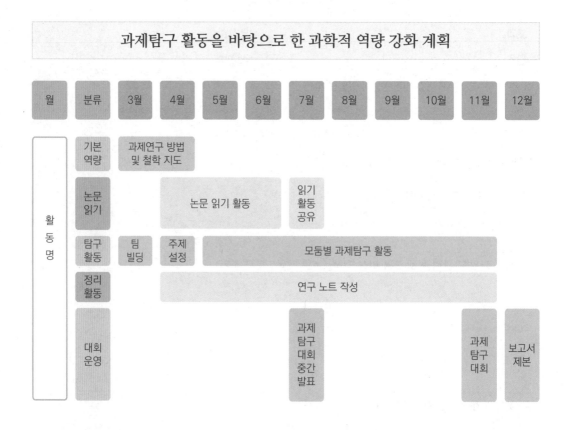

월	분류	3월	4월	5월	6월	7월	8월	9월	10월	11월	12월
활동명	기본 역량	과제연구 방법 및 철학 지도									
	논문 읽기		논문 읽기 활동				읽기 활동 공유				
	탐구 활동	팀 빌딩	주제 설정	모둠별 과제탐구 활동							
	정리 활동		연구 노트 작성								
	대회 운영						과제 탐구 대회 중간 발표			과제 탐구 대회	보고서 제본

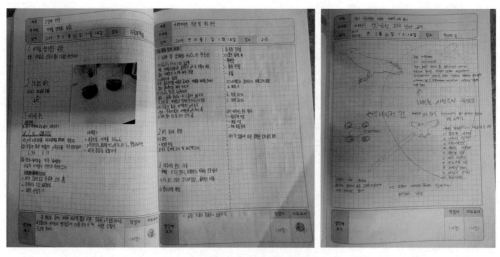

학생들이 작성한 연구 노트

아래는 논문 읽기 활동을 통해 느끼고 배운 점들을 정리한 것입니다. 이런 활동을 통해 학생들은 탐구 아이디어 구성, 과제탐구 보고서 틀의 결정, 체계적이고 과학적인 방법 선정, 다양한 근거의 학습에 도움을 받았다고 합니다.

이 과정으로 보아 논문 읽기 활동을 통해 과제탐구 영역이 확장되고, 그 내용이 충실해지는 것을 확인할 수 있었습니다. 따라서 활동을 함께 진행한 교과 담당 선생님들은 어떤 사회적, 학문적, 기술적 영역으로 학생들의 관심사가 확장되고 있는지를 관찰하여 교과 세부능력 및 특기사항에 녹여 낼 수 있는 세심함이 필요합니다.

그렇다면 실제 주변의 문제 상황과 사회적 이슈로부터 과제탐구의 주제를 선정한 학생이 어떻게 다양한 매체 자료를 활용하는지, 그렇게 수집하고 검토한 배경지식과 정보로부터 어떤 해결방안을 도출하고 이를 실천하기 위해 위해 노력하는지를 구체적인 사례로 살펴보겠습니다.

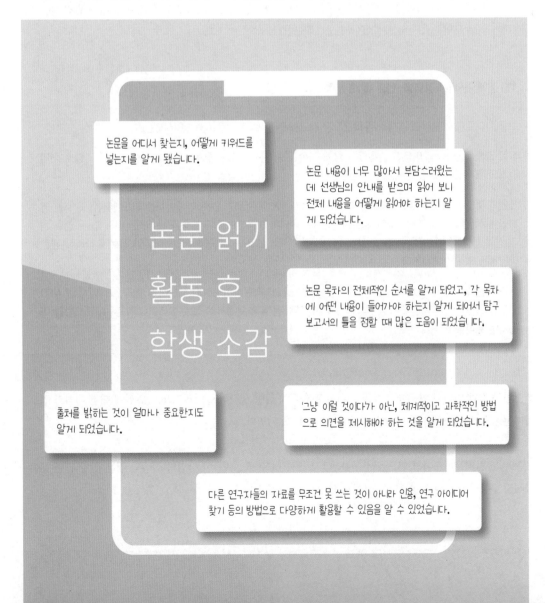

쉬어가기 코너

매체를 활용하여 탐구한 사례

〈이슈가 된 사회현상, 관심 분야와 사물 및 기술의 변화 등을 관찰해 보기〉

우리가 마시는 물은 사람의 침이 섞인 이후에는 세균이 훨씬 빠르게 증식하고, 부패 속도가 빨라지게 된다. 이런 사실을 1학년 2학기 때 도전한 교내 아카데미 프로젝트 과제연구를 통해 알게 되었다. 이와 더불어 지난 1월 이후 코로나-19(COVID-19)가 확산되고 있는 나라마다 일반 시민과 청소년들이 느끼는 신종 감염병에 대한 두려움의 원인을 신문기사와 칼럼, 뉴스 보도를 통해 확인하였다.

이전에 배운 배경지식을 바탕으로 탐구과정을 통해 효과적인 감염 예방 및 감염 경로에 대한 편견 해소를 해결하기 위해 무엇을 조사하고 실험할지 생각해보았다.

1차 검색 키워드 : 감염병, 언론 매체 분석

구글 사이트에서 키워드 검색을 통해 2가지 참고할 만한 보고서 자료를 확인하였음.

자료 출처[12] 〈미디어 이용이 신종 감염병에 대한 위험 인식과 예방 행동 의도에 미치는 영향 – 정보 처리 전략의 매개 효과를 중심으로〉

개인의 미디어 이용과 정보 처리 전략이 신종 감염병에 대한 위험 인식과 예방행동 의도 형성에 미치는 영향을 분석했다. 선행연구에 따르면 일반 대중은 "미디어 이용(매스미디어 이용, 인터넷 이용: S) → 정보 처리 전략(성찰적 숙고: R) → 심리 상태 변화(위험 인식: O2) → 예방행동 의도(R)"의 경로에 따라서 관련 예방행동 의도를 형성한다.

본 연구는 O1-S-R-O2-R 커뮤니케이션 매개 모델을 적용하여 2000년대 이후 한국 사회에서 큰 위기였던 신종플루의 사례를 2011년 식품의약품안전처 용역 과제에서 수집했던 데이터(N = 1,001명)를 이용하여 분석했다.

선행연구 결과 미디어 이용한 사람들은 위험성에 대해 깊이 생각하고 심리적으로 위험에 대한 대처가 필요하다는 것을 인식하였기 때문에 예방 행동이 나타나게 되었다.

 주로 〈정치커뮤니케이션 연구에서 사용된 O1-S-R-O2-R 모델〉이 감염병 이슈와 같은 건강 관련 분야에서도 유용한 이론임을 밝혔다는 점에서 의미가 있는 것 같다.

12) 광고연구 2018년 겨울 119호(http://www.kadpr.or.kr)

신종 감염병은 지구촌 시대에 한 국가만의 문제가 아닌 국제적인 문제다. 국내에서 유행했던 메르스, 사스, 신종 플루는 모두 감염 의심 환자가 해외에서 국내에 들어오면서 감염을 일으킨 전염병이었다.

감염이라는 속성 때문에 효과적인 예방을 위해서는 개인분 아니라 타인에 대한 위생도 중요한 고려 사항이다(김여라, 2010). 신종 감염병이 발생했을 때, 그 위험을 인식하고 개인이 자발적으로 그에 따른 예방 행동을 하는 것이 무엇보다 중요하다.

따라서 질병관리본부는 신종 감염병 발생 때마다 마스크 착용하기, 외출 후 손 씻기, 발병 지역에 여행을 자제하기, 타인을 배려한 기침 예절 준수 등 개인 차원에서의 감염병 예방 대책을 강조하고 있다. 또한, 헬스 커뮤니케이션이나 위험 커뮤니케이션 연구에서도 유행하는 감염병에 대한 위험 인식분 아니라 개인의 예방 행동(의도)을 중요한 변인으로 고려하고 있다.

자료 출처[13] : 효율적인 해외 감염병 모니터링 방안 연구(2014)
 1) 색인어: 해외발생 감염병 정보수집, 감염병 발생 실시간 감시체계, 검역
 2) 주관 연구기관: 제주대학교 의과대학 미생물학교실
 3) 주관 연구책임자: 이근화
 4) 연구기간: 2013.03.19~2013.12.19

● 정보관리와 보급(Information management and dissemination)
(가) 질병아웃브레이크 뉴스(http://www.who.int/csr/don/en/)
: WHO 질병 발발 뉴스는 국제적으로 공식 확인된 질병 발생에 대한 정보를 제공 (WHO 웹사이트에서 가장 빈번하게 검색하는 웹 페이지)

(나) 주간역학 기록(http://www.who.int/wer)
: 주간역학 기록(Weekly Epidemiological Record)은 이중 언어(영어/프랑스어판)로 출판, 인쇄 및 전자 발행

 - IHR(The International Health Regulations) 국제보건 규정 하에 질병 확인과 전염병 발생(황열, 페스트, 콜레라 등)에 대한 것 뿐만 아니라 역학 정보와 공중 보건에 중요한 다른 감염성 질병에 대한 역학 정보도 다루고 있음.

13) 효율적인 해외 감염병 모니터링 방안 연구 = The study of surveillance for imported infectious diseases (주관연구기관: 제주대학교)

2차 검색 키워드 : 통신사 데이터 활용, '블루닷', 감염 경로 예측

자료 출처 : [의학신문[14)] 신종 코로나 창궐 예측 '블루닷' 성공 배경은?

지난 2003년 홍콩에서 토론토로 확산되며 44명의 사망자와 20억 달러의 손실로 도시를 망친 SARS 발생이 시작되기 전에 현장을 찾은 당시 토론토 최대 병원 임상의이자 감염병 전문가 캄란 칸 박사는 이를 계기로 2013년 블루닷을 창업하고 병을 추적할 수 있는 더 나은 수단을 찾기 위해 동분서주했다.

감염병이 발생한 국가의 정부 공식 발표와 현지 모니터링을 토대로 위험성을 결정하는 국제기구의 판단 기준과는 다르게, 블루닷의 건강 모니터링 플랫폼은 AI 알고리즘을 활용한 질병 경고 시스템이다. 블로그 및 언론 보도나 항공 데이터, 동식물 질병에 관한 네트워크 등을 정밀히 조사해 집단 감염이 발생한 위험 지대를 피하도록 클라이언트에게 정보를 제공한다.

익명을 요청한 국내 의료 AI기업 한 연구원은 "블루닷 자체가 완전무결한 프로그램이라고 보기는 어렵지만 새 가능성을 제시했다는 점에서 분명히 의미가 있다"라며 "대규모 감염병은 결국 조기 경보가 생명인데 미래를 내다보는 수준은 아니더라도 정보를 여러모로 활용하는 아이디어가 앞으로 경쟁적으로 나올 것"이라고 말했다.

자료 출처[15)] : 시민 동향 파악한 AI, 가장 먼저 우한 폐렴 예측

신뢰하지 못할 가짜 뉴스 전파 가능성이 있는 소셜미디어 포스팅은 활용하지 않는다고 덧붙였다. 대신 블루닷은 전 세계 항공 발권 데이터를 분석해 감염자가 언제 어디로 향할지 분석해 낸다. 우한 폐렴이 처음 예측된 날 블루닷의 알고리즘은 이 바이러스가 서울, 대만, 동경으로 전파될 것이라는 사실을 정확하게 예측했다.

칸은 사스(SARS) 유행 시기인 2003년 캐나다 토론토의 한 병원에서 전염병 전문가로 일했다. 이후 질병의 감염 경로를 파악할 더 나은 방법을 찾아 연구해 왔다. 당시 사스는 캐나다까지 확산돼 토론토에서만 44명의 사망자를 냈다. 이후 칸은 벤처캐피털로부터 940만 달러를 투자 받아 2014년 블루닷을 설립했다. 40여 명의 의료진과 프로그래머로 구성된 블루닷의 구성원은 자연어 처리 및 머신러닝 기술을 통해 65개국 뉴스를 수집해 분석 자료로 활용 중이다.

텀블러와 같이 생수를 담는 휴대용 물통에서 생수를 살균해주는 기능을 장착하면 사람의 침이 섞여서 생기는 세균을 억제할 수 있지 않을까 가설을 세울 수 있었다. 이를 바탕으로 '자동 살균하는 휴대용 물통 제작'을 이번 학기의 과제연구 주제로 선정했다.

자동 살균기능이 있는 휴대용 물통을 제작하기 위해 자료 조사한 결과 UV 램프를 이용하여 살균기능을 구현해내는 것이 프로젝트의 시기와 비용상 적합하다고 판단했다. 그리고 UV 램프를 이용한 살균기능이 있는 휴대용 물통을 제작하여 사용하려면 배터리를 사용해야 하는데, 이 배터리의 수명을 최대한 오래 유지하기 위해 자가발전 여부에 대해서도 고민했다.

14) 신종 코로나 창궐 예측 〈블루닷〉 성공 배경은? 항공 데이터, 동식물 네트워크 정밀 조사…캐나다 AI 스타트업 생태계 발전 주효 /
오인규 기자(승인 2020.01.30.) http://www.bosa.co.kr/news/articleView.html?idxno=2120612
15) 중국 당국 발표 의존하는 WTO, CDC보다 AI가 3일~7일 앞서 감염 소식 전해 /
유재형 기자 (yjh@wired.kr / 최초작성 2020.01.28.) https://www.wired.kr/news/articleView.html?idxno=952

3차 검색 키워드 : 물 생수, 감염 예방 기술, 살균기능

자료 출처 : [물산업신문[16]] 전기 이용해 물속 바이러스 살균 기술 개발 / 강수진 기자 (승인 2019.08.14.)

– KIST 물자원순환연구센터 연구팀 촉매 시스템 개발

화학약품 없이 자외선을 이용해 물속의 박테리아와 바이러스를 살균할 수 있는 촉매 시스템이 개발됐다. 한국과학기술연구원(KIST) 물자원순환연구센터 홍석원 센터장 연구팀은 포항공대(POSTECH) 환경공학부 조강우 교수팀과의 공동연구를 통해 이 같은 시스템을 개발했다고 밝혔다.

몇 년 전 발생한 가습기 살균제 사고로 정수기, 가습기 등 가정에서 물을 사용하는 소형 가전제품에서 살균, 소독이 안전하게 되는지 관심이 커졌다. 기존에 사용되고 있는 화학약품 소독제는 소독과정에서 독성물질을 만드는 문제를 일으켰다. 이러한 문제점을 피하고자 자외선(UV)이나 광촉매를 이용하면 약품 없이도 미생물을 제어하고 독성 오염물질을 분해할 수 있어 화학약품 소독제의 대안으로 연구되고 있다. 하지만 이 방법은 상대적으로 처리 속도가 느리고 에너지를 많이 소비하는 한계점이 있었다.

이에 대해 한국연구재단 기초연구실사업 및 환경부 하/폐수고도 처리사업으로 KIST 연구진이 시스템 개발을 추진했다. 연구의 핵심은 기존 한계를 가진 방법에 전기를 흐르게 해 한계를 극복하고 화학약품 없이도 물을 효과적으로 살균·소독할 수 있는 시스템 개발이었다.

KIST 물자원순환연구센터 관계자는 '기존 연구들은 '티타니아(TiO2)' 물질을 촉매로 사용했는데 전기가 잘 흐르지 않아 이 시스템에 적용하기 어려웠다'라며 '연구진은 티타늄의 산화수를 일부 조정하는 '셀프(자가)도핑기술'을 통해 전기전도도를 비약적으로 향상시켜 나노구조의 촉매를 제작했다'고 설명했다. '셀프도핑기술'은 같은 성분의 금속산화물에 대해 금속의 산화수를 조절함으로써 변환된 금속이 일종의 불순물(도핑 원소)로 작용하게 하는 재료합성 기술이다.

연구진 측은 "이 촉매로 자외선을 이용한 살균을 하는 동시에 전기를 흐르게 하면 살균제를 대량으로 생산하고, 이를 통해 수 분 내에 박테리아와 바이러스를 99.99% 이상 완벽하게 제거할 수 있었다"며 "이렇게 개발된 시스템은 20시간 이상 긴 시간 동안 연속 운전해도 높은 살균성능을 유지했다"라고 밝혔다.

16) http://www.watermaeil.com/news/articleView.html?idxno=2312

자료 출처[17] : 코네틱리포트 / (주)그린엔텍 박순호 박사

UV 램프의 종류 및 특징

1) 저압 수은 램프
수은 기체를 약 0.007 torr(표준램프) ~ 0.76 torr(저압 고출력) 정도의 낮은 기압으로 충진하여 254nm 의 빛을 약 40%까지 발생시키는 램프로서 산업에서 일반적으로 많이 사용되는 램프 중의 하나로 표준램 프라고도 부른다. 일반적인 수은 램프의 경우 출력이 약 15~60W이며 낮은 출력으로 적용 범위가 가정이 나 실험용 등으로 지극히 제한적이어서 상용화에 한계가 있었다.

이에 따라 많은 램프 제조업체들과 적용 업체들의 연구 개발로 출력을 점차 높여감으로써 현재는 120w 이상의 저압 고출력 램프가 일반적으로 살균에 사용되며 320W까지 출력을 낼 수 있는 램프로 선을 보인 다. 램프의 길이는 대략 1.2~2m까지 다양하며 고출력의 경우 램프 표면 온도가 120~200℃에 이르기 때 문에 별도의 냉각 설비가 필요하다.

2) 중압 수은 램프
중압 수은 램프의 경우 충진 기체는 수은으로 동일하나 충진 압력을 300 torr 이상으로 크게 높임으로써 수백~수천W의 높은 출력을 내도록 제조된 램프이다. 그러나 수은 기체의 UV 재흡수 현상에 의해 UVC의 발생효율이 크게 저하되어 살균 파장을 포함한 전체 UVC 발생 효율이 15% 이하라는 단점을 가지고 있다.

또한, 램프의 표면 온도가 600~800℃이기 때문에 다량의 냉각수를 공급해야 하고 램프의 수명이 짧아 유지관리 비용이 증가한다. 따라서 살균보다는 폐수처리와 같은 분야에 적용되는 것이 일반적이다.

3) Pulsed UV 램프
일반적인 저압 수은 램프의 경우는 자외선을 효율적으로 내기는 하나 254nm 파장에 국한되어 있으며 출 력이 낮다는 단점을 가지며 중압수은 램프의 경우는 출력은 좀 더 크나 UV 발생 비율이 낮은 단점을 가지 고 있다. 이러한 문제를 해결하기 위해 많은 램프 제조회사들이 다양한 연구를 통해 자외선의 발생 비율을 높이고 충분한 출력을 확보하기 위해 노력하고 있다. 이러한 추세 속에서 최근 각광을 받는 램프가 바로 pulse 형태로 빛을 내는 flash 램프이다.

이 램프는 Xenon이나 Krypton 기체가 충진되어 있어 UV의 재흡수 현상이 없고 수십~수백 μs의 짧은 시간 동안 순간적으로 고전압을 걸어 UV를 발생시키기 때문에 200~320nm의 빛을 충분히 낼뿐만 아니 라 에너지 측면에서도 계속해서 높은 전력을 공급해야 하는 연속방전 램프들과 비교해 효율이 훨씬 높고 유효 투과 거리도 긴 장점이 있다.

17) https://www.konetic.or.kr/main/REPORT/REPORT_VIEW.asp?PARENT_NUM=503&MENU1=2993

자료 출처[18] : LG공식 네이버 포스트 (2018.03.20.) LG Innovation시리즈

빛으로 바이러스와 세균을 99.9% 없앤다? 아주 특별한 빛 UV-C LED

자외선은 가시광선보다 짧은 파장을 가진 빛으로 가지고 있는 에너지가 높아 화학작용을 일으킬 수 있다. 햇빛에 노출되었을 때 사람의 피부를 태우는 것도 바로 자외선의 화학작용 때문이다. 화학작용이 강하므로 '화학선'이라고도 불리는데, 자외선이 가진 강한 에너지 덕분에 세균의 DNA를 파괴해 강한 살균작용을 하기도 한다.

UV-C는 세균 곰팡이와 미생물에 대하여 살균 효과가 있는 200~280nm 영역의 자외선 파장인데요, 어떤 세균이나 바이러스도 99.9% 살균할 수 있는 친환경적이고 건강한 빛입니다. 화학약품은 물론 수은 같은 중금속이 들어있지 않아 2차 피해 걱정 없이 안심하고 사용할 수 있습니다. 이런 특징 덕분에 우리가 사용하는 물을 살균하고, 집 안의 공기뿐만 아니라 건강관리, 먹거리 안전도 건강하게 챙겨줍니다. UV-C LED는 이름 그대로 '특별한 빛'인 UV-C 자외선을 방출하는 광원인데요, UV-C LED의 다양한 활용을 살펴볼까요?

① 식품 위생 분야

서울대학교 식품위생공학실의 연구에 따르면 UV-C LED가 식중독균을 죽이는 데 뛰어난 효과를 발휘하는 것으로 나타났습니다. 이는 UV-C LED가 만들어내는 200~280나노미터의 짧은 자외선 파장이 세균의 DNA를 파괴하기 때문입니다. 기존 식품 살균에는 주로 수은 UV 램프가 사용되었습니다. UV-C LED는 수은 UV 램프에 비해 친환경적일 뿐만 아니라 파손 위험이 적고, 수명이 길며 크기도 현격히 작습니다. 특히 지난 2014년 발효된 미나마타조약에 의해 수은 사용에 대해 강력한 규제가 생기면서 차세대 살균 방식으로 더욱 각광을 받게 되었습니다.

무엇보다 UV-C LED가 갖는 장점은 순간적인 살균 효과를 낼 수 있다는 점입니다. 수은 UV 램프의 경우 2~3분의 예열시간이 필요하지만, UV-C LED는 켜는 순간 즉각적인 살균 효과를 발휘합니다. UV-C LED는 켜고 끄고에 상관없이 일정한 효과를 내는 것이지요. 또한, 수은 UV 램프의 가스는 온도에 민감하지만, UV-C LED는 온도에 영향을 거의 받지 않아 냉장고와 같이 온도가 낮은 곳에서도 사용할 수 있습니다.

UV-C LED는 일명 햄버거균이라고 불리는 대장균부터 식중독을 유발하는 살모넬라와 황색포도상구균, 리스테리아, 비브리오, 콜레라균 등 주요 세균을 99.9% 살균합니다. 세균뿐만 아니라 장염을 유발하는 노로 바이러스, A형 간염, 독감, 메르스, 헤르페스 등의 바이러스, 식품 표면에 생기는 곰팡이를 억제하기도 합니다. 0.07mm 이하의 비닐(PE, PP) 포장재를 투과하기 때문에 식품을 포장한 상태에서도 살균할 수 있습니다.

② 상·하수 처리 분야

UV-C LED는 물을 깨끗하게 정화하는 데에도 사용됩니다. 수처리에 쓰는 소독 방식에는 염소 소독, 오존 소독, 자외선 소독 등이 있는데요. 염소 소독은 효과가 우수하지만, 소독 부산물로 발암물질인 트리할로메탄(THMs)을 발생시키고 유독가스 사고 위험이 있어 취급과 저장 관리가 어렵다는 단점이 있습니다.

오존 소독의 경우 염소 소독보다 강한 살균력을 가지고 있지만 많은 부대 설비가 필요하고, 관리가 어렵습니다. 그래서 최근 주목을 받는 것이 바로 자외선(UV)을 활용한 소독 방식입니다. UV 소독은 태양의 소독 방식을 그대로 재현하기 때문에 현존하는 가장 자연친화적인 소독 방식으로 소독 부산물이 발생하지 않고 염소나 오존으로 제거하기 어려운 물질까지 제거할 수 있습니다.

UV-C는 단순히 물을 소독하는 것이 아니라 물속 유기물까지 분해하기 때문에 반도체 공정에 사용되는 초순수를 만들 수 있을 정도로 물을 깨끗하게 정화합니다. 최근 등장한 UV-C LED는 기존 수처리에 사용되던 수은 램프의 파손 위험성과 출력 불안정, 온도 민감도 등의 문제점을 해소하고 다양한 형태로 사용할 수 있어 수은 램프를 빠르게 대체하고 있습니다.

18) https://m.post.naver.com/viewer/postView.nhn?volumeNo=14043903&memberNo=39046504

선정한 탐구 주제와 실험 및 제작과정에 필요한 사전지식 쌓기

3차 검색과 4차 검색 키워드들[19]을 통해 살펴본 배경지식과 문제 상황 파악을 위해 참고해야 할 도서와 학술논문, 온라인 대학강의를 탐색하기로 했다. 건국대학교 배성준 교수의 2019학년도 공학 분야의 교양 강좌인 〈환경의 역습! 원인과 우리의 대처[20]〉 4주차 대기문제-3[미세먼지]부터 7주차 물 문제-3[오염수 처리 및 물 재이용] 내용을 학습함으로써, '물속 바이러스 살균' 과 같은 탐구 주제에 접근해볼 수 있었다.

▎ 홍보/예시 영상

환경의 역습! 원인과 우리의 대처-홍보 영상

Week	Title
1	과학기술 교육의 중요성
2	현미경으로 바라본 나노 세계
3	나노 세계의 특징과 나노물질, 나노 복합체(nano composite)
4	자연을 모방한 나노기술
5	자연모방기술
6	나노 바이오 기술의 활용
7	환경 과학 기술의 활용 - 수처리 분리막
8	에너지 환경 과학 기술의 활용 - 기체 분리막
9	신소재 과학 기술의 활용 I - 다공성 물질
10	신소재 과학 기술의 활용 II - 엔지니어링 플라스틱
11	생활 속 화학물질과 첨단 기술이 나아가야 할 방향 I
12	생활 속 화학물질과 첨단 기술이 나아가야 할 방향 II
13	생활 속 화학물질과 첨단 기술이 나아가야 할 방향 III

일반인을 위한 첨단 과학기술의 세계-차시별 강의 일정

19) 3차 검색 키워드: 물 생수, 감염예방 기술, 살균기능 4차 검색 키워드: UV램프 물통, 살균기능, 압전효과 이용 자가발전
20) http://www.kmooc.kr/courses/course-v1:KonkukK+konkuk_K006+2019_T2/about

또한, 같은 K-MOOC 사이트 강좌 중에서 상명대학교 강상욱 교수의 〈일반인을 위한 첨단 과학기술의 세계[21]〉 강의 전반부 파트인 나노기술의 몇 가지 응용 분야를 조사했다. 예를 들어 에너지를 줄이기 위한 이산화탄소 분리와 같은 기체분리 기술이나 물 부족 및 물 오염 문제를 해결하기 위한 수처리 기술의 원리와 필요성을 확인했다. 이렇게 특정 분야에서의 환경오염에 맞추어 어떻게 과학기술이 적용되고 있는지 알 수 있었다. UV 램프를 이용한 살균기능 구현 및 압전소자의 압전효과를 이용한 자가발전 기능 구현이 핵심일 것이다. 시중에 판매되고 있는 일반 물통이 아닌 UV 램프와 압전소자의 전기회로를 휴대용 물통에 장착하기 위한 공간이 있는 물통을 직접 디자인하고, 이를 3D프린터로 제작이 가능해야 한다.

다음으로 과제탐구 진행 과정의 마무리 단계인 UV램프와 압전소자 전기회로를 장착할 공간을 휴대용 물통이나 텀블러 안에 구현하기 위한 3D 프린터, 3D프린팅 기법에 대해 알아보고자 참고할 도서와 연구 보고서 등을 찾아보기로 했다.

〈미래를 바꿀 3D 프린팅〉. 고현정(저자). 정보문화사 / 2016.06.01

2장 3D 프린팅의 기술

Section 3 3D 프린터에 사용되는 재료에는 한계가 없을까?
3D 프린팅을 이용하여 세계 최초로 먹는 알약을 만들다
메탈 프린팅 소재는 어디까지 왔을까?
생체 재료로 프린팅하는 바이오 프린팅은 뭘까?
옷이나 신발을 만드는 3D 프린팅도 가능할까?

Section 4 의료 3D 프린팅은 어디까지 와 있을까?
내시경 캡을 제작하는 의료 기기 활용
의료 3D 프린팅을 위한 현황과 시장의 표준화 가치
3D 프린팅 결과물을 직접 이식하는 의료 산업 분야
보호대나 보조기를 제작하는 3D 프린터
3D 프린터로 꿈을 프린팅하다

Section 5 3D 프린터를 사용하려면 어떻게 해야 하나?
3D 모델링 데이터를 얻어 내는 방법은?
모델링 프로그램으로 직접 모델링하기
STL 파일은 바로 출력이 가능할까?
출력물의 후가공 프로세스

21) http://www.kmooc.kr/courses/course-v1:SMUk+ACE_SMU02+2019_1_S2/about

과제탐구 처음부터
끝까지 따라하기

나은이의 일기

자기주도성과 탐구 능력 및 협동 능력을 증가시킬 수 있다는 과제탐구를 도전해 보기로 마음을 먹었다. 그런데 어떤 걸 탐구할지 주제를 정하는 것부터 막막하다. 무엇이 좋은 과제탐구 주제인지, 다른 사람들은 어떻게 했는지 등등.

어디서부터 어떻게 시작해야 하는지 전혀 모르겠다. 과제탐구를 위한 자료 조사도 어떻게 하는지 모르겠다. 시작이 반이라던데, 선배들한테 물어봐도 답은 나오지 않고 선생님을 찾아가 부탁드리기에는 부담스럽다. 과제탐구를 성공적으로 하려면 좋은 주제의 조건부터 알아야 할 것 같은데, 좋은 과제탐구 주제는 뭘까? 어디에서 과제탐구를 시작하기 위한 조언과 그 예시를 얻을 수 있을까?

IV

과제탐구 처음부터 끝까지 따라하기

1. 과제탐구, 어떻게 준비할까요?

과제탐구를 위한 첫걸음은 주제 정하기입니다. 막상 주제를 정하려면 막막합니다. 평소 궁금하거나 관심 있는 것 중에서 하면 된다는데, 그다지 궁금한 것도 없고, 있었더라도 이게 탐구할 만한 주제인지, 또 탐구한다면 어떻게 탐구 과정을 수행해야 하는지 여러 가지로 막막한 점이 많습니다.

과제 탐구 주제를 찾는 방법은 **첫째,** 나의 관심 분야와 능력을 고려하여 탐구 영역을 좁혀 가는 것입니다. **둘째,** 이왕이면 나의 일상생활과 관련된 문제로 다른 사람들이 공감할 수 있는 새로운 탐구 주제를 선정합니다. **셋째,** 주제를 정했다면 여러 가지 제한점을 고려하여 해결 가능한 문제인지 확인합니다. 이제 이 세 가지 방법을 자세히 알아보겠습니다.

1) 주제 정하기

가. '나'의 관심분야와 능력 고려하기

탐구 주제가 나의 관심 분야와 능력에 알맞아야 합니다. 교과서의 설명과 선생님의 지도에서 벗어나 스스로 탐구하는 과정은 상당한 노력과 시간이 소모되는 과정입니다. 학생이 탐구 주제에 관심이 없거나 가진 능력에 비해 탐구 주제가 너무 쉽거나 어렵다면 그 과정을 즐기기 어렵습니다. 자신에게 없는 능력을 요구하거나, 우수한 능력이 있으나 사용할 필요가 없을 정도로 수월하다면 학생은 활동에서 스트레스만 받고 성취는 제대로 얻지 못할 확률이 높습니다.

모든 과제가 교과로 정확하게 나누어지는 것은 아니지만, 탐구 문제가 떠오르지 않는다면 교과 영역별로 다른 학생의 과제탐구 주제를 미리 살펴보면 도움이 됩니다. 교과 영역은 어떻게 나눌까요? 전국 단위의 과제탐구 대회를 실시하는 전국 과학전람회의 기준에 의하면 탐구 분야를 물리, 화학, 동물, 식물, 지구과학, 농림수산, 산업 및 에너지, 환경 등으로 나눕니다.

전국 과학전람회는 국립중앙과학관에서 실시하는 자연계열 전국 단위 과제탐구 대회입니다. 각 시도교육청에서 과제탐구 대회 실시 후 선발된 팀이 다시 전국 단위의 대회에 참가하는 방식으로 진행됩니다. 각 시도교육청에서 실시되는 과제탐구 대회는 시도교육청의 지침을 따르는데요. 서울의 경우 서울특별시교육청 과학전시관에서 실시됩니다.

해서 대회까지 나가려는 것도 아닌데 왜 이런 대회와 개최 기관을 알려 주냐고요? 바로 각 기관의 홈페이지에 개최 요강과 주의사항뿐만 아니라, 작품전시 및 무료 관람의 안내가 나와 있기 때문입니다. 대회에서 수상한 작품의 과제탐구 보고서 전문이 모두 공개되고, 무료로 내려받을 수 있습니다.

개최 요강에서는 채점 기준과 주의사항 항목을 통해 좋은 과제탐구의 요건을 자세히 알려줍니다. 또한, 수상작을 분야별로 검색할 수 있어서 자신의 관심 분야에서 수상한 다른 학생의 선행연구에서 나의 과제탐구 주제를 정하고 연구 진행 계획을 세울 때 많은 도움을 얻을 수 있습니다. 다만 게시된 자료는 수상작이라 다소 수준이 높아서 중고등학교 교육과정 속에서 해결하기 어려운 수준 높은 연구 기술을 사용한 경우가 많습니다. 만약 과제탐구가 처음이라면 초등학생 수상작부터 살펴보는 것이 좋습니다. 살펴보면 알겠지만, 초등학생 수상작도 만만치 않은 수준입니다. 다음에 참고하면 도움이 될만한 선행연구를 찾을 수 있는 사이트를 알려 드립니다. 과제탐구를 하고 싶은 학생은 꼭 살펴보세요.[22]

국내 학생 연구 사이트명

국립중앙과학관 홈페이지 전국과학전람회 우수작 보고서
국립중앙과학관 >> 특별전·행사 >> 전국 과학전람회 >> 전람회 통합검색
https://www.science.go.kr/mps/exhibit/list?menuId=MENU00391

STEAM교육 >> 기타자료 >> 자료집 or STEAM교육 >> 검색창: R&E or STEAM교육 >> 검색창: 콘텐츠맵
https://steam.kofac.re.kr/?type=%EC%9E%90%EB%A3%8C%EC%A7%91
한국과학창의재단 홈페이지 STEAM R&E 선정 작품 보고서

한화사이언스챌린지 홈페이지 한화사이언스챌린지 우수작 보고서
한화사이언스챌린지 >> HSC결과 >> 연도별 대회 결과
https://www.sciencechallenge.or.kr/result/paper.hsc

나. '나'와 관련되고 공감되는 탐구 주제 정하기

어떤 주제를 할지 대충 키워드가 생각났을까요? 이 키워드가 정말 자신에게 흥미로운지, 다른 사람에게도 흥미로울지 고려해야 합니다. 탐구 주제가 자신의 지적 호기심을 충족시키고, 즐겁게 임할 수 있는 주제라면 더욱 좋겠지요. 하지만 자신이 궁금하고 호기심을 가졌던 연구 주제라도 그 연구가 가치 있는 연구가 될지 생각해야 합니다. 보통 **탐구 동기가 탐구 활동 전체의 가치를 결정**합니다. 실험이 정확하게 성공적으로 수행되었더라도 탐구 동기나 목적이 다른 사람을 설득시키지 못하면 그 탐구 수행 자체에 관심이 없거나 적절하지 못한 탐구 동기로 인해 오히려 비난을 받을 수 있습니다.

22) 김성원 외 6인(2019). STEAM R&E 지도교사 매뉴얼. 교육부, 한국과학창의재단

이전에 어느 학생이 탐구 활동으로 다양한 액체에서 금붕어가 얼마나 생존하는지 알아보고 싶다고 했습니다. 학생은 수돗물, 주스, 콜라 등의 액체에서 금붕어의 생존 기간을 실험하겠다고 하였지요. 담당 교사가 뭐라고 했을까요? 당연히 주제를 바꾸라고 지도했습니다.

왜 그럴까요? 이런 실험은 당사자의 단순 호기심일 뿐 탐구 목적이 바람직하지 않았기 때문입니다. 구체적 목적이 없기에 탐구 설계도 과학적이지 않습니다. 게다가 생명 존중 의식도 상당히 부족했습니다. 만약 그 주제 그대로 탐구를 수행하고 탐구 발표대회에 나갔다면 지독한 혹평을 들었으리라 생각합니다.

비슷한 경우로 '다양한 물질을 전자레인지에 돌리면 어떻게 될까?'라는 주제도 있었습니다. 역시나 단순 호기심의 해결 외에 탐구 활동으로 인한 긍정적인 기대나 과학적 요소를 찾기 어려웠고, 실제로도 좋은 평가를 받지 못했습니다. 방향을 조금만 틀어서 '전자레인지에 음식을 데울 때 어떤 용기를 이용하는 것이 효과적일까?'를 주제로 연구를 설계하고 이를 과학적으로 해석하고 결론을 도출했다면 훨씬 나은 평가를 받았을 것입니다. 이처럼 내 탐구 주제의 가치를 인정받기 위해서는 **다른 사람들의 공감을 얻을 수 있고 탐구 목적이 이로워야 합니다.**

좋은 탐구 주제를 잡더라도 이미 시행된 연구가 아닌지 연구 시작 전에 확인이 필요합니다. 과제 탐구 활동을 처음 시도하는 학생이 하는 실수 중 하나가 확인 실험을 해 보겠다는 의도로 시작한다는 것입니다. 교과서에 나온 실험이나 유튜브에 나온 실험을 해 보겠다고 하는 경우가 종종 있습니다. 물론 보기만 했던 실험을 실제로 해 보려는 자세는 아주 좋습니다. 실험 수행 능력과 해당 내용에 대한 종합적 이해력이 높아집니다.

하지만 이러한 탐구는 주제는 자신이 정한 탐구 동기도 아니고, 가설 설정도 없는 데다, 실험 설계도 정해진 매뉴얼만 따라야 합니다. 무엇보다 실험 수행 전부터 탐구 결과의 정답이 이미 나와 있습니다. 엄밀히 이것을 과학실험 활동이라고 하며 과제탐구라고 인정하지 않는 게 일반적입니다. 교과서에 나온 내용이 아니더라도 내가 하려는 탐구 주제와 같은 탐구가 이미 진행된 적이 있다면, 똑같이 그 연구를 하는 것은 모방 실험, 확인 실험 활동이 됩니다. 따라서 탐구 주제가 정해졌다면 같은 연구가 시행된 적이 있는지는 검색이 꼭 필요합니다. 검색하면 알겠지만, 선행연구에서 나타나는 공통점은 대부분 내가 궁금한 주제에 대해 다른 사람도 같은 궁금증을 갖고 관련된 연구가 진행되었다는 사례가 상당히 많습니다.

내가 정한 주제를 검색했더니 선행 연구가 있습니다. 주제를 버려야 할까요? 그렇지 않습니다. 찾아본 자료를 이용하여 조금만 새롭게 바꾸면 됩니다. 실험 결과에 영향을 미치는 여러 가지 변인 중 다른 변인과의 관계를 알아보거나 조작 변인이 미치는 영향을 다른 각도에서 바라보고 결과를 분석하거나, 내가 지금 생활하는 환경에 테스트하고 비교 분석하는 등 굉장히 다양하게 변형하여 활용할 수 있습니다.

자신이 정한 주제가 매력적인 주제인지는 어떻게 알 수 있을까요? 그건 기사나 미디어에서 다뤄진 적이 있거나 다른 사람도 일상생활에서 쉽게, 자주 접하거나 문제점을 느끼는 주제인지 확인하면 됩니다. 다음 제시되는 상황은 같은 선행연구를 보고 다르게 뻗어나간 과제탐구의 실제 사례입니다. 모두 〈마찰력을 측정하는 실험〉이지만 그 목적 또한 서로 다릅니다. 이를 바탕으로 어떻게 탐구 주제와 연구 문제를 정하는지를 참고하시기 바랍니다.

〈자연과학계열 예시1〉 선행 연구의 문제 상황을 변형시켜 적용한 경우

선생님, 과제탐구 대회에 물리 관련 주제로 참가하고 싶은데 주제를 어떤 것으로 정해야 할지 모르겠어요.

음, 그럼 다른 친구들은 물리 관련해 어떤 주제로 탐구를 진행했는지 먼저 살펴볼까? 서울특별시 과학전시관 사이트를 들어가서 수상작들을 다음 주까지 살펴보고 그중에 어떤 내용이 관심이 갔는지 알려줄래?

네!

선생님~ 저는 마찰력 관련 실험이 재미있을 것 같아요. 찾아보니 '빗길에 안전한 여름용 타이어'로 연구한 게 있더라고요.

그렇구나. 그럼 타이어가 잘 미끄러지면 위험하다는 거네. 마찰력과 관련해서 빗물에서 실험 말고, 어떤 거로 해 보고 싶니?

겨울 빙판길에 자동차가 잘 미끄러지잖아요. 빙판길 자동차 사고를 찾아보니까 겨울에 자동차 사고 사망률이 가장 높다고 해요. 그래서 마찰력을 증가시키기 위해서 다양한 방법을 쓰는데 그중에서도 스노우 체인 관련해서 하면 재밌을 것 같아요.

그래? 좋은 아이디어구나. 그럼 그 연구를 통해 결과를 얻으면 사람들에게 의미가 있으면 좋을 텐데. 어떤 걸 변인으로 두면 좋을까? 스노우 체인의 재질, 모양 등 다양하게 있을 것 같은데 다음 주까지 스노우 체인에 대한 자료를 조사해 볼까?

네! 찾아볼게요.

선생님, 스노우 체인에 대해 알아보니까 스노우 체인의 모양이 주로 가로형이고 대각선 모양으로 제작되어 있더라고요. 왜 이렇게 해놨을까, 그게 최선일까? 이런 생각이 들었어요.

그래? 체인의 모양을 어떻게 다르게 할 건데? 네가 조절한 변인이 결과에 어떤 영향을 미치는지 상관관계를 알려면 실험을 어떻게 설계하는 게 좋을까?

음.... 일단 마찰시킬 물체는 고무판을 붙이고.... 고무판에 철사를 붙이는 데 사용하는 철사의 길이가 일정한 게 좋겠죠? 그리고.... 아. 어렵네요. 음.... 아! 미끄러지는 방향과 철사의 각도를 변화시켜 볼까요? 수평형, 수직형, 엑스자형 이렇게요. 그럼 철사의 배치 각도가 마찰력에 미치는 영향을 알 수 있겠죠?

정말 좋은 아이디어다. 그럼 다음 주까지 연구 계획서를 써올래? 연구 문제가 다른 사람들의 공감을 얻을 수 있도록 서론을 잘 적어 오렴.

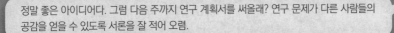

<자연과학계열 예시2> 선행연구와 학생의 문제 상황과 연관지어 연구한 경우

선생님~ 말씀 주신 사이트에서 자료를 찾다 보니 '빗길에 안전한 여름용 타이어'로 연구한 게 있더라고요. 그런데 빗길에 자동차만 잘 미끄러지는 건 아니잖아요. 우리도 잘 미끄러지니까 그걸로 연구하면 좋지 않을까요?

그래? 마찰은 서로 다른 두 물체가 접촉할 때 일어나는 현상인데, 바닥은 어디로 하려고?

우리 학교로 하면 될 것 같아요.

그럼 그 연구가 의미가 있으려면 어떤 걸 조사해야 할까?

음...... 우리학교 바닥재가 얼마나 안전한지를 알아봐야 하니까. 혹시 바닥재 마찰력 기준이 있나요?

그래. 그럼 그걸 찾을 수 있으면 좋겠다. 그리고 우리학교도 각 장소와 용도마다 바닥재가 다르니까 왜 그렇게 다른지, 그게 효율적인지 알려면 각 바닥재의 종류도 조사하면 좋겠다.

미끄러뜨리는 물품은 운동화가 좋겠죠? 물이 있을 때랑 없을 때랑 비교하고.

그리고 마찰력에 영향을 미치는 다른 요인들을 조사하고 통제해야 실험이 타당성을 가질 수 있으니까 그것도 조사하는 게 좋겠다. 또 미끄러짐 사고의 위험성에 관한 사례도 있으면 다른 사람들이 좀 더 연구 동기에 관심을 가질 것 같아.

네! 찾아볼게요.

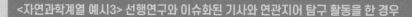

<자연과학계열 예시3> 선행연구와 이슈화된 기사와 연관지어 탐구 활동을 한 경우

선생님~ 요새 고속도로에서 화물차에서 화물이 쏟아져서 사고가 났잖아요. 그거 관련해서 연구하고 싶은데, 어떻게 실험을 설계해야 할지 모르겠어요.

그렇구나. 화물차에서 화물이 쏟아지는 사고가 일어나는 이유가 뭔지 일단 조사할까?

네! 그럼 알아보고 다시 올게요.

선생님~ 알아보니까, 끈 연결 부위, 끈 연결 방식, 바닥과의 마찰 이런 것도 나오고요. 사고 날 때 적재량이 많을 때도 있더라고요.

그래. 굉장히 여러 요소가 있구나. 그중에서 너희가 어떤 걸 하면 좋을까?

다 해 보고 싶어요. 그런데 실험을 어떻게 설계해야 할지 모르겠어요.

다 하려고 하면 힘들어. 일단 할 수 있는 것부터 먼저 정해서 시작해볼래?

일단 그러면 바닥재 먼저 해 볼게요. 왜냐하면, 끈 묶는 방법 같은 건 운전자마다 달라질 수 있고 통제하기 어려운데 차량 바닥재의 마찰력의 효과는 차량에 따라 정해지는 거니까요. 그리고 무엇보다 마찰력을 측정한 선행연구는 많아서 실험을 어떻게 할지 설계할 수 있을 것 같아요.

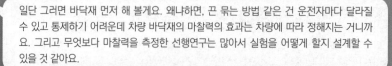

그래. 어떻게 실험하고 싶어?

여러 가지 바닥 면을 만들고 각도에 따라 나무토막이 미끄러지기 시작하는 각도를 재어 보려고요. 그럼 정지마찰력을 잴 수 있을 것 같아요. 측정하는 방법은 더 공부해야 할 것 같아요.

그래. 그럼 네가 말한 것 먼저 해 보고, 다른 것도 더 생각나면 추가로 시도해 보는 게 좋겠다. 잘할 수 있을 거야!!

다. 해결 가능한 탐구 주제인지 확인하기

주제를 정하는 과정에서 사람들이 필요로 하는 연구이고 연구할 가치가 있는 연구인지, 다른 곳에서 이미 시행한 연구는 아닌지 확인했다면 마지막으로 실현 가능성이 있는지 꼭 확인하는 것이 좋습니다. 흥미로운 탐구 주제라도 제한된 기간과 환경에서 학생들 스스로 연구를 진행하고 그 결과를 산출할 수 없는 수준이라면 과감하게 탐구 주제를 바꿔야 합니다.

탐구 주제 해결 가능성을 확인하려면 학교에 보유한 실험 기구와 탐구를 수행할 수 있는 과학 실험실 조건이나 학교 주변 환경, 탐구를 수행하는 시기의 적절성, 탐구 실험에 지원될 수 있는 예산, 학교에 남아서 탐구할 수 있는 시간, 탐구를 완료해야 하는 제한 기간, 탐구를 지도하거나 도와줄 수 있는 선생님, 근처 과학관이나 대학교에 시설을 빌릴 수 있는 여건 등 탐구 수행 환경을 모두 확인해야 합니다.

탐구자 자신도 이 탐구를 위해 낼 수 있는 시간의 한계를 인식해야 합니다.

모둠 탐구라면 팀원 간의 역할과 탐구 시간 조절이 필요합니다. 탐구를 시작하기 전에 실행 가능성을 최대한 확인 후 탐구를 완료할 수 있도록 체계적인 계획을 세워 실험을 시작함으로써 최대한 실험 시작 후 탐구 주제를 변경하는 일을 방지하는 것이 시행착오를 줄입니다. 시작된 과제탐구라도 탐구 완료가 불가능하여 지금이라도 변경하는 게 낫다고 판단되면 빨리 변경하는 것도 방법입니다. 실제로 학생들은 실험을 수행하는 도중 현실의 한계를 느껴 실험주제를 수정하거나 다시 선정하는 경우가 허다합니다. 다음은 진행 과정 중에 탐구 주제를 변경한 실제 사례입니다.

<자연과학계열 예시1> 연구 진행 도중 전혀 다른 주제로 연구를 변경한 경우

선생님, 올해 모기를 모기약이 아닌 UV 램프를 이용해 잡는 물품을 많이 구입하더라고요. 그래도 빛 파장대에 따라서 곤충의 선호도를 알아보고 싶어요.

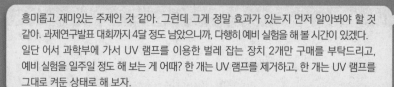
흥미롭고 재미있는 주제인 것 같아. 그런데 그게 정말 효과가 있는지 먼저 알아봐야 할 것 같아. 과제연구발표 대회까지 4달 정도 남았으니까, 다행히 예비 실험을 해 볼 시간이 있겠다. 일단 어서 과학부에 가서 UV 램프를 이용한 벌레 잡는 장치 2개만 구매를 부탁드리고, 예비 실험을 일주일 정도 해 보는 게 어때? 한 개는 UV 램프를 제거하고, 한 개는 UV 램프를 그대로 켜둔 상태로 해 보자.

아, 그렇군요. 일단 해 볼게요. 선생님.

선생님, 실제로 해 보니까 어려움이 너무 많아요. 일단 벌레가 많은 시기 안에 그 실험을 다 해야 하는데 이제 여름이 얼마 남지 않았어요. 또, 벌레 종류가 여러 종류인 데다가, 개수를 세는 기준도 어떻게 해야 할지 모르겠어요. 너무 혼란스러워요.

실험이 힘든가 보구나?

네. 이거는 시간 내에 실험을 잘할 수 있을지도 모르겠어요. 또 실험설계를 어떻게 해야 할지. 빛의 파장대는 어떻게 변화시켜서 실험해야 할지 모두 다 너무 어려워요. 실험 결과도 잘 안 나올 것 같고, 지금 저희 능력으로 이 실험은 어려울 것 같아요.

그럼 조금 더 분명하고 간단한 실험을 하는 게 좋겠구나. 저번에 너희 주제 선정 회의했을 때 나온 다른 의견들을 가지고 다시 생각해 볼까? 아니면 완전 새로운 주제도 괜찮아.

네! 그렇게 하는 게 좋을 것 같아요. 감사합니다.

<자연과학계열 예시2> 연구 진행 도중 전혀 다른 주제로 연구를 변경한 경우

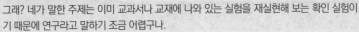
선생님, 물리에 관심이 많아서 물리 관련 연구를 하고 싶어요. 그런데 어떤 주제로 연구를 하면 좋을지 모르겠어요. 추의 진동 주기를 이용한 중력 가속도 실험은 어떨까요?

그래? 네가 말한 주제는 이미 교과서나 교재에 나와 있는 실험을 재실현해 보는 확인 실험이기 때문에 연구라고 말하기 조금 어렵구나.
연구 주제가 고민되면 우리 주변에서 네가 문제가 있다고 생각되거나 개선하고 싶은 것부터 시작하면 연구 설계하기도 쉽고 그 결과도 의미 있는 경우가 많아. 평소 혹시 문제점이라고 생각했던 게 있니?

애들이 교실 문을 열어놓고 다니니까 문이 자동으로 닫혔으면 좋겠어요. 교무실 문은 스프링 같은 장치가 설치되어 있어서 자동으로 닫히는데 교실 문은 미닫이문이니까 자동으로 안 닫혀요.

그럼 미닫이문을 자동으로 닫히게 하려면 어떻게 하면 될까?

도르래에 생수병 같은 걸 매달아 놓으면 미닫이문이 자동으로 닫히게 할 수 있지 않을까요? 어디서 본 것 같기도 했어요. 그렇게 해서 교실 문이 자동으로 닫히는 최적의 무게를 찾는 것도 좋을 것 같아요.

그래. 좋은 문제 인식이네. 그럼 실험설계를 해볼까?

네!

선생님, 과제연구 주제를 바꿔야 할 것 같아요.

왜?

생각보다 학교 문에 학교 도르래 실험장치를 설치하는 게 쉽지 않아요. 학교 문과 벽에 손상이 가게 되고, 그러면 안 될 것 같은데... 그리고 유튜브에 제가 생각한 방법으로 실험한 영상들이 많이 있더라고요. 이미 개발된 시중의 제품도 많고요. 미닫이문이 자동으로 닫히게 하는 장치의 원리나 종류도 여러 가지에요.

그래. 다른 사람이 한 실험을 그대로 따라 하는 건 확인 실험이지 연구라고 볼 수 없으니까 가치 있는 연구를 하기 위해선 좀 다른 점이 있어야 할 거야.

네. 그러니까요. 아무래도 이 주제로는 어려울 것 같아요.

그래. 그 주제가 어려우면 다른 주제로 바꾸는 것도 괜찮아. 혹시 네가 생각한 다른 문제점은 없을까?

좀 더 친구들이랑 이야기해보고 다시 정해서 올게요!

2) 과제탐구 모둠 어떻게 구성할까요?

일반적인 과제탐구의 모둠은 같은 학습 활동 단위나 동아리로 구성됩니다. 같은 학습 활동 단위는 교사의 제안에 따라 같은 반 구성원 혹은 다른 반 학생과 함께 구성됩니다. 보통 친한 친구끼리 모여 각자 하고 싶은 주제를 이야기한 뒤 주제를 정리해서 과제탐구팀을 구성합니다. 학생에게만 맡겨 놓으면 서로 부담감을 많이 느끼고 시간이 오래 걸리므로 선생님의 도움을 받으면 좋을 것 같습니다. 교사가 반별로 학생들이 관심 있는 주제를 조사한 뒤 게시하여 같은 관심사를 가진 학생끼리 과제탐구 모둠을 구성할 수 있게 하는 방법도 있습니다.

친한 친구끼리 과제탐구를 위한 모둠을 구성하고 주제를 잡는 경우가 많지만, 처음 만나는 경우 서로에 대한 이해가 부족하여 과제탐구 모둠을 구성하기 힘듭니다. 이때 학생 서로에 대한 이해를 높이는 프로그램을 진행한 뒤에 모둠을 구성하는 것이 과제탐구를 진행에 더 효과적입니다. 다음은 모둠 구성을 위한 준비 단계 프로그램 예시입니다.

마음 열기

첫인상 카드를 활용해 5명 이상의 친구들과 만나며 친구의 첫인상을 설명하면서 해당하는 스티커를 팔 쪽에 붙여준다. 모든 활동이 끝나면 친구들이 본 자신의 첫인상이 붙은 스티커를 보면서 확인하고 나누는 시간을 가진다.

과제탐구에 관한 생각 살펴보기

임시로 편성된 모둠원들과 50장의 이미지 카드 중에서 과제탐구하면 떠오르는 생각을 표현할 수 있는 카드 한 장, 과제연구 중에 어떤 분야에 관심이 있는지를 표현할 수 있는 카드 한 장을 선택한 뒤 모둠원들과 해당 카드를 왜 선택했는지 서로 발표하는 시간을 가진다.

주제에 관한 생각 살펴보기

앞의 두 단계를 거치면서 성향이 비슷하거나 과제 연구에 대한 철학이 비슷하다고 생각되는 학생들끼리 모둠을 편성한다.
이후 각 모둠에 교사가 주제를 주면 주제에 관한 생각을 각자 문장으로 허니보드에 적은 뒤 모둠별로 칠판에 붙이고 반 전체가 공유한다.

이 프로그램 후에 모둠장이 되고 싶은 학생의 신청을 받습니다. 이때 모둠장에게 모둠원을 선발할 권한을 주었습니다. 모둠장은 자신과 가치관이 비슷하고 관심 있는 주제가 비슷한 학생을 선택해 자신의 모둠을 구성했습니다.

모둠을 구성했는데도 모둠원과 주제와 진행방식이 맞지 않아서 다른 모둠으로 이동하고 싶어 한다면 어떻게 해야 할까요? 무엇이 문제인지 해당 구성원과 상담을 해서 정확한 상황을 파악하는 것이 제일 중요합니다. 상황이 파악되면 적절한 이동을 허락해 주어야 하는데요. 만약 과제탐구가 시작된 초기라면 모둠장과 함께 연구 초기 과정을 점검하고 모둠원들이 이동할 수 있는 일정 기간을 부여해 각 모둠의 주제와 방향을 정리 후, 학급에 공지한 뒤 이동할 수 있게 합니다. 과제탐구 활동이 이미 상당 부분 진행되었을 때는 교사가 상황을 파악한 후 모둠장과 함께 연구 진행 과정을 점검하고, 각 모둠이 중간발표를 하게 합니다.

교사는 모둠에 간접적인 피드백을 주면서 모둠원 이동보다는 조정을 통해 연구 과제를 마무리할 수 있도록 합니다.

협의를 통해 탐구 주제를 간신히 정했다. 탐구 주제만 정하면 술술 풀릴 줄 알았는데 그게 아니라고 한다. 이제까지 교과서에 나온 실험을 따라 하는 것만 해봤는데 내가 궁금한 부분에 대한 답을 얻을 수 있는 실험을 직접 설계해서 결과를 얻어야 한다고 하니 막막하다.

막막하긴 하지만 해내면 뿌듯할 것 같기도 하다. 실험 설계를 하려면 무엇부터 시작해야 할까? 일단 교과서처럼 실험 과정에 맞춰 실험을 설계하고 준비물을 사면 되려나?

2. 과제탐구, 어떻게 수행할까요?

1) 실험설계는 어떻게 해야 할까요?

탐구 주제를 정했다면 실험설계를 할 차례입니다. 실제 실험을 설계하고 실험을 수행했는데 이해되지 않는 결과가 나오거나 실험 후 망했다는 생각이 들 때가 있습니다. 충분히 연구 문제를 분석하지 않고 실험설계에 필요한 자료 조사가 부족했을 때 자주 나타나는 현상입니다.

이미 검증된 교과서 실험이나 선생님이 방향을 제시해주는 실험은 큰 시행착오 과정이 없습니다. 그러나 과제탐구 실험은 시행착오가 있더라도 그 과정을 스스로 알아가며 수정하고 결과를 얻어 내는 것입니다. 이를 통해 학생의 자기주도적 학업역량을 확인할 수 있습니다. 과학적 탐구력도 향상됩니다. 이제 실험을 잘 설계하는 방법을 알아봅시다.

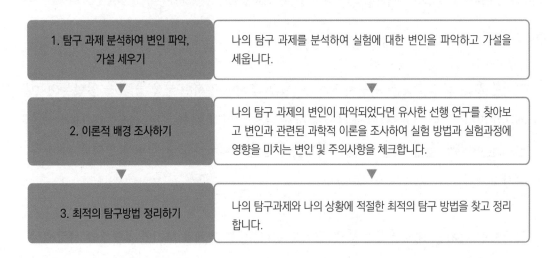

가. 탐구과제 분석하여 변인을 파악하고 가설 세우기

실험설계는 얻고자 하는 결과를 얻기 위해 실험과정을 구체화하는 단계라고 할 수 있습니다. 실험과정을 구체화하기 위해서는 해결하고자 하는 문제를 변인에 따라 구체적으로 파악하여야 실험에서 어떻게 조절하고 무엇을 관찰할지 명확하게 정합니다. 탐구 문제를 변인에 따라 분석하였다면 각 변인의 특성과 각 변인에 영향을 미치는 요인을 잘 파악합니다. 실험에 필요한 배경지식을 갖춘다면 실험설계와 해석의 근거를 모을 수 있을 뿐만 아니라 실험을 더 섬세하게 설계하는 데 도움이됩니다. 다음은 탐구 문제에서 사용되는 변인의 종류입니다.

변인의 종류	
조작 변인	실험 결과에 영향을 줄 수 있는 변인(실험조건) 중 실험자가 임의로 변화시키는 변인
종속 변인	조작변인에 의해 그 결과가 달라지는 변인(실험 결과)
통제 변인	조작 변인을 제외한 실험 결과에 영향을 줄 수 있는 모든 변인으로 실험 내내 일정하게 유지해 주어야 하는 변인

만약 '컵밥에 들어 있는 지방은 어떤 용액에 의해 잘 분해될까?'를 탐구 과제로 잡았다면 이 탐구 과제의 조작 변인은 용액의 종류이고, 종속 변인은 지방의 양입니다. 그리고 통제 변인은 조사할 컵밥의 종류와 컵밥의 양이 될 것입니다. 이렇게 변인을 분석한 뒤 가설을 세우면 실험의 목적과 방향이 명확해집니다. '녹차를 이용하여 컵밥을 만들었을 때 지방량이 가장 적을 것이다'를 가설로 세울 수 있을 것입니다.

나. 이론적 배경 조사하기

실험 설계 전 유사한 선행실험과 관련된 이론적 배경을 충분히 조사하는 것이 좋습니다. 자료 조사가 충분치 않은 상태에서 실험설계를 하게 되면 실험설계 자체가 오류가 생깁니다. 실험 결과가 엉뚱하게 나오거나 실험 결과를 설명할 수 없는 무의미한 것이 나올 수 있기 때문입니다.

'컵밥에 들어 있는 지방은 어떤 용액에 의해 잘 분해될까?'라는 탐구 과제에 필요한 선행연구는 용액을 이용해 지방 분해를 실험한 연구가 될 것입니다. 선행연구 조사를 통해 조작 변인의 조작 방법과 통제 변인의 통제 방법 그리고 종속 변인의 측정 방법에 대한 힌트를 얻을 수 있습니다. 만약 사람들이 가장 자주 먹는 컵밥과 함께 음용하는 음료의 종류를 추가 조사한다면 탐구 결과를 각 음료의 성분 및 효과 등과 연관시킴으로 탐구 결론을 풍부하게 만들 수 있습니다.

이렇게 선행연구를 이용하면 학생 혼자 스스로 실험을 설계하는 것보다 많은 상황을 고려할 수 있기에 더 체계적이고 과학적인 실험 방법을 설계할 수 있습니다. 또한, 비슷한 탐구과정을 거치기 때문에 실험 시 주의사항과 조작 변인의 설정 등을 세세하게 확인할 수 있을 뿐만 아니라 결과 분석 시에도 활용할 수 있습니다.

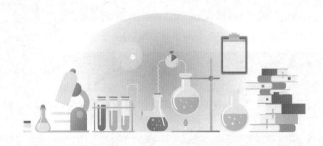

다. 최적의 실험 방법 찾기

이론적 배경 조사를 충분히 했다면 이를 이용하여 변인을 분석하고 적합한 실험 방법과 자료 분석법을 찾아 실험을 설계할 차례입니다. 만약 '마찰력 측정'이라는 목적을 세웠다고 하면, 그 목적은 같더라도 마찰력을 측정하는 방법은 여러 가지입니다. 용수철저울을 이용해 마찰력을 측정할 수도 있고, MBL 기계를 통해 연속적인 힘의 값을 얻을 수도 있습니다. 또한, MBL을 이용하는 것보다 경사면에서 미끄러지는 각도를 이용해서 마찰력을 계산하는 것이 더 적합하고 깔끔한 값이 나오기도 합니다. 즉, 연구목적의 특징과 탐구 환경 및 나의 상황에 따라 탐구 문제를 해결하는 방법이 다양하게 나옵니다. 물론 대조군 설정하기, 최대한 여러 번 측정하기 등의 어떤 실험이든 공통된 실험 유의사항도 있습니다. 또한, 탐구를 설계할 때 실험에 필요한 도구, 실험 실현가능성, 실험 일정이 기간 내에 가능한지, 역할 분담은 어떻게 할 건지, 실험은 언제 어떻게 몇 번 하는 것이 적합한지 등을 구체적으로 계획하는 것이 좋습니다.

실제로 탐구를 하다 보면 연구 문제 자체는 좋았지만, 탐구 설계과정에서 변인 조절 및 측정 방법에 문제가 있어 실험 결과를 신뢰할 수 없게 되는 경우가 많이 있습니다. '컵밥에 들어 있는 지방은 어떤 용액에 의해 잘 분해될까?'의 경우 처음에는 가장 익숙한 수단Ⅲ 용액을 이용한 반응으로 지방의 양을 측정하려고 했지만, 예비 실험을 해 보니 실험 결과가 뚜렷하게 비교되지 않아 결과를 도출하기 어려웠습니다. 이를 통해 다시 자료 조사를 하여 '속슬렛 추출기'라는 장치를 이용한 지방량 측정 방법을 알아내고 주변 기관에 도움을 요청해 실험을 수행하기도 하였습니다.

다음 예시는 실제 과제연구 발표대회에서 실험과정에 오류가 있었던 것이 사례입니다. 실험설계 시 참고하세요.

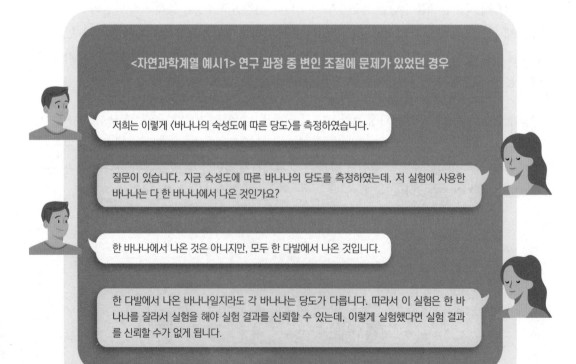

<자연과학계열 예시1> 연구 과정 중 변인 조절에 문제가 있었던 경우

저희는 이렇게 〈바나나의 숙성도에 따른 당도〉를 측정하였습니다.

질문이 있습니다. 지금 숙성도에 따른 바나나의 당도를 측정하였는데, 저 실험에 사용한 바나나는 다 한 바나나에서 나온 것인가요?

한 바나나에서 나온 것은 아니지만, 모두 한 다발에서 나온 것입니다.

한 다발에서 나온 바나나일지라도 각 바나나는 당도가 다릅니다. 따라서 이 실험은 한 바나나를 잘라서 실험을 해야 실험 결과를 신뢰할 수 있는데, 이렇게 실험했다면 실험 결과를 신뢰할 수가 없게 됩니다.

\<자연과학계열 예시2\> 연구 과정 중 변인 조절에 문제가 있었던 경우

저희는 이렇게 〈수분의 유무에 따른 운동화와 학교의 여러 가지 종류의 바닥 간의 마찰력 차이〉를 측정하였습니다.

실험한 운동화는 빈 운동화였나요?

네. 실험 조건을 모두 동일하게 하기 위해 모두 같은 운동화로 측정하였습니다.

운동화가 비어 있으면 가벼워서 당기는 중에 운동화가 흔들거릴 것 같은데요? 그럼 정확한 마찰력을 재기 어렵습니다. 그래서 저렇게 흔들리는 그래프가 나온 것 같군요. 그리고 실험의 목적은 학생들이 활동할 때 마찰력이 어떻게 되는지 알아보려는 것이니, 무게를 무겁게 해서 실험해야 했지 않았을까요?

조사한 결과 마찰계수는 서로 마찰하는 면에 따라서만 변하기 때문에 수직항력과 관계가 없어서 이렇게 실험하였습니다.

글쎄요. 그 생각이 옳다고 할 수 없어요. 실험엔 다양한 변인이 존재하니까요. 운동화같이 탄성이 있는 물체의 경우 수직항력에 따라 마찰면의 형태 및 밀도 등 많은 면이 변화되어 버리기 때문에 마찰계수에 영향을 주게 됩니다. 따라서 지금 실험은 그런 점에서 실험 결과가 연구 문제를 해결하기 어렵겠네요.

\<자연과학계열 예시3\> 연구 과정 중 변인 조절에 문제가 있었던 경우

저희는 이렇게 〈식물의 종류에 따른 광합성량을 비교하기 위해 온실의 온도 변화〉를 알아 보았습니다.

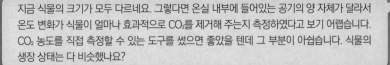

지금 식물의 크기가 모두 다르네요. 그렇다면 온실 내부에 들어있는 공기의 양 자체가 달라서 온도 변화가 식물이 얼마나 효과적으로 CO_2를 제거해 주는지 측정하였다고 보기 어렵습니다. CO_2 농도를 직접 측정할 수 있는 도구를 썼으면 좋았을 텐데 그 부분이 아쉽습니다. 식물의 생장 상태는 다 비슷했나요?

네. 같은 곳에서 한 날짜에 구매해서 실험했기 때문에 비슷하다고 생각합니다.

식물과 같은 생명을 이용한 실험은 변수가 많아서 여러 번 실험해야 합니다. 그리고 온실을 만들고 바로 측정하기 시작했군요. 식물의 광합성 속도를 생각한다면 좀 더 시차를 두고 실험했다면 지금보다 실험 결과가 효과가 나타나지 않았을까 생각됩니다.

네. 그 부분은 고려하지 못했습니다. 감사합니다!

<자연과학계열 예시4> 연구 과정 중 측정 과정에 문제가 있었던 경우

저희는 이렇게 '과일을 가열한 후 당도와 영양소를 검출함으로써 맛과 영양이 어떻게 달라지는가?'를 알아보았습니다.

중간에 증류수 등을 이용해 희석했다고 했는데, 실험한 비교군끼리 농도 조절은 어떻게 하였나요?

네? 농도는 모두 같게 맞추었습니다.

그러면 지금 나온 실험 결과가 과학적으로 설명이 안 됩니다. 실험 결과 사진을 보면 시험관 안에 들어 있는 용액의 양도 모두 다르고요. 시험 용액의 색깔 변화를 이용해 당도 및 영양소 비교를 하였는데 용액의 양이 다르면 실험 결과가 용액의 양에 따라 다르게 보이게 됩니다.

그 부분은 생각하지 못했습니다.

<자연과학계열 예시5> 연구 과정 중 측정 과정에 문제가 있었던 경우

저희는 이렇게 〈과일의 산도와 당도에 따른 초파리의 선호도〉를 알아보았습니다.

실험을 각각 한 번씩만 했네요?

한 번씩 실험했지만 다른 변인을 통제했고 확실히 초파리 개수의 차이가 있어서 타당성이 있다고 생각합니다.

실험은 적어도 10번은 해야 합니다. 한 번의 결과로 실험 결과가 타당성이 있다고 말하는 것은 신뢰하기 어렵습니다.
생명체를 이용하지 않은 실험도 여러 번 수행해서 그 평균값을 이용합니다. 다만, 변수가 많은 생명체를 이용하는 실험은 실제 할 수 있을 만큼 최대한 많이 실행해야 합니다. 다음에 또 이렇게 연구할 기회가 생긴다면 꼭 이 부분을 명심하길 바랍니다.

네. 감사합니다.

<자연과학계열 예시6> 연구 과정 중 측정 과정에 문제가 있었던 경우

저희는 이렇게 〈여러 천연 살충제의 효과〉를 비교 분석해보았습니다.

한 실험을 여러 번 했네요. 이 실험은 모두 하루에 했나요?

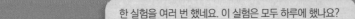

아니요. 여러 실험 중 각 종류에 해당하는 실험은 하루에 했지만 시간 여건상 다른 실험은 날짜를 나누어서 했습니다.

생명체를 이용한 실험은 변인이 많아서 여러 번 실험해야 할 뿐만 아니라 그 시기도 중요합니다. 따라서 되도록 하루에 한꺼번에 여러 세팅을 두고 실험하는 것이 실험 결과의 타당성이 높습니다.

그 부분은 생각하지 못했습니다.

2) 탐구 수행과 자료 수집은 어떻게 해야 할까요?

앞의 단계를 통해 탐구 주제 및 탐구방법 등을 구체화했다면, 이제는 실험 수행을 통해 아이디어를 실현해 보면서 자료를 수집하는 단계입니다. 이전 단계인 탐구의 이론적 배경 조사를 충분히 조사 및 숙지하고 실험 설계가 구체적으로 될수록 이 단계가 쉬워집니다. 즉 앞 단계가 잘 되어 있다면 탐구 수행을 어디에 중점을 두고, 무엇을 수행하며 어떻게 기록해야 할지 알 수 있고, 중요한 부분과 필요한 부분을 놓치지 않을 수 있습니다.

실험을 수행하기 전 실험 장비가 부족하진 않은지, 부족할 경우 실험 예산 등을 확인하여 실험 장비를 확보할 수 있도록 합니다. 실험 도중 실험 장비가 부족할 경우, 실험 조건이 달라져서 처음부터 다시 실험을 시작해야 하거나 시험이 늘어지는 경우가 생기기 때문입니다. 특히 생명체를 이용한 실험에서 이 부분이 예민하므로 더 신경 써야 합니다.

또한, 실험 장비가 어느 정도 준비되면 정확하고 원활한 실험을 위해 **미리 실험 장비 사용법 등을 조사하고 익혀놓는 것**이 좋습니다. 예를 들어 온도계로 온도를 측정할 경우 정확한 온도 읽는 방법을 익혀둔다거나 기준 시약 제조가 필요한 경우 기준 시약 제조하는 방법을 자세하게 알아보고 미리 만들어 놓는 식으로 준비하면 됩니다. 복잡한 기계나 프로그램을 다룰 때는 그 예비 준비가 더 복잡합니다. 예를 들어 MBL 기계를 이용해 힘이나 압력을 측정할 예정이라면 MBL 기계를 세팅하고 컴퓨터에 연결해 관측 프로그램을 작동시켜 값이 잘 얻어지는지 확인하고 신뢰도 높은 측정값을 얻기 위해 힘이나 압력 측정을 미리 시뮬레이션을 해 봅니다.

실험 수행은 여러 번의 시행착오가 있어 일정이 예상보다 늘어지는 경우가 많으며 장기적으로 진행되기 때문에 **충분한 시간적 여유를 가지고 미리 진행하는 것**이 좋습니다. 중간에 실험 방법을 바꾸거나 탐구 주제가 바뀌어야 할 때 다시 처음부터 진행할 수 있도록 말이죠. 그리고 탐구 일정이 포함된 계획서와 점검 일지를 만들어 탐구과정과 결과 등을 체계적으로 정리하는 연구 노트를 만들어 꾸준히 기록하는 것이 좋습니다. 이를 통해 애초의 실험 목적(가설 검증)에 적합한 실험 방법으로 연구가 진행되고 있는지, 조작 변인이 정확하게 투입되고 있는지, 조작 변인 외에 실험에 영향을 줄 모든 변인이 일정하게 잘 통제되고 있는지, 조작 변인이 달라짐에 따라 나오는 여러 결과(종속변인)를 정확하게 일정한 기준으로 측정하고 있는지 등을 점검합니다. 물론 실험 결과뿐만 아니라 실험과정도 사진을 찍어 기록과 함께 잘 정리하면, 나중에 실험 결과를 분석하고 보고서를 쓰거나 발표 자료를 만들 때 큰 도움이 됩니다.

마지막으로 매우 중요한 것은 **과학 실험에서 안전사고에 유의해야 한다는 것**입니다. 한 번의 실수가 지울 수 없는 큰 사고로 남을 수 있습니다. 만약의 사고에 대비하기 위해 실험 물품 사용 방법과 주의사항을 충분히 숙지한 다음 교사의 안전 지도하에 실험하는 것을 추천합니다. 특히 불을 사용하거나 약품을 다루는 경우 반드시 교사와 함께 수행하여야 합니다. 황산을 닦은 휴지를 쓰레기통에 버려 실험실에 불이 붙거나 화학 반응 실험 중 약품이 눈에 튀는 등 예기치 못한 사고가 발생하기 쉽기 때문입니다. 날카로운 공작용 도구를 사용할 때도 다치지 않도록 주의합니다. 과학 실험실에 게시판 등을 보면 안전사고 유의사항이 잘 정리되어 있고, 소화기나 세척기 등 안전장치나 물품들이 적절히 구비되어 있는 지, 실험 시작 전에 유의사항과 안전물품의 위치를 잘 파악하고 시작하는 것이 좋습니다.

탐구 수행과 자료 정리 방법은 다음과 같습니다.

첫째, 실험예산 및 장비 목록을 확인하고 실험과정에서 오류가 적게 나오도록 실험지식(장치 조작 방법, 측정 방법, 소프트웨어 사용방법) 등을 점검하고 공부합니다.

둘째, 가설을 검증하기 위한 적합한 연구가 진행되고 있는지, 변인 통제는 제대로 이루어지고 있는지, 다양한 방법으로 변화를 관찰하며 결과를 잘 기록하고 있는지 점검하며 진행합니다.

셋째, 불을 이용하거나 약품을 다루는 경우 반드시 교사와 함께 수행하고, 공작용 도구 등에 다치지 않도록 안전사고에 주의합니다.[23]

실험 수행 과정은 보통 손이 많이 가고 시간이 오래 걸리기 때문에 성실함과 꾸준함이 요구됩니다. 팀 프로젝트인 경우, 긍정적 관계와 협동이 탐구 수행에 큰 힘이 됩니다. 분명한 역할 분담과 함께 서로 격려하는 분위기를 만들어 가며 탐구과정을 즐길 수 있다면 최고의 팀이 될 것입니다. 특히 일정한 시간 간격으로 지속적 관리와 측정이 필요한 경우 순번을 정해놓고 책임감 있게 수행하면 좋습니다.

탐구를 수행하다 보면 자료수집 과정에서 점차 자료의 양이 증가하면서 변인의 구분과 자료를 정리하고 분석하는 데 어려움을 느낍니다. 탐구과정이나 결과를 양식을 정해 과정마다 체계적으로 기록하고 문서로 정리하는 것이 좋습니다. 데이터의 양이 많다면, 엑셀과 같은 스프레드시트를 이용하면 실험 결과를 그래프로 변환하거나 상관관계를 분석하는 데 큰 도움이 됩니다.

23) 노희진 외(2014), 과학 실험 안전 매뉴얼(중등), 교육부, 한국과학창의재단

쉬어가기 코너  실험 준비부터 기록까지

실험 준비 기록

1. 안전망 만들기

본 연구는 안전망 재질에 따라 충격력을 조사하여 안전성을 구하는 것이 목적이다. 안전망의 재질은 다르되 그 외의 변인들은 통일해야 한다. 따라서, 본 연구를 위해 안전망을 직접 만들었다.

그물 간격이 일정한 틀을 위해 망의 고정핀이 필요하였다. 고정핀을 만들기 위해 2cm 간격으로 표시를 하였다.

시설 관리실 선생님의 도움을 받아 안전망 틀을 제작할 수 있었다.

연구를 위해 재질이 다른 안전망을 만들어야 했다. 재질로는 낚싯줄, 나일론(스타킹), 고무줄, 배드민턴 줄, 실제 공사장의 안전망을 이용하여 안전망을 제작했다. 하지만 제작을 하던 도중 낚싯줄은 강도가 약하여 끊어져 제외 하였다.

2. 낙하 물체

충격력을 구하기 위해 '낙하 물체'를 선정해야 한다. 우리는 '3kg의 메디신 볼'과 '0.584kg의 농구공' 두 가지의 낙하 물체를 선정하였다.

모의실험 결과 '3kg의 메디신 볼'은 모형 안전망이 견디지 못할 정도의 충격량을 지니고 있었다. 또한, 충돌 후의 운동이 관측되지 않았다. 이는 연구가 원하는 변수를 구할 수 없음을 의미하였다. 따라서 '0.584kg의 농구공'으로 결정하여 연구를 진행하였다.

3. 그 외 준비물

농구공의 질량을 측정할 카스 전자저울, 낙하 위치를 측정할 줄자, 실험값 계산을 위한 공학용 계산기, 초고속 카메라, 일반 카메라를 준비하여 진행하였다.

– 2016학년도 과학영재학급 과제연구 출품작 중.

1. 고정된 변수

공기저항을 무시한다는 조건 아래에, 중력 가속도 '$g = 9.8\,m/s^2$'이다.

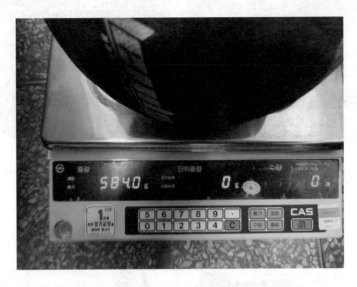

농구공의 질량 '$m = 0.584\,kg$'이다.

물체의 낙하지점 '$h = 1m$'이다.

따라서 물체의 충돌 전 속도 '$v = \sqrt{2 \cdot 9.8 \cdot 1}\ = 4.4215726\,m/s$'이다.

2. 안전망 재질에 따른 안전성 구하기

가. 실험 과정

① 질량이 측정된 공을 준비한다.

② 낙하지점의 높이인 1m를 고정한다.

③ 안전망을 설치한 후, 1m인 지점에서 물체를 낙하한다.
　그물의 재질(나일론, 배드민턴 줄, 고무줄)을 다르게 하여 각각 실험한다.

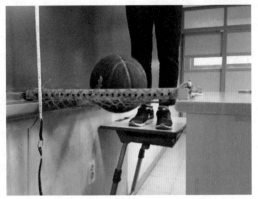

④ 초당 240프레임의 초고속 카메라를 이용하여 정확한 충돌시간을 구한다.

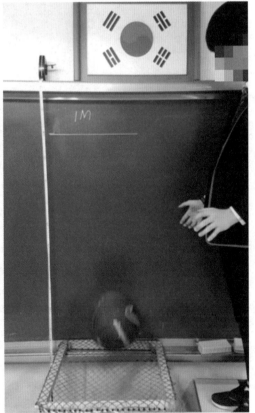

⑤ 일반 카메라를 이용하여 물체가 충돌 후 움직인 거리 $h^{'}$ 값을 구한다.

본 연구의 정확성을 높이기 위해 독립변인마다 실험을 5번씩 진행하였다.

1. 안전망 재질에 따른 측정 결과

가. 스타킹 안전망

변수	1차	2차	3차	4차	5차
충돌 후 속도(m/s)	2.93	2.80	2.86	2.86	2.83
충돌 후 높이(m)	0.44	0.4	0.40	0.42	0.44
충돌 시간(s)	0.076	0.077	0.074	0.068	0.079
충격력(N)	56.5	54.7	56.9	62.6	53.6

나. 배드민턴 줄 안전망

변수	1차	2차	3차	4차	5차
충돌 후 속도(m/s)	2.83	2.72	2.83	2.80	2.83
충돌 후 높이(m)	0.41	0.38	0.41	0.40	0.41
충돌 시간(s)	0.036	0.025	0.035	0.026	0.034
충격력(N)	117.8	167.1	121.1	162.3	124.7

다. 철사 안전망

변수	1차	2차	3차	4차	5차
충돌 후 속도(m/s)	2.83	2.80	2.80	2.83	2.80
충돌 후 높이(m)	0.41	0.40	0.40	0.41	0.40
충돌 시간(s)	0.021	0.02	0.032	0.029	0.027
충격력(N)	201.9	211.1	131.8	146.24	156.32

라. 고무줄 안전망

변수	1차	2차	3차	4차	5차
충돌 후 속도(m/s)	2.42	2.58	2.42	2.46	2.42
충돌 후 높이(m)	0.30	0.34	0.30	0.30	0.30
충돌 시간(s)	0.08	0.07	0.068	0.069	0.071
충격력(N)	50.02	52.4	58.8	58.3	56.3

마. 공사장 안전망

변수	1차	2차	3차	4차	5차
충돌 후 속도(m/s)	1.46	1.40	1.4	1.97	2.02
충돌 후 높이(m)	0.11	0.10	0.10	0.20	0.21
충돌 시간(s)	0.048	0.052	0.045	0.054	0.046
충격력(N)	71.72	65.44	75.62	69.29	81.96

2. 안전망 재질에 따른 충격력 크기 비교

가. 계산 방법

충격력 'F' 는 물체가 충돌할 때 받는 힘이므로, 충격력을 최대한 줄여야 한다. 즉, 충격력이 작게 측정될수록 그 안전망의 안정성은 높아지는 것이다. 위의 관계(충격량과 운동량 사이의 관계)를 이용하여 $I = \vec{F}\Delta t = \Delta \vec{p}$ =mv 임을 얻을 수 있다.

t : 충돌 시간을 측정 (초고속 카메라 이용)

240프레임의 영상 속 충돌 시간이므로 실제 충돌 시간을 구하기 위해서는 24프레임의 일반 카메라에 맞춰야 하므로, 구한 충돌 시간에서 $\frac{1}{10}$ 을 해줘야 한다.

m : 낙하 물체의 질량

v : 역학적 에너지 보존 법칙을 이용 (v : 충돌 전 속도 v_0: 충돌 후 속도)

$$E_k = \frac{1}{2}mv^2 = mgh \ , \qquad v^2 = 2gh \ , \ v = \sqrt{2gh}$$

(E_k는 역학적 에너지 단, 공기저항 무시하고 g=9.8 로 계산)

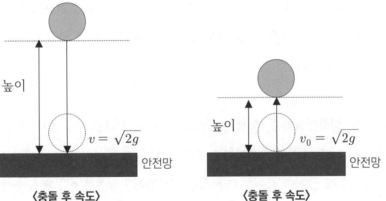

$F = ma = \dfrac{m(v - v_0)}{\Delta t} = \dfrac{p - p_0}{\Delta t} = \dfrac{\Delta p}{\Delta t}$ 이고, 결국은 $I = F\Delta t = \Delta p = m\Delta v$ 이다.

즉, $F = \dfrac{m(v - v_0)}{\Delta t}$ 을 이용하여 충격력 'F'를 구해낼 것이다.

나. 결과 정리

재질	충돌 후 속도 평균값 (m/s)	충돌 후 높이 평균값 (h)	충돌 시간 평균값 (s)	충격력 평균값 (F)
스타킹	2.86	0.42	0.075	56.86
배드민턴 줄	2.80	0.40	0.031	138.6
철사	2.81	0.40	0.026	169.5
고무줄	2.46	0.31	0.072	55.16
공사장 안전망	1.65	0.14	0.049	72.81

충격력 크기의 비교 결과, 철사 〉 배드민턴 줄 〉 공사장 안전망 〉 스타킹 〉 고무줄

– 2016학년도 과학영재학급 과제연구 출품작 중.

예찬이의 일기

친구들과 나름대로 서로가 잘 할 수 있는 부분과 시간 분배를 고려해 역할을 나누어 실험을 마무리했다. 중간에 시행착오 과정도 있었지만 어쨌든 이제 마무리만 하면 된다고 생각하니까 너무 뿌듯하다.

주제를 정하고, 실험설계하고, 실험 수행하고, 결과까지 나왔으니 이제 다 끝난 것 같은데 선생님 말씀은 이제부터 진짜 중요하다고 한다. 실험 결과를 보기 좋게 정리하고, 결론을 도출해야 한다고 하는데 결과와 결론의 다른 점은 무엇일까? 결론은 어떻게 도출하는 거지?

이왕이면 우리가 탐구한 걸 멋지게 표현해서 좋은 평가도 받고 싶은데 보고서 작성부터 발표 자료 제작까지 제대로 끝내려면 더 힘을 내야겠다!

3. 탐구 결과, 어떻게 완성할까요?

1) 탐구 결과를 정리하고 해석해요

탐구 수행과 자료수집이 완료되었다면, 이제는 그것으로 실제 성과물을 만드는 과정에 들어가면 됩니다. 자료 정리 및 해석단계는 앞 단계에서 얻었던 자료를 탐구의 목적에 맞도록 효과적으로 표현하고 분석하기 위해 표, 그래프, 그림 등으로 정리합니다. 그런데 학생들의 탐구보고서를 보면 가끔 수집한 자료를 정리하지 않고 단순 나열만 하는 경우가 있습니다. 바로 탐구 결과 정리하기와 해석하기를 하지 않은 경우라고 볼 수 있지요. 이런 탐구보고서는 보는 사람이 데이터를 보면서 직접 비교, 정리하여 해석해야 하기 때문에 탐구 결과가 전달이 쉽지 않습니다. 또한, 데이터 정리가 되지 않은 탐구 결과는 학생이 탐구하다 말았거나, 탐구 내용을 잘 이해하지 못했다는 인상을 줍니다. 즉, 탐구 결과가 보기 좋게 한눈에 들어오도록 깔끔하게 정리된 경우가 잘 작성된 탐구 결과입니다.

탐구 결과를 표현하는 과정을 간단히 정리하면 다음과 같습니다.

첫째, 수집한 자료(데이터)를 탐구 문제에 맞추어 조작 변인에 따른 종속 변인으로 나누어 데이터를 정리합니다.

둘째, 정리한 자료를 변인 간의 관계를 파악하여 표와 그래프 등 적절한 형태로 정리합니다.

실험을 통해 얻은 데이터를 연구 문제에 맞게 분류하여 정리합니다. 실험설계와 실험 진행 과정 및 기록이 꼼꼼하다면 실험 결과를 조작 변인(결과에 미치는 영향을 알려고 일부러 변화시킨 변인)과 종속 변인(실험 결과에 해당하는 값으로 측정한 값들)의 관계로 나타내기에 어렵지 않을 것입니다. 가령, 안전망의 재질이 충격력에 미치는 영향이 연구 문제였다면 조작 변인은 안전망의 재질, 종속 변인은 충격력이 될 것입니다.

이때 종속 변인으로 측정한 값이 직접적인 충격력이 아닐 수도 있습니다. 충돌 시 직접적인 충격력을 측정하기 어려운 환경이라 물체가 튀어 올라온 높이와 충돌 시간을 측정한 뒤 물리 공식들을 이용해 평균 충격력을 도출해내는 방식을 사용했다면 실험 결과를 해석할 때 조작 변인과 함께 측정한 종속 변인들(예시의 경우 충돌 시간과 튀어 올라온 높이)을 기록하고 종속 변인들을 계산하여 구해낸 실험 결과(예시의 경우 평균 충격력)를 함께 나타내야 합니다. 보고서에는 이 실험 결과를 계산하는 방법을 함께 첨부하면 됩니다.

조작 변인과 종속 변인의 관계를 나타낼 때는 스프레드시트를 이용하면 좋습니다. 기본 프로그램이 표의 형태로 되어있기 때문에 값을 입력하기에 편리하고, 평균과 같은 수식 계산을 도와주는 데다가 반복적 계산도 드래그 한 번에 쉽게 계산할 수 있습니다. 또한, 프로그램 내에서 작성한 표를 그래프로 변환시키는 것이 편리하다는 것도 큰 장점입니다. 대표적인 스프레스시트 프로그램으로 엑셀이 있습니다. 보고서 제출 양식이 한글 파일일지라도 우선 엑셀에 실험 결과를 표나 그래프로 정리한 다음 한글에 붙여넣는 것이 실험 결과를 정리할 때 가장 편합니다. 다음 예시도 엑셀을 이용해 표를 만들고 그래프를 제작한 다음 한글에 옮겨 정리한 것입니다.

<예> 탐구 결과 정리

① 無자

〈표 Ⅳ.1〉 나무토막의 최대 정지 마찰력과 최대 정지 마찰계수 비교 ①

변수	1차	2차	3차	4차	5차
최대 정지 마찰력	0.925	1.825	1.220	1.655	2.02
최대 정지 마찰계수	0.0044	0.0087	0.0058	0.0079	0.0068

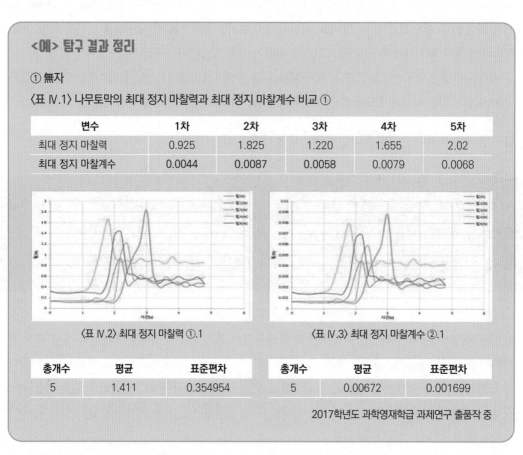

〈표 Ⅳ.2〉 최대 정지 마찰력 ①.1 　〈표 Ⅳ.3〉 최대 정지 마찰계수 ②.1

총개수	평균	표준편차		총개수	평균	표준편차
5	1.411	0.354954		5	0.00672	0.001699

2017학년도 과학영재학급 과제연구 출품작 중

실험 결과를 한눈에 잘 들어오게 작성하기 위해서 글로 정리한 뒤, 표와 그래프를 이용하면 좋습니다. 반복 실험을 통해 얻은 값을 횟수별로 기록하여 평균값과 함께 나타내고, 도출된 평균값(종속 변인)과 조작 변인 간의 관계를 파악하기 쉽게 도표와 함께 설명을 곁들여 표현하는 방식이 가장 일반적입니다. 가끔 표와 그래프만 주어지고 탐구자의 설명이 부족한 경우도 있는데, 별로 추천하고 싶지 않습니다. 정리한 데이터만 있고, 탐구자의 해석 서술이 없는 보고서는 불친절하게 느껴집니다. 따라서 표나 그래프와 반복되는 내용일지라도 실험 결과와 그에 대한 설명을 말로 풀어서 추가하는 것이 좋습니다.

이어서 표와 그래프를 만드는 방법을 자세히 알아보도록 하겠습니다.

가. 표 작성법

원활한 의사소통을 위해 사회적으로 약속된 부분들이 있습니다. 마찬가지로 표와 그래프의 작성에도 해석하기 쉽게 만든 약속이 있습니다. 먼저 표를 작성하는 방법을 알아보겠습니다. 표의 제일 윗줄에 변인의 종류를 적습니다. 윗줄의 가장 왼쪽 칸은 조작 변인의 종류를 제시하고, 그 옆에는 차례대로 해당하는 종속 변인의 종류를 표현할 말을 적습니다. 각 변인의 종류에 맞게 칸에 해당하는 값을 채워나갑니다. 이때 값의 단위가 필요하다면 표 윗줄 변인의 종류 옆에 괄호 안에 넣지만, 반복 실험으로 종속 변인의 단위가 반복될 경우 나중에 표의 제목을 달 때 제목 오른쪽 옆에 괄호로 표시하거나 제목과 표의 사이 오른쪽에 종속 변인의 단위를 표시해도 됩니다. 아래 그림은 엑셀을 이용해 표를 만드는 방법입니다.

	A	B	C	D	E	F
2		<표번호> 표 제목(조작변인에 의한 종속변인)				
3					단위 : 종속변인 단위	
4		조작변인	1차시도	2차시도	3차시도	평균
5		조건1	결과1	결과1	결과1	결과1평균
6		조건2	결과2	결과2	결과2	결과2평균
7		조건3	결과3	결과3	결과3	결과3평균

엑셀에서 작성한 표를 한글에 가져와서 보고서에 넣을 때, 어떤 것을 나타내는 표인지 바로 알 수 있게 표의 제목을 달아줍니다. 우리가 알아내고자 하는 것, 즉 조작 변인과 종속 변인의 관계가 표의 제목이 되면 자연스럽습니다. 예를 들어 '위치에 따른 벚꽃의 개화 시기'가 연구 문제였다면, 탐구 결과 또한 위치와 그에 따른 개화 시기가 될 것이죠. 표의 제목도 그렇게 넣으면 됩니다. 만약 표가 작아 제목이 길게 들어가기 어렵다면 보고서의 맥락상 조작 변인을 생략하고 종속 변인만 표 제목으로 표시하기도 합니다. '벚꽃의 개화 시기'처럼 짧게 넣는 것입니다.

한글에서 표의 제목을 다는 방법은 표를 선택한 뒤 〈오른쪽 클릭〉 → 〈속성〉 → 〈여백/캡션〉에서 캡션 위치를 표의 좌측 위로 설정합니다. 전 세계 연구자가 표의 제목은 왼쪽 위로 통일하기 때문에 이 약속을 지키는 것이 좋습니다. 한글에서 캡션을 이용해 표 제목을 달면 표의 번호를 자동으로 매겨줄 뿐만 아니라 표를 이동시킬 때 제목도 자동으로 같이 움직이기 때문에 편집에 편리합니다.

〈예〉 표의 작성

〈표 IV.29〉 최대 정지 마찰력 평균값(N)

모양	최대 정지 마찰력 평균값
無자	0.416
X자	0.711
가로	0.968
세로	0.467

〈표 IV.30〉 최대 정지 마찰계수 평균값

모양	최대 정지 마찰력 평균값
無자	0.00222
X자	0.00398
가로	0.00538
세로	0.0026

2017학년도 과학영재학급 과제연구 출품작 중

나. 그래프의 종류

그래프는 그 종류가 용도별로 다양하므로 목적에 맞는 그래프를 선택하는 것이 중요합니다. 실험 결과를 정리할 때 자주 사용하는 그래프 세 가지를 용도별로 살펴보겠습니다.

(1) 막대그래프 : 집단이나 시대별 자료의 수, 양, 비율 등을 비교하는 경우

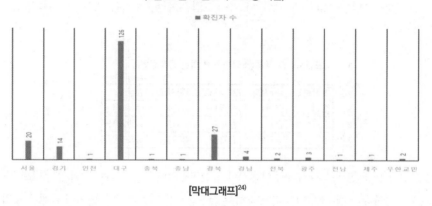

국내 지역별 확진자 수 현황
(2월 21일 오전 9시 156명 기준)

[막대그래프][24]

(2) 선그래프 : 시간이나 순서에 따라 자료의 값이 어떻게 변화하는지 조사하는 경우

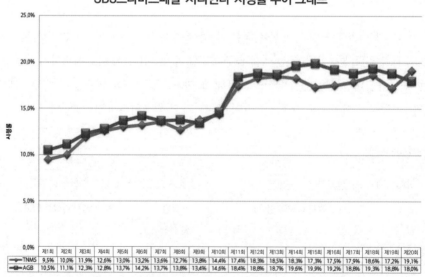

SBS드라마스페셜 '시티헌터' 시청률 추이 그래프

	제1회	제2회	제3회	제4회	제5회	제6회	제7회	제8회	제9회	제10회	제11회	제12회	제13회	제14회	제15회	제16회	제17회	제18회	제19회	제20회
TNMS	9.5%	10.0%	11.9%	12.6%	13.0%	13.2%	13.6%	12.7%	13.8%	14.4%	17.4%	18.3%	18.5%	18.3%	17.3%	17.5%	17.9%	18.6%	17.2%	19.1%
AGB	10.5%	11.1%	12.3%	12.8%	13.7%	14.2%	13.7%	13.8%	13.4%	14.6%	18.4%	18.8%	18.7%	19.6%	19.9%	19.2%	18.8%	19.3%	18.8%	18.0%

[선 그래프][25]

24) https://commons.wikimedia.org/wiki/File:국내_지역별_확진자_수_현황-204명.png (Labugejrgn, 20200302)
25) http://ko.m.wikipedia.org/wiki/파일:SBS-Cityhunter-rating.png (imperatork, 20200302)

(3) 원그래프 : 전체에 대한 구성 성분(부분)의 비율을 비교하는 경우
  – 일반적으로 12시 방향에서 시작하여 큰 비율부터 시계방향으로 표현

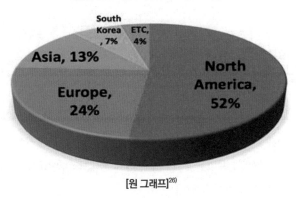

슈피겐코리아 GLOBAL 매출 비중

[원 그래프][26]

다. 그래프 작성법

탐구 활동에서 그래프를 작성할 때는 엑셀에서 표로 정리해 둔 탐구결과를 그래프로 변환시키는 경우가 많습니다. 이는 인문 탐구, 사회 탐구, 과학 탐구할 것 없이 데이터를 다룰 때 모두 사용되는 방법입니다. 따라서 그래프 만들 때 주의사항을 알아본 뒤 대표적인 스프레드시트인 엑셀의 표를 이용해 그래프 만드는 방법을 살펴봅시다. 먼저 그래프의 제작 시 주의사항은 아래와 같습니다.

가) x축에 조작 변인, y축에 종속 변인이 위치하도록 축을 설정한다.
나) 적절한 축 범위를 설정하고 축 단위를 표시하여 그래프 데이터가 잘 비교되게 한다.
다) 데이터는 그래프에 직접 표현해도 되며 표와 함께 제시해도 된다.
라) 여러 데이터를 비교하기 위해 하나의 그래프에 함께 표시하는 경우 구분을 위한 범례를 이용한다.
마) 작성된 그래프가 어떤 내용을 담고 있는지 한눈에 알 수 있는 그래프 세목과 번호를 그래프 하단에 표시한다.

이제 이 주의사항에 맞추어 다음 환경소음자동측정망통계정보 중 2018년 6월 서울특별시 시간별소음도를 내려받은 엑셀 자료를 이용해 그래프를 제작해보겠습니다.

	A B C	D	E	F	G	H	I	J	K	L	M	N	O	P	Q	R	S	T	U	V	W	X	Y	Z	AA	AB	AC
		0	1	2	3	4	5	6	7	8	9	10	11	12	13	14	15	16	17	18	19	20	21	22	23	주간평균	야간평균
1	측정일자																										
2	평균	69	68	68	67	67	69	71	71	71	72	72	71	71	71	71	71	71	71	72	71	71	71	71	70	71.31	68.54
3	최대값	70	71	69	69	70	70	74	77	76	76	77	76	77	75	76	73	74	75	74	72	73	72	72	72	74.65	69.48
4	최소값	68	67	66	65	66	68	69	69	70	70	70	71	71	70	71	70	70	70	71	71	70	70	70	69	70.59	67.73

26) http://ko.m.wikipedia.org/wiki/파일:슈피겐코리아_매출.jpg (jydy0929, 20200302)

자료는 시간대별 추이를 알아보고 있습니다. 따라서 선 그래프가 적절합니다. 추이를 알아보는데 방해가 되는 주간 평균과 야간 평균은 제외하고 만들어보겠습니다. 먼저 그래프를 만들고자하는 부분을 마우스로 드래그하여 박스표시를 만듭니다. 이때 엑셀 차트 만들기의 특성상 선택영역을 전부 종속 변인으로 취급하기 때문에 조작 변인에 해당하는 측정 일자는 제외하고 박스를 만들어 줍니다.

	A	B	C	D	E	F	G	H	I	J	K	L	M	N	O	P	Q	R	S	T	U	V	W	X	Y	Z	AA	AB	AC
1	측정일자		0	1	2	3	4	5	6	7	8	9	10	11	12	13	14	15	16	17	18	19	20	21	22	23		주간평균	야간평균
2	평균		69	68	68	67	67	69	71	71	71	72	72	71	71	71	71	71	71	72	71	71	71	71	70		71.31	68.54
3	최대값		70	71	69	69	70	70	74	77	76	76	77	76	77	75	76	73	74	75	74	72	73	72	72		74.65	69.48
4	최소값		68	67	66	65	66	68	69	69	70	70	70	71	71	71	70	71	70	71	71	70	70	70	69		70.59	67.73

박스표시가 된 상태로 상단 메뉴바의 〈삽입〉 메뉴에서 〈차트〉 중 〈2차원 꺾은선형〉을 선택합니다. 그럼 아래와 같이 꺾은 선그래프가 만들어집니다.

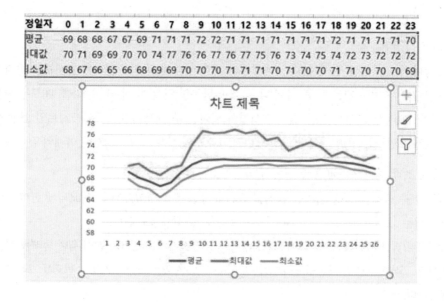

그래프를 보면 종속 변인이 여러 개이기 때문에 자동으로 구분을 위한 범례가 표시된 것을 확인할 수 있습니다. 하지만 차트 제목이 없으며 조작 변인 값이 1부터 매치되어 있습니다. 또한, 종속변인의 단위도 생략되어 확인할 수 없습니다. 이런 세세한 부분을 변경해봅시다. 변경하고자 하는 부분을 차트에서 클릭하면 그 부분이 선택됩니다. 해당 부분에 마우스 오른쪽 클릭을 하면 아래와 같이 변경할 수 있는 항목들이 나옵니다.

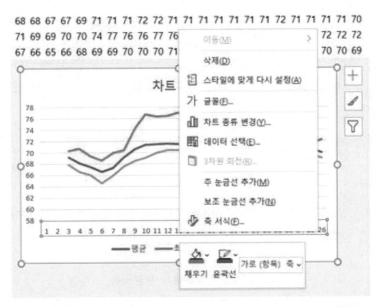

68 68 67 67 69 71 71 71 72 72 71 71 71 71 71 71 72 71 71 71 71 70
71 69 69 70 70 74 77 76 76 77 76　　　　　　　　　72 72 72
67 66 65 66 68 69 69 70 70 71　　　　　　　　　　70 70 69

먼저 조작 변인을 바르게 매칭시켜 보겠습니다. 위의 선택 창에서 데이터 선택을 클릭합니다.

차트의 가로축을 변화시킬 것이기 때문에 가로(항목)축 레이블(C) 아래의 '편집(T)'을 클릭합니다. 그리고 가로(항목)축의 범위를 엑셀 표에서 조작 변인에 해당하는 측정 일자 옆의 데이터인 '0~23'을 드래그해서 선택해주고 확인을 눌러주면 가로축 값이 잘 바뀐 것을 확인할 수 있습니다. 엑셀을 이용해 그래프를 만들 때는 조작 변인의 값의 변화 폭과는 관계없이 같은 간격으로 표현되기 때문에 실험할 때 시간에 따른 측정의 경우 같은 간격으로 측정하는 것이 그래프를 만들 때 편합니다.

축 제목 입력을 통해 종속 변인과 조작 변인이 무엇인지 명확하게 표현하면서 단위도 함께 표시할 수도 있습니다. 단순한 디자인을 위해 축 제목을 추가하지 않고 차트 제목에 단위를 포함해도 괜찮습니다. 축 제목 추가는 상단 메뉴바의 〈차트 디자인〉에서 〈차트 요소 추가〉를 통해 할 수도 있고 아래 그림처럼 차트 오른쪽 위 끝의 (+)을 클릭해 축 제목에 체크를 하여 추가할 수도 있습니다.

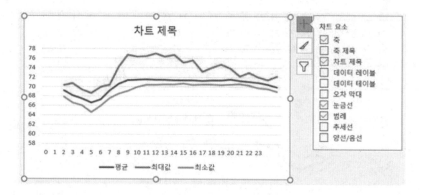

축 제목, 차트 제목을 변경할 때는 제목을 클릭하기만 하면 바로 변경할 수 있습니다. 다음은 축 제목과 차트 제목을 변경한 것입니다.

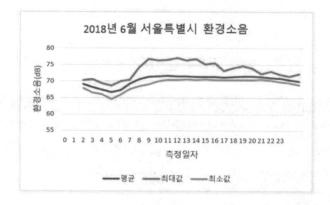

자동으로 설정된 y-축 범위를 좀 더 좁혀서 그래프 사이 간격을 넓혀 가시성을 높일 수도 있습니다. y-축을 마우스 왼쪽 클릭한 다음 다시 오른쪽 클릭하여 〈축 서식〉에 들어가면 〈축 옵션〉의 〈경계〉에서 축의 최댓값과 최솟값을 바꿀 수 있습니다. 종속변인 값들이 모두 60이 넘어가므로 최솟값을 55에서 60으로 아래와 같이 변경해보았습니다. 실험 결과를 비교하기가 더 수월해진 것을 알 수 있습니다.

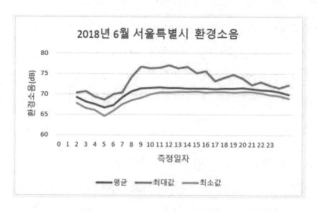

여기까지 그래프의 종류와 그래프를 만들 때 주의사항, 그리고 엑셀을 이용해서 그래프를 만드는 방법을 알아보았습니다.

2) 탐구 결론과 토의 내용을 정리해요

탐구 활동을 처음 해 보는 학생들은 탐구 '결과'와 탐구 '결론'의 구분을 어려워합니다. 그래서 탐구 결과만 제시하고 탐구 활동을 마무리하는 경우가 종종 있습니다. 탐구 결론은 탐구의 목적에 대한 답을 제시해야 하기에 과제탐구 전체 과정에서 중요한 마무리 역할을 합니다. 탐구 결과에서 정리된 자료의 의미를 파악하여 변인 사이의 관계를 연구자가 명확하게 제시하는 단계가 바로 탐구 결론입니다. 즉, 탐구 수행자가 탐구 시작에 제시한 가설에 대한 탐구 결과를 바탕으로 자기주장을 하는 단계라 할 수 있습니다.

초반의 가설이 맞았든 틀렸든 그 실험 결과를 바탕으로 논리적인 결론을 도출하면 됩니다. 가설과 일치한다면 다양한 상황에서 반복 실험을 통해 탄탄하게 가설을 뒷받침하는지 확인하고, 가설이 틀렸다면 가설을 수정하여 새롭게 탐구할 방향을 제시하면 됩니다.

이렇게 도출된 결론을 실생활과 연관해 해석하고 적용하면 탐구의 의의를 높일 수 있습니다. 탐구를 수행하고 결과 및 결론을 정리하면서 느낀 점이나 생각을 제시하면 더 좋습니다. 실험에서 아쉬운 점이나 보완할 방법, 추후 탐구과제 등을 결론 및 토의 과정에 함께 담으면 좋습니다.

정리한 자료를 이용해 탐구 목적에 맞는 탐구 결론과 함께 탐구의 의의를 도출하면 해석까지 마무리되었다고 볼 수 있습니다. 탐구 결과를 표현하고 탐구 결론과 토의를 도출하는 과정을 간단히 정리하면 다음과 같습니다.

첫째, 표현된 탐구 결과를 해석하여 탐구 문제에 대한 답(결론)을 도출하고 그 근거를 체계적으로 정리하여 제시합니다. 여기서 탐구 결과(수집한 자료, 데이터를 정리한 것)와 결론(결과를 이용해 도출해 낸 탐구 문제에 대한 답, 가설 확인)의 차이점을 잘 구분하여 결론을 도출할 수 있도록 합니다.

둘째, 도출된 결론을 이용하여 진행한 탐구의 의의, 적용 가능성, 보완해야 할 점, 추후 탐구 방향 등을 제시합니다.

다음은 결과와 결론의 구분과 실제 탐구 활동을 할 때 어떻게 적용하면 좋을지 이해를 돕기 위한 예시입니다. '스노우 타이어의 모양에 따른 최대 정지 마찰력'을 측정하는 연구를 통해 결과와 결론에서 어떤 작업을 해야 하는지, 그리고 탐구 주제에 맞추어 실제로 어떤 내용이 들어갈 수 있을지 함께 알아봅시다.

> ## "스노우 타이어의 모양에 따른 최대 정지 마찰력"을 측정하는 연구
>
> **〈결과〉**
>
> 실험으로부터 도출된 데이터(예. 실험값)를 정리하여 표 및 그래프와 함께 제시한다.
>
> (예) 4가지 모양의 스노우 타이어에 따른 최대 정지 마찰력 데이터를 정리하여 비교 제시
>
> **〈결론〉**
>
> 연구 전반 과정을 요약하여 제시한 뒤, 그 연구 결과를 해석하여 결과가 갖는 의미를 제시한다. 선행연구를 이용해 주장에 대한 근거를 더욱 뒷받침할 수도 있다.
>
> (예1) "철사의 모양이 물체의 운동 방향과 수직이 될수록 최대 정지 마찰력이 크다"와 같이 결과가 의미하는 바를 분석 과정과 함께 제시
>
> (예2) 스노우 체인 실험 결과와 실제로 사용되는 스노우 체인의 모양 사용 비율을 비교해 보고, 그 이유를 논리적으로 분석
>
> (예3) 실험 결과를 등산화 밑창이나 스키 날의 각도와 같이 실제로 적용되는 부분이나 해석할 수 있는 부분을 구체적인 예시와 함께 제시

3) 결과보고서를 작성해요

각 단계에서 차근차근 정리해 두었다면, 그것을 양식에 맞게 배치, 수정하여 다른 사람들에게 보여 줄 결과물을 만드는 단계입니다. 탐구 활동의 결과물은 크게 〈탐구보고서, 탐구포스터, 발표 자료〉 3 가지로 나눌 수 있습니다. 제시된 순서대로 탐구보고서가 가장 자세하고, 포스터가 중간, 발표 자료가 탐구 과정을 요약하여 제시합니다.

3가지 결과물을 모두 작성해야 한다면 앞의 순서대로 작성하는 것이 편리합니다. 탐구보고서, 포스터, 발표자료 모두 서론, 이론적 배경, 탐구 설계, 탐구 과정, 탐구 결과, 결론 및 토의의 형식이지만, 제출물의 성격에 따라 추가하거나 강조되는 부분이 다릅니다.

제출물을 작성할 때는 표절에 유의해야 합니다. 탐구에 참고한 자료는 반드시 출처를 밝히고, 출처를 밝혔다고 해도 그 글을 그대로 베끼지 않아야 합니다. 참고자료를 읽고 이해한 부분을 자신의 말로 탐구과제에 맞게 작성합니다. 출처를 밝혔더라도 여섯 어절 이상 같으면 표절입니다. 이는 연구 윤리에 매우 어긋나는 행위입니다. 표절했기 때문에 본인의 탐구라고 온전히 인정받을 수 없게 됩니다. 문장이나 표, 그림을 발췌한 경우 캡션을 이용하여 출처 문헌을 밝혀야 합니다. 그리고 이렇게 참고한 문헌은 탐구보고서 마지막에 참고문헌에서 출처를 다시 한번 밝히면 됩니다.

학교에서 실시하는 간단한 도서감상문 대회도 표절 여부를 계산하여 탈락시키기 때문에 표절하지 맙시다. 표절 여부는 '카피킬러' 등의 사이트를 이용해서 쉽게 확인해 볼 수 있습니다. 표절은 이론적 배경을 작성하는 과정에서 제일 많이 나타납니다. 아무래도 나의 탐구와 관련된 다른 사람의 자료를 찾아 정리하는 부분이기 때문입니다.

이론적 배경을 작성할 때는 선행 탐구 과정이나 결과를 요약하여 나의 탐구와 연관 지어 작성하도록 하세요. 탐구 문제를 도출하게 된 근거를 작성할 때 선행 탐구에서 제시한 자료를 붙여넣기 하면 안 됩니다. 이론적 배경에는 나의 탐구의 실험설계와 관련 있는 내용은 반드시 포함하되 실험설계와 관련 없는 내용은 제외하세요. 이렇게 이론적 배경을 가장 먼저 작성하고 나면 이를 바탕으로 서론과 탐구 방법은 자연스레 작성할 수 있습니다. 지금까지 설명한 탐구보고서를 작성할 때의 주의점을 정리해보면 아래와 같습니다.

첫째, 다른 사람의 글을 그대로 붙여넣거나 보고 쓰지 않으며, 연구에 참고한 글은 반드시 출처를 밝힌다.

둘째, 타당도(목적에 맞는 글인지)와 신뢰도(믿을 수 있는 글인지)를 고려한 선행연구로 이론적 배경을 탄탄히 하고 이를 바탕으로 전체적인 글을 작성해 나간다.

표절에 주의하고 이론적 배경이 탄탄해야 하는 것은 보고서뿐만 아니라 다른 형태의 제작물을 작성할 때도 공통으로 적용되는 부분입니다. 위에 제시된 주의사항 외에도 보고서를 쓸 때 고려해야 할 부분이 많습니다. 아래 연구 결과보고서 작성을 위한 점검 질문을 첨부했으니 이를 이용하여 보고서가 잘 작성되었는지 점검표처럼 확인해보세요. 좋은 탐구보고서 예시만큼 내 탐구보고서에 어떤 부분을 첨가하고 수정할지 좋은 지표가 되는 것이 없습니다. 특히 내 연구와 비슷한 주제로 수상한 탐구보고서를 여러 번 읽어 보고 내 보고서와 비교하여 첨삭하면 탐구보고서를 처음 써보는 학생일지라도 멋진 보고서를 작성할 수 있을 것입니다. 일반적인 보고서는 제목 및 초록, 목차, 서론, 이론적 배경, 탐구 방법, 연구 결과, 결론 및 토의, 참고문헌 순으로 작성됩니다.

자유 탐구 안내를 위한 연구단계별 질문목록[27]

〈제목 및 초록〉

1. 선정한 연구 제목이 연구의 내용과 의의를 가장 잘 대표하고 있는가?
2. 초록이 연구의 목표, 방법, 결과, 의의를 잘 담아내고 있는가?

〈서론 및 이론적 배경〉

3. 선행 탐구의 현황이 적절히 조사되어 되어 있는가?
4. 연구의 필요성(학문적, 사회적, 교육적)이 잘 제시되어 있는가?
5. 연구목적과 연구 문제가 잘 규정되었는가?
6. 연구를 이해하는 데 필요한 배경지식이 적절하게 서술되었는가?

〈재료 및 탐구방법〉

7. 연구 중 조사한 독립, 종속 변인들을 연구 방법에서 제시하고 이러한 변인을 조사한 이유를 설명하였는가?
8. 연구 재료의 선정 및 실험 준비과정이 적절히 기술되었는가?
9. 다른 연구자가 실험을 재현할 수 있도록 실험과정이 상세히 제시되었는가?
10. 자료의 기록 및 분석에 필요한 프로그램이 제시되었는가?
11. (필요한 경우) 생명윤리와 같은 실험의 수행과 관련된 윤리 문제를 언급하였는가?

〈연구결과〉

12. 자료를 유효숫자와 단위를 적절히 기재하여 제시하였는가?
13. 표와 그래프 등의 시각 자료를 양식에 맞추어 적절히 활용하였는가?
14. 표와 그래프의 주요 결과에 대해 본문에서 문장으로 진술하였는가?

〈결론 및 토의〉

15. 몇 문장 이내로 요약된 연구결과는 무엇인가?
16. 연구결과의 의의는 무엇이고 앞으로 어떻게 응용될 수 있는가?
17. 수행한 연구의 제한점이나 한계는 무엇인가?
18. 수행한 연구와 관련하여 앞으로 어떤 추가 연구가 필요한가?

〈참고문헌〉

19. 보고서가 요구하는 형식에 맞추어 중요한 참고문헌을 모두 제시했는가?

27) 정용욱 외(2014). 과학영재의 자유 탐구를 안내하는 연구단계별 질문목록 개발.

보고서는 다양한 탐구 결과물 중 가장 넓고 깊은 내용을 다룬 것입니다. 따라서 보고서를 작성했다면 포스터는 보고서를 탐구 단계별로 요약해서 핵심내용 위주로 제시하면 됩니다. 다음은 포스터 작성 예시입니다.

\<예\> 포스터의 작성

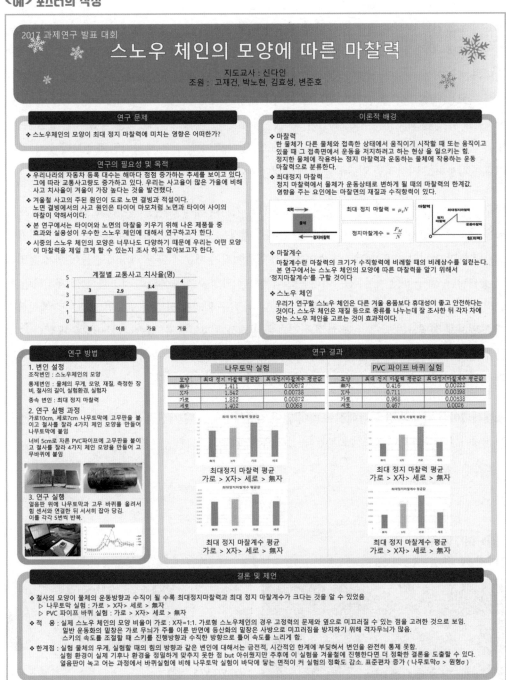

위의 사례처럼 포스터는 파워포인트 프로그램을 이용해 A1 크기, 한 페이지로 작성하면 됩니다. 포스터는 크게 뽑아서 벽면에 붙이거나 우드락에 붙여서 이젤에 전시하고 채점위원이나 포스터를 읽은 사람이 질문하면 답변을 하면 됩니다. 다른 사람이 읽기에 이해하기 쉽도록 정리하고 질문이 들어왔을 때 답변할 수 있도록 포스터 발표를 준비하는 것이 좋습니다.

발표 파워포인트 작성의 경우 시각적인 자료와 핵심 키워드 중심으로 정리하면 됩니다. 파워포인트 안에 모든 내용을 담으려고 하지 말고 자세히 전달하려고 하는 내용은 발표 대본으로 철저하게 준비하는 것이 좋습니다. 급하면 문장을 복사해서 집어넣는 경우가 있는데, 이렇게 만든 프레젠테이션 자료는 좋은 평가를 받기 힘듭니다. 프레젠테이션 자료를 만들 때 주의사항은 한 슬라이드당 6~7줄을 넘지 않도록 구성하고, 요점과 요약만 제시하며, 글자, 그림, 표 등을 청중이 쉽게 볼 수 있도록 큼직큼직하게 제시하는 것이 있습니다. 또한, 많다, 적다와 같은 추상적인 표현보다 숫자, 통계 자료를 사용하고 시각적인 일관성을 위해 슬라이드와 글씨체에 통일감을 주면 좋습니다.

탐구 활동 프레젠테이션을 할 때, 탐구 동기에 관련 기사나 영상을 이용해 청중도 탐구활동에 호기심을 갖도록 하면 좋습니다. 파워포인트에 이론적 배경을 보고서처럼 자세히 제시하면 발표 시간이 모자랄 뿐만 아니라 발표가 지루하고 이해하기 힘들어지기 때문에 다른 과정에 곁들여 쉽게 설명하면 좋습니다. 탐구 과정에서 겪은 어려움을 극복하는 과정을 개조식으로 사진과 함께 제시하면 청중의 몰입도와 공감도가 높아지는 효과가 있습니다. 탐구 결과를 하나의 도표와 그래프로 제시하면서 분명하게 설명하면 탐구 수행 과정과 결과를 명쾌하게 파악할 수 있습니다. 어려운 용어나 수식을 남발하기보다 필요한 부분을 간단히 짚어주는 방식으로 소개한 뒤 쉬운 말로 다시 이 탐구 과정과 결과가 가지는 의미를 정리하여 이해를 돕는 것도 좋은 방법입니다.

프레젠테이션 자료의 경우 정해진 포맷이 없어 자유도가 높으니 자신만의 개성을 드러내어 멋진 프레젠테이션 자료를 만들어보세요. 아래는 실제 탐구 활동의 프레젠테이션 자료의 일부입니다.

\<예\> PPT의 작성
2017학년도 과학영재학급 과제연구 출품작 중

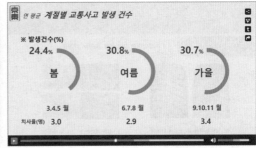

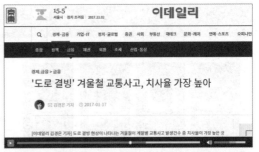

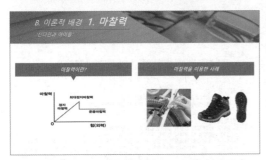

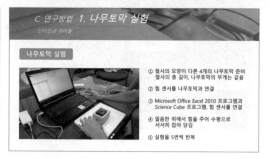

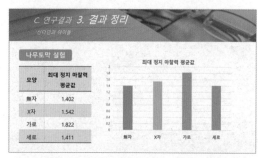

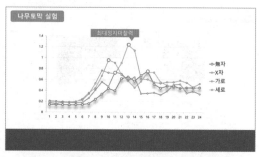

Tip [PPT 공유기능을 활용한 협업으로 발표 자료 작성하는 방법]

1. 우선 Office 365에 가입하자.

Office 365란 흔히 알고 있는 Excel, Power Point 등을 클라우드 서비스를 활용해 웹에서도 작업할 수 있게 지원해 주고 Office 최신 버전을 PC에 설치할 수 있도록 지원해 주는 서비스이다.

각 시도교육청은 교직원이나 학생들에게 무료로 Office 365를 이용할 수 있도록 지원하고 있다. 교직원이라면 12월 중의 공문을 살펴보고, 학생이라면 학교 선생님께 학생용 인증 코드를 물어보자.
참고로 경상남도교육청에 속한 학생이라고 가정하여 Office 365 계정을 만드는 방법을 안내한다.

– 접속 URL : http://sw-ms.gne.go.kr(경상남도교육청 접속 사이트)

2. Power Point 실행 및 공유

가. Power Point를 실행시키면 오른쪽 위 끝에 로그인을 클릭한 뒤 위에서 만들 Office 365계정으로 로그인한다.

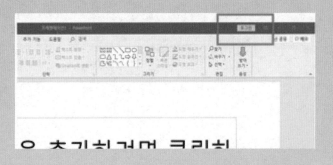

나. 로그인 버튼 근처에 있는 공유를 클릭한다. 이후 클라우드 서비스인 원드라이브를 더블 클릭해서 파일명을 설정하고 저장한다.

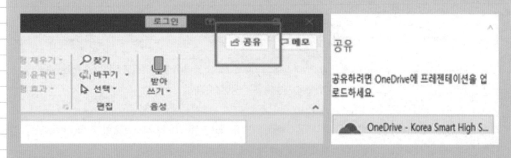

다. 링크를 보내기 전 편집 권한, 보기만 할 수 있는 권한으로 권한 변경이 가능하다. 아래쪽의 링크 복사를 한 뒤 링크를 보내면 협업하는 모둠원과 함께 PPT를 제작할 수 있다.

쉬어가기 코너

자연과학 계열에서 관찰평가

주제 : 미세플라스틱의 생물 농축 확인

북태평양 쓰레기 섬에 대해 지구과학 학습 활동 후 생활 속 쓰레기 특히 미세플라스틱이 환경에 미치는 영향 및 생태계의 먹이사슬에 의한 연쇄 영향에 관해 관심이 커져 과제연구 활동을 수행함. 미세플라스틱으로 실제 실험을 수행하기 어려운 환경에서 물에 녹지 않고 생물 내부에서 관찰이 쉬운 색분필을 활용하는 등 과학적 감각이 뛰어남.

학교가 소속되어 있는 거제에서 구하기 쉬운 개조개를 대상으로 실험을 수행하였으며, 크기가 같은 개조개, 크기가 다른 개조개 등 실험 설계 능력이 뛰어나고 변인 통제를 확실하게 처리함. 과제연구를 수행하는 과정에서 적극적으로 궁금증을 탐구해 나가며 중간발표와 최종 발표를 통해서 알고 싶은 목표가 확실해진 학생임. 또한, 연구 과정 및 결과를 통해서 논리적으로 타당한 과학적 결과를 도출함.

인문사회 계열에서 관찰평가

주제 : 배움 중심수업이 학생의 수업 참여도에 미치는 영향

학습 활동 중 소속 학교의 교사가 배움 중심수업을 하는 것을 경험하면서 배움 중심수업이 학생의 자발적 수업 참여도와 학업성취도에 어떤 영향을 줄지 궁금해서 탐구 활동을 함. 연구 초반 질적 연구과제를 수행하는 과정에서 힘들어했으나, 실험집단의 선정을 위해서 큰 노력을 기울임.
특히 타당한 결론을 끌어내기 위해 조작 변인을 제외한 나머지 요소들이 연구 결과에 미치는 영향을 최소화하려는 방법을 찾아가면서 연구를 수행하는 모습이 돋보임.

이번 연구과제를 통해 자신의 꿈인 교사에 대해 진지하게 생각해봤으며 교사가 되었을 때 학습자에 대한 사전 분석을 통해 어떤 학습 방법을 적용하는 것이 교육적으로 효과적인지에 대해 많이 고민할 수 있었다고 함. 초반에 방향을 잡는 과정에서 다양한 부분을 고려하기 때문에 시간이 오래 걸릴 수는 있으나 방향 설정을 확실하게 하면 집중력을 가지고 과제를 수행하는 학생임.

주제 : 드론의 군집 비행을 이용한 까마귀 떼 쫓기

차별성 있고 생활과 밀접한 주제에 대한 논의 후 '드론의 군집 비행을 이용한 까마귀 떼 쫓기'를 주제로 탐구 활동함. 연관성이 없어 보이는 주제에서 과학적으로 관련 있는 요소를 찾아내고 유사한 선행연구조사를 성실 하게 한 점이 돋보임. 연구 대상에 대한 특이점 조사, 다른 조류들과의 반응 차이 조사, 드론에 레이저를 고정 하는 방식에 대한 반복적인 실험을 통한 최적 모델 구현 등 연구의 과정이 과학적이고 논리적임.

드론의 군집 비행을 파이썬으로 코딩을 통해 현장 적용을 했으며 반복 실험을 통해 실험의 통제 변인과 조작 변인을 명확하게 구별해 냄. 연구 과정에서 발표할 때 핵심을 간추려서 발표하는 능력이 무척 뛰어나며, 연구 단계에서 문제점이 발생할 때 모둠원들의 토의를 이끌어 합리적인 대안을 찾아내게 유도하는 등 리더십이 돋 보이는 학생임. 예상했던 결과와 실제 결과가 다를 때 반복 실험을 통해 오차의 발생 원인을 찾아내는 능력이 뛰어남.

주제 : 과산화수소수를 활용한 녹조 제거 효과성 연구

낙동강의 녹조 문제에 관심을 가지고 관련 자료를 검색하던 중 과산화수소수의 녹조 제거 효과에 관심을 가 지고 관련 실험을 진행함. 중간발표 동료평가에서 주제 선정을 위한 사전 조사 과정, 문제해결 과정 중 오류를 수정해 가는 방법에서 뛰어난 평가를 받음. 녹조 제거를 효과적으로 할 수 있는 다양한 아이디어를 자주 내고, 이에 따른 오차 분석 및 심화 실험의 방향을 제시하는 능력이 뛰어남. 또한, 실험 후 부족한 부분에 대한 분석 으로 다음 실험 후 방향성을 제시하는 등 적극적 탐구능력을 보임. 3D프린팅을 이용한 과산화수소수를 실어 나를 수 있는 선체 제작, 아두이노를 활용한 선체 조종 방식을 직접 설계해 나가는 과정을 통해 더 큰 성장을 함. 과산화수소수를 낙동강에 뿌리는 방법으로 분사와 살포 중 어떤 방식이 유용한지 모의실험을 통해 결과를 정확히 해석하는 능력이 뛰어남.

연구 노트를 검사해 봤을 때 '각 실험의 과정에서 오류와 발전 방향을 담은 생각해 보기'의 내용이 상당히 뛰어 나며, 연구 과정과 앞으로 실험 계획이 체계적으로 잘 정리되어 있음. 실험을 정리해가는 능력과 결과를 발표 력이 뛰어나 추후 과학 인재로 성장할 가능성이 큼.

과제탐구 학교생활에서 실행하기

과제탐구 학교생활에서 실행하기

1. 교과수업과 연계해요

수업 자료를 만나고, 질문하고, 정보를 찾고, 나만의 방법으로 정리하기

과제탐구의 시작점은 무엇일까요? 평소 생활에서 궁금증이 생겨 자료 조사를 하고, 깊이 탐구하며 이를 정리하는 과정이 가장 쉬운 과제탐구의 방법일 것입니다. 흔히 인터넷을 검색하다 보면 유튜브나 기사에서 특정한 정보를 접하게 되고, 그와 관련된 궁금증이 생겨 관련 정보를 찾아봅니다. 보통은 이렇게 찾은 정보로 궁금증을 해결하고 넘어가지만 이를 개인적인 형식에 맞춰서 잘 정리한다면 나만의 지적 재산이 될 것입니다. 이렇게 축적한 자료는 인생이란 큰 범주에서 개인의 특성과 커리어가 되어 인생의 방향을 잡을 때 전문성 확보에 영향을 끼칠 것입니다. 하지만 개인적으로 정리만 하면 학교생활기록부에 기록을 할 수 없습니다.

나의 흥미와 특성이 담긴 과제탐구 활동을 학교생활기록부에 남기는 가장 쉬운 방법은 무엇일까요? 바로 교과 수업 시간에 하는 것입니다. 아래와 같이 교과 수업 시간에 찾아낸 지적 호기심과 질문으로 시작하는 과제탐구 방법을 정리했습니다.

		나만의 과제탐구	참고자료/사이트
1단계	희망하는 진로진학 설계 단계	반드시 진로가 구체적이지 않아도 됨	커리어넷, 진로진학정보센터 등
2단계	관심 키워드(교과) 찾기	매체 활용을 통해 교과 지식과 연계되는 탐구 주제를 찾기	국립중앙과학관, TED, K-MOOC 등
2단계	관심 키워드 (자유주제) 찾기	매체 활용을 통해 교과 지식과 연계되는 탐구 주제를 찾기	국립중앙과학관, TED, K-MOOC 등
3단계	선행연구 자료 분석	검색 키워드의 범위를 구체화하는 것이 중요	RISS, 논문자료 검색사이트
4단계	과제탐구 작성	계열별 탐구보고서 양식을 적용해보기	선행 연구자료 형태 참고
5단계	과제탐구 자기 평가 및 분석	지적호기심을 해결한 과정과 성취 경험을 기록	학생부와의 연계 방안

교과 시간에 관련된 주제에 관심을 가지고 탐구한 결과를 공유하고 싶은데 그런 기회가 주어지지 않는다면, 수행평가로 수행한 내용 외에 다른 주제도 발표하고 싶다면 용기를 가지고 선생님께 이런 주제에 관심이 있는데 탐구하여 수업 시간에 발표해도 될지 미리 여쭤보세요. 발표 시기는 1학기 기말고사 이후나 2학기 기말고사 이후를 이용하면 좋습니다. 선생님도, 다른 학생도 수행평가나 교과 진도의 부담이 덜하게 됩니다.

수행평가에서 조사한 주제나 문제 인식과 연관된 주제로 발표수업 기획

학생들에게 10대 이후 뇌가 어떻게 변화하는지를 조사하게 하고 뇌의 변화에 맞게 자신의 인생을 어떻게 살 것인지를 계획하는 보고서를 작성하게 한다. 보고서 작성에 참고하도록 공자의 15세 입지부터 70세 종심소욕 불유구를 뇌 구조와 연관해서 제시한다. 공자의 15세 입지(立志)는 전두엽의 발달 시작은 비판정신 능력의 시작으로, 30대 이립(而立)은 자기인식능력의 완성으로, 50대 지천명(知天命)은 인생 목표의 완성으로, 70대 종심소욕 불유구(從心所欲 不踰矩)는 노인 뇌의 축소 특성으로 설명한다. 그 다음에 학생들이 10년 단위 인생 설계를 자기 뇌의 성장, 안정, 성숙, 노화의 단계와 접목하여 설계해 보도록 한다.

심화 과제로 뇌의 시간별 변화 추이만이 아니라 뇌의 부위별 섬세한 특성을 더 연구하고 찾아보고 이것과 관계된 정신심리학, 사회심리학, 인지공학의 연구 경향 그리고 인공지능인 AI에 대해서 더 연구하는 보고서를 작성해 보게 한다.

학생들은 AI 연구 과정에서 AI의 발전 속도에 놀라면서 AI와 인간 뇌의 차이점이 AI는 무한 성장하고 인간 뇌는 성장한 다음 노화가 있다는 점을 도출하고, AI의 문제점을 공자의 인생역정으로 분석하는 데까지 도달하게 된다. 이러한 융합형 주제탐구 발표 수업을 생활과 윤리, 윤리와 사상, 그리고 화학, 생명과학 교과 활동이나 교내 대회에서의 평가 기준으로 제시할 수 있다.

1) 교과 시간 과제탐구 더 잘하고 싶다면 : 주제탐구형

교과 시간을 이용한 과제탐구를 어떻게 하면 체계적으로 할 수 있을지 예시를 통해 보여드리고자 합니다. 우선 주제를 잡아야 합니다. 팀별 과제는 주제를 마음대로 잡을 수 없지만, 어떤 주제든 최선을 다한다면 자신의 탐구 역량과 학습력 및 지적 깊이를 보여줄 수 있습니다. 물론 진로 및 개인의 흥미와 관련된 주제라면 금상첨화지요. 그 주제를 정한 이유나 동기를 잘 정리해 두면 훨씬 설득력이 있는 제출물을 만들 수 있습니다.

주제를 정했다면 자료수집을 해야 하는데요, 교과 시간을 이용한 주제 탐구의 질은 여기에서 결정됩니다. 내용에서 실속이 없으면 가치가 떨어지니까요. 자료 검색 시 중요한 것은 신뢰할 수 있는 자료인가(출처와 작성자 반드시 밝히기)와 나의 주제 탐구에 어떻게 활용할 수 있을 것인가(자료 분석 및 해석) 이 두 가지입니다. 자료 조사를 할 때 다음 양식을 이용하면 도움이 될 것입니다.

정보원 사항	☐ 도서 ☐ 학술지 ☐ 학위논문 ☐ 신문기사 ☐ 웹 자료(문서) ☐ UCC	
추출한 내용의 주제	· 저자명: · 제목:	· 추출한 페이지(주소): · 출판사 또는 학술지명(사이트명):
추출 내용 ☐ 사실 ☐ 통계 ☐ 사례 ☐ 전문가의 의견		
자료 분석 & 본인 생각		
활용 방안		

주제탐구를 할 때 남의 자료를 그대로 베끼거나 짜깁기를 하면 안 됩니다.

참고자료에서 필요한 부분을 선별하고 자료를 분석하여 개인의 판단을 추가해 자신의 탐구 이야기를 만들어야 합니다. 앞서 제시된 학교생활기록부 예시(p.37~38)에서도 자료와 학생의 해석과 생각이 합쳐져서 매력적인 주제 탐구가 된 것을 확인할 수 있었습니다.

자료를 충분히 수집하고 자신의 탐구와 해석에 어떻게 사용할지 분석이 되었다면, 탐구 결과물을 만들면 됩니다. 보고서 제출이나 발표형 탐구의 결과물을 내야 한다면 다음과 같이 정리하면 좋겠습니다.

> **도입** : 탐구 주제 선정 → 주제 선정 이유 정리
>
> **목차** : 핵심내용 정리 → 프레젠테이션 전략 짜기(결과물의 형태를 고려하여 전략 세우기)
>
> **본론** : 내용 정리 (탐구과정 및 자신의 의견/분석이 드러나게, 탐구 깊이와 정확성 고려)
>
> **결론** : 정리(발표 흐름 정리 및 결론 제시, 나 또는 우리의 삶에 연관 짓기)

2) 교과 시간 과제탐구 결과물 예시 : PPT 발표형

2019학년도 고등 1학년 과학 시간에 자발적인 요청으로 발표한 PPT 자료를 다음에 소개합니다. 내용 형식은 주제→연구 동기→내용→적용의 순으로 되어 있고, 수집한 자료들을 붙여넣기 하여 만든 것이 아니라 내용을 충분히 숙지한 후 키워드 중심으로 적절한 시각 자료를 활용해 청중이 이해하기 쉽도록 간결하게 작성된 발표물임을 확인할 수 있습니다.

발표할 때도 친구들을 바라보며 이해하기 쉬운 예시와 설명을 덧붙여 멋지게 했을 뿐만 아니라 교사도 발표 주제에 관한 학생의 흥미도와 탐구의 깊이를 충분히 파악할 수 있었습니다.

● 교과 시간 주제발표 자료 ●

고등학교 학생의 통합과학 수업 중 발표작(2019)

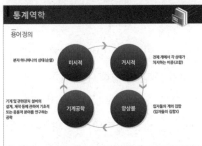

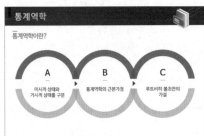

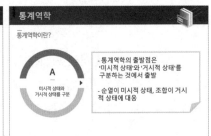

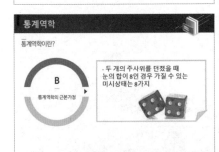

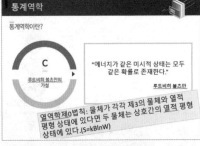

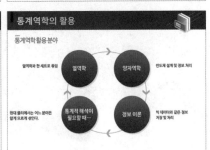

2. 독서활동과 연계해요

수업 시간에 진행한 프로젝트는 독서 활동과 연계하면 더 깊이, 지속적인 주제 탐구를 할 수 있습니다. 책의 내용이 진로와 직접적인 관련이 없는 것처럼 보여도 해당 꿈을 이루기 위한 노력을 보여줄 수 있습니다. 아직 꿈이 없어도 자신의 꿈을 찾아 이루는데 필요한 능력과 지혜가 책에 담겨 있습니다.

독서는 그 자체로도 멋진 탐구활동이 될 수 있습니다. 글을 해석하며 얼마나 깊이 있게 읽었는지, 어떤 고민을 하였는지를 찬찬히 살피며 기록이 가능하기 때문입니다. 읽는 책의 범위를 너무 좁히기보다 전공 관련 심화 도서도 읽되 다양한 분야를 탐구하며 그 연관성을 찾는 것이 좋습니다.

다음은 독서 활동 후 연계하여 할 수 있는 토론 활동 예시입니다. 일반적인 자료 조사 후 진행하는 토론도 좋지만, 친구와 같은 책을 읽은 후, 토론 주제를 함께 정해서 토론하는 것은 색다른 경험입니다. 토론 전 열심히 자료 조사를 하여도 주제와 관련된 책을 정독하는 것보다 더 깊은 지식을 얻기가 쉽지 않기 때문입니다. 같은 책을 읽고 토론 주제를 정하면서 책의 내용, 자신과의 연관성을 포함하여 더 깊이 고민해볼 수 있을 뿐만 아니라 같은 책을 읽어도 다르게 생각하는 친구들과 의견을 나누며 세상을 이해하고 바라보는 통찰력이 생기기 때문입니다.

또한, 같은 책을 읽었기 때문에 서로 느끼는 공감의 질도 다릅니다. 같은 책을 읽고 토론 주제를 통해 토론하는 활동을 꼭 추천하고 싶습니다. 교육 현장에서도 이런 장점을 잘 알고 있기 때문인지 교과 시간 외에 독서 멘토링과 같은 커리큘럼이 실제로 존재하며, 학생의 독서 토론을 장려합니다.

독서활동 연계 탐구 활동 (독서 토론 수행)

독서 토론 제목: 지속 가능한 신재생 발전 ☆

2학년 3-7반 (4)조 조원이름(학번):

도서명: 세상을 바꿀 미래 과학 설명서 2
저자명: (미래를 꿈꾸는 사람들의 모임) 출판사: 다른

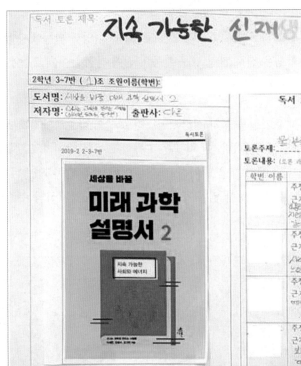

세상을 바꿀
미래 과학
설명서 2

지속 가능한
사회와 에너지

2019-2 2-3-7반
독서토론

독서 토론 주제 및 토론 내용

사회자:
서기:
토론주제: 물 부족, 문제를 어떻게 해결해야 할까?
토론내용: (토론 과정 및 결과를 정리해주세요)

학번 이름	토론 내용
	주장: 신재생 기술보다 인구 절제로 해결해야한다 근거: 인간 식량을 이용한 생태 오염원, 줄어드는 자원으로 미래의 물이 더이상 기술력 자체 수 없기때문
	주장: 새로운 기술은 개발되면서 고갈문제 해결하는 것은 독서 해결한다 근거: 더 더 세금을 개발하는데 사람들이 많은 예재보면은 신재생 으로 해결한다
	주장: 비싼 물 가격 문제 정리가 계속 해결되어 근거: 컵 사람의 사용가치 비싸지면서 때문에 해결하기 쉽다
	주장: 빗물을 정수한 물력으로 더 부족 해결 근거: 실제 물분 나와서 그렇게 되고 및 긴편의로서, 앞으로 하게 현재가 때문 안정되게한다

책을 소개합니다.
이 책은 지속가능한 발전과 ◯ 에너지 관련 여러가지
주제를 우리생활 속 과정 에너지와 태양전력 풍력 등의 여러가지
신재생 에너지 대해 더 발전에 대하여 더하여 생겨
실어 이 기술이용으로 우리의 여러분을 얻기 어려움에 알게하고
있고 그리고 더이어면서 나를 펼쳐나가기 위한 우리들이
노력과 지속가능한 사회를 만들기 위한 에너지 해결 방법
이 필요하다 생각해 보자.

토론 결과 종합 의견:
· 물은 소중하다 → 물을 낭비하지 말기!
· 기술가능한 사회를 위해 지속적으로 더
추구 만큼 환경 친화적인 대안으로 되어야
생은 물을 절약할수 있는 토론임을 느꼈다.

나도 한마디! (책에 대한 설명과 토론 내용 스피치를 듣고 감상을 적어주세요! 해당 조원의 경우 활동을 통해 느낀 점을 기록해주세요.)

번호	이름	피드백 내용	번호	이름	피드백 내용
1		발표가 전반적 설명이 이해하기 쉬웠다	9		물 아끼기 관련 고등학생이 아닌 여러 사람들을 대
2		물 부족과문제를 다양하게 설명해서 잘 설명했다	10		모두 다 명확한 의견을 들어 생각이 공유 되었다
3		여러 내용을 조 독서로 주장을 내놓다	11		good
4		물론 1조를 간결 명확했다	12		여러 대안 설명하기 설명된것에 가능했습니다
5		물질 매우 다 주장을 적었다	13		비싼 예재보다 더 많은 해결법
6		조장님 설명 잘함 (과학적) 여러학생들과 과학5조 14		물 문제로 너무 많은 발표에 나와 조금 아쉬웠다
7		신재생 에너지에 너무 잘 알게되었다	15		설명력 너무 예리가 늘어날 것 같다
8		나쁘지 않았다. 하지만 내용이 구체적여했다	16		현재의 사회 속에 관련이 조성되고 동의했다

다인쌤과 함께하는 즐거운 물리 시간입니다! 열심히 하는 모습이 너무 예쁜 우리 친구들, 모두 파이팅♥

고등학교 물리학 | 수업 결과물(2019)

독서 활동은 다른 독서 활동으로 확장됩니다. 독서의 연계는 자기주도성과 지식의 깊이를 보여주는 멋진 탐구 활동입니다. 다른 활동을 하다 새로운 궁금증이 생겼다면 그와 관련된 책을 찾아 읽어 보는 것을 적극적으로 추천합니다. 이것이 바로 탐구활동 연계입니다. 독서 활동으로 자신의 관심사에 점차 전문성을 가지고, 이후 교과 시간이나 주제 발표 대회 등 다양한 활동에서 두각을 나타내는 학생을 자주 봅니다. 이런 학생은 진로 관련 탐구 활동의 질이 점점 높아지고 높은 성취를 보이는 특징이 있습니다.

다음은 자신의 관심 분야에 대한 지적 호기심을 점차 성장시켜나간 학생의 학교생활기록부에 기록된 고등 2학년의 [독서 활동 상황]의 실제입니다. 이 학생은 고등학교 생활 내내 학교생활기록부의 진로희망사유, 진로 활동, 교과 활동에서 책을 좋아하고 즐겨 읽는 것을 알 수 있습니다. 예시에 있는 책의 권수나 제목을 기준으로 삼기보다 읽을 책을 선정할 때 그 배경지식의 수준과 과제탐구 주제의 연결성 등을 참고해봅시다.

<예> 2학년 독서기록상황

● **문학** : 불편하면 따져 봐(최훈), 운영전(김영주 편역)

● **독서와 문법** : 책 읽어주는 남자(베른하르트 슐링크)

● **영어 II** : 단어와 규칙(스티븐 핑커)

● **세계사** : 세계사 교과서 바로잡기(이옥순 외 6명),
　다리를 잃은 걸 기념합니다(니콜라우스 뉘첼), 카탈로니아 찬가(조지 오웰)

● **윤리와사상** : 과학 리플레이(가치를 꿈꾸는 과학교사 모임), 화에 대하여(세네카), 장자(장자), 니코마코스
　윤리학(아리스토텔레스), 철학이 있는 식탁(줄리안 버지니), 호모루덴스(요한 하위징아), 국부론(애덤 스미스)

● **생명과학 I** : 진화심리학(베이비드 버스), 기생충, 우리들의 오래된 동반자(정준호), 세상을 바꿀 미래 과학
　설명서 1, 2, 3권(신나는 과학을 만드는 사람들), 시간의 심리학(마이클 브레우스)

● **공통** : 공부의 배신(윌리엄 데레위츠), 자본주의(고희정 외), 오래된 연장통(전중환), 도덕적 인간은 왜 나쁜
　사회를 만드는가(로랑 베그), 지적 대화를 위한 넓고 얕은 지식(채사장), 그릿(엔절라 더크워스) 등

공립고 학생의 학교생활기록부 중(2016~2018)

2학년 독서 활동 기록에서 '심리학' 분야에 대한 호기심을 엿볼 수 있습니다. 단어와 규칙(스티븐 핑커), 화에 대하여(세네카), 진화심리학(베이비드 버스), 시간의 심리학(마이클 브레우스), 도덕적 인간은 왜 나쁜 사회를 만드는가(로랑 베그)와 같은 책 제목에서 유추할 수 있습니다.

독서감상문을 작성하면서 이 학생은 해외 대학의 연구 결과, 내향적인 사람은 외향적인 사람보다 휴식 시간에도 뇌 활동이 더 활발하고 뇌혈관 구조가 더 복잡하다는 의견에 의문이 생겼습니다. 그래서 발달심리학자인 제롬 케이건(Jerome Kagan) 교수가 발표한 감각 정보를 뇌에 전달하는 편도체가 예민한 아기가 내성적인 성격으로 성장한다는 연구 내용을 찾아 공부합니다.

스스로 공부하고 배경지식을 쌓으면 학생에게는 인간의 뇌와 감정, 뇌와 정신세계 사이의 상호작용에 대한 구체적인 질문이 연결됩니다. 이후 3학년이 되어 주제발표 수업과 토론을 준비하면서 그동안의 독서 활동을 통해 느끼고 배운 점을 활용하게 됩니다. 만약 이 학생이 심리학 관련 학과에 진학하게 된다면 계열적합성을 확실히 드러낼 자료가 되어줄 겁니다.

다음은 이 학생의 3학년 독서기록 상황입니다.

<예> 3학년 독서기록상황

● **확률과 통계** : 신화 속 수학이야기(이광연), 신은 주사위 놀이를 하지 않는다(데이비드 핸드)

● **사회문화** : 의지력의 재발견(바우마이스터), 우리 본성의 선한 천사(스티븐 핑커)

● **동아시아사** : 역사심리학(제베데이 바르부), 장성 중국사를 말하다(줄리아 로벨)

● **생활과 윤리** : 죄의 문제-시민의 정치적 책임(야스퍼스), 그대에게 마음은 무엇인가-마음에 대한 철학적 성찰(에릭 매튜스), 도덕발달의 철학(콜버그), 자유론(존 스튜어트 밀)

● **중국어 II** : 지금은 중국을 읽을 시간(중국을 읽어주는 중국어 교사 모임)

● **공통** : 상식 밖의 유전자(마크 핸더슨), 넛지(리처트 탈러 외), 베토벤 심리상담 보고서(김태형), 피로사회(한병철)

공립고 학생의 학교생활기록부 중 (2016~2018)

이 학생이 과제탐구 활동을 강조한 자기소개서를 작성해 본다면 어떨까요? 학생의 독서활동 내용과 관심 분야의 진로 성숙도를 바탕으로 한 가상의 자기소개서를 작성해 보겠습니다.

'우리 본성의 선한 천사(스티븐 핑커)'와 '그대에게 마음은 무엇인가-마음에 대한 철학적 성찰(에릭 매튜스)'을 읽은 뒤, 뇌의 기능적 측면을 지나치게 도식화하면 개인의 자유의지와 충돌되는 문제가 발생할 수 있다고 함에 의문을 갖게 되었습니다.

저는 생활과 윤리 주제탐구 활동을 통해 이 의문을 해결해 보기로 했습니다. 이후 신경 범죄학 관련 실험 중에 갇힌 사이코패스들의 뇌를 MRI로 촬영하여 그들의 뇌를 정형화된 모델로 설정함으로써 범죄율을 낮추고자 하는 선행연구의 한계점을 조사했습니다. 이 덕분에 뇌과학과 자유의지의 충돌 사례들을 제시하며 사이코패스, 중독자의 뇌가 일반 시민과 다르게 동작한다는 추론이 편견일 수 있다는 점을 전달할 수 있었습니다.

더 나아가 추론을 통한 사회 통제의 심각성을 강조했습니다. 특히 뇌의 네트워크 성과 가소성을 신경과학적으로 입증하는 관련 학술논문을 참고하여 후천적인 시냅스 간 연결망의 패턴이 유동적으로 변할 수 있음을 깨닫게 되었습니다.

이 학생은 독서와 연계된 주제탐구 과정에서 선행 연구의 한계점 발견하고 이를 비판적으로 해석할 능력을 갖추게 된 것입니다. 특정 성격유형의 뇌를 정형화된 모델로 분석하는 기법을 활용한 사회 통제 방식에 부정적인 견해를 드러내기도 합니다. 또한, 뇌의 네트워크 성과 가소성을 근거로 한 사람의 성격유형은 복합적인 환경적 요인들로 형성된다는 근거를 찾아서 자신의 의견을 뒷받침하기도 합니다. 고등학교 3년 동안 심리학과 철학적 이슈, 신경과학에서 다루는 딜레마에 대해 다양한 질문을 던지고 토론을 하면서 이 학생은 자신이 공부하고 싶은 심리학 분야와 인간의 뇌 기능에 대한 관심사를 구체화할 수 있었습니다.

3. 동아리활동과 연계해요

동아리활동과 연계한 과제탐구는 구구절절한 설명보다 실제 사례를 싣는 게 더 좋을 거 같아 그 과정을 정리한 내용을 실어 드립니다. 다음은 동아리에서 사전 조사 활동과 교내대회 발표 준비 과정을 통해 주변 생활 속의 문제 현상을 관찰하여 개선방안을 찾고 실현해내는 리빙랩 프로젝트의 실천사례입니다.

2020학년도 수능성적 발표 후, 동아리 기장이었던 학생에게 수시와 학생부종합전형을 준비해 합격한 과정에서 인상 깊었던 점이 무엇인지 질문했습니다.

2학년 때부터 지난 1년 동안 집중했던 리빙랩-사이언스 동아리 활동이 가장 기억에 남아요. 최근 이슈가 된 사회현상이나 학교생활 주변과 우리 지역사회를 관찰한 뒤에 문제 현상을 찾아내는 일이 즐거웠습니다.

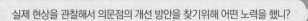

실제 현상을 관찰해서 의문점의 개선 방안을 찾기위해 어떤 노력을 했니?

우선은 상식적으로 '아마, 그럴 것이다.'라는 생각을 조심해야 한다는 점을 배웠어요. 환경문제를 알게 된 통합과학과 진로특강 시간에 배운 〈융합기술의 특징과 변화〉 내용을 통해 생활 속에서 질문을 던져보는 습관이 중요하다는 것도 알 수 있었고요.

그렇구나! 특히 무엇을 조사하고 탐구하면서 생활 속 문제 현상을 이해하고, 좀 더 구체적인 아이디어를 찾을 수 있었는지 말해 줄래?

작년 1학기 때 교내 학술제에서 지속가능발전 아이디어 발표가 있었거든요. 탐구할 주제가 과학, 기술, 환경, 사회가 조화롭게 균형을 이루는 내용을 고민하고 제안하는 활동이었는데 리빙랩-사이언스에서 부원들과 조사했던 '건강과 실내공기 오염'에 대해 좀 더 깊이 있는 질문을 해 볼 수 있었어요. 이렇게 지속가능발전 발표대회 주제를 정하고, 개선책 적용이 가능한 아이디어를 탐구한 덕분에요 〈1만 동아리 학술페스티벌〉에 참여할 수 있었던 것 같습니다!

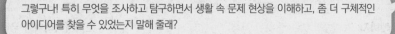

어떤 질문들이었는지 궁금하구나! 우선, 너희 동아리에서 조사했던 리빙랩으로 실천할 주제 중에 왜 건강과 실내공기 오염을 정했는지 얘기해 볼래?

1. 통합과학 단원 핵심개념 공부

통합과학 시간에 미세먼지 이슈와 〈내가 만들고 싶은 환경오염 측정기법〉에 대해 주제발표 수업을 준비했었다. 특히 미세먼지 관련된 측정기법 중에서 광산란법 등 과학적 원리를 학습했던 것이 인상 깊었다.

1) 지구시스템 중단원에서 문제 현상 발견

〈내가 만들고 싶은 환경오염 측정기법〉 보고서
[동아리] : K-MOOC, TED 강연
(1) '바다의 불편한 진실: 13주차 해양산성화' – 인하대 김태원 교수 (2) '미세먼지 이동 경로 추적…천리안2B호 뜬다' – YTN사이언스
[도서] (1) 맛있는 과학 43 : 환경오염 / 태영경(저자). 지미란(그림)   (2) 미세먼지 X파일 : 미세먼지 인벤토리 / 현상민

이와 더불어 각 지역별로 도시 공간 내 미세먼지 변화에 영향을 미치는 요인들에 대해 조사하기 위해 책 〈미세먼지 X파일〉과 다큐멘터리 등을 참고했다. 이 과정에서 프랑크푸르트처럼 도시 설계 이전에 도시 환경공학 전문가들이 '바람길'을 고려한 건물과 공원 등을 디자인하고 환경영향평가를 검토하는 노력을 배울 수 있었다.

2) 생태계와 환경 중단원에서 문제 현상 구체화하기

〈기후변화에 대처하는 환경공학기술〉 보고서
[동아리] : K-MOOC, 기타 매체
미래의 에너지: 기후변화 대처를 위한 지속가능한 에너지 개발(2주차) – 고려사이버대학 우태호 교수 등
[도서] 세상에 대하여 우리가 더 잘 알아야 할 교양 –기후변화, 자연을 상품으로 대하면? – 필립 스틸   함께 모여 기후변화를 말하다 – 와다 다케시, 다우라 겐로
[후속 탐구] 에너지 제로하우스의 적용 사례 조사

2. 리빙랩–사이언스 동아리활동: 관련 자료와 매체 탐색 과정

주제 : 〈생명기술은 어떻게 세상을 풍요롭고 건강하게 만들고 있을까?〉

발표수업 이후에 미세먼지와 공기오염원에 적합한 개선방안을 생명공학 기술 및 화학공학 기술 등에서 탐색해 본 후, 동아리원들과 토의를 진행하기로 했다.

탐구활동 이전에 동아리 부원들에게 강조했던 내용

질문 능력은 학습능력과 함께 간다고 합니다. 그러나 학생들은 질문을 어려워합니다. 가정에서부터 학교까지 질문하는 문화가 없었기 때문입니다. 질문하는 문화가 만들어져야 자기 스스로 학습하는 문화가 만들어집니다.

첫 시간에는 [생명기술]이란 주제어를 던져서 궁금증을 질문하게 할 것입니다. 친구들의 궁금증이 꼬리를 물고 나올 것을 기대합니다. 질문을 통해서 내가 모르는 것과 알고 싶은 것이 많다는 것을 일깨워 줄 것입니다. '내가 하는 질문이 너무 사소한 것이 아닌가?' '나만 모르거나 궁금한 것이 아닐까?' 두렵기도 할 것입니다.

질문에 정답이 있는 것이 아닙니다. 해답은 있지요. 질문 또한 정석이 있는 것이 아니며 내가 궁금한 것이 모두 질문입니다. 호기심은 인간이면 누구나 가지게 되는 생각이므로 틀린 것이 아닙니다. 특히 질문과 호기심 공유가 성공하려면 학생들의 역량을 믿어야 합니다. 학생들이 시작부터 근사한 질문하기를 바라거나 스스로 알아서 할 것이라는 예측은 무리입니다. 처음 질문에 칭찬을 해 주고 질문하기가 막연할 때 격려를 해주면 생각이 자극되고 집중하게 됩니다.

질문하는 문화는 책임을 공유하는 문화입니다. 부원끼리 책임을 공유하면 더 좋은 아이디어, 좋은 질문, 결과까지 좋아집니다. 더이상 나의 질문이 나의 것이 아니고 너의 질문이 너의 것이 아니라 우리 모두의 것이 됩니다. 즉 책임까지 공유하게 됩니다. 탐구 질문은 더이상 나 또는 너의 문제가 아니라, 우리의 도전적인 문제가 되고 함께 해결하고 배워나가는 경험이 될 것입니다!

3. 리빙랩-사이언스에서 선택한 해결방안 : 생물정화 기술

연구의 필요성: 문제 인식

어린이, 노인 등 실내공기 오염물질에 취약한 계층은 같은 (오염물질 농도의) 환경에서도 호흡기 질환 등에 의한 발병 및 사망률이 높아 특별 관리 필요성이 대두되고 있으며, 세계보건기구(WHO)에서도 공기질 기준 및 규제수준 설정 시 취약계층 등 노출에 취약한 민감군에 대한 고려가 필요하다는 언급을 하였다(WHO IAQ 2000).

사전 조사를 통해서 실내공기 오염물질의 측정과 원인 분석을 동아리에서의 실험 주제로 정할 수 있었다. 또한, 리빙랩-사이언스 동아리에서 토의한 내용을 공유하면서 추가로 조사해야 할 국가별 정책들, 새로운 기술 적용의 효과 등을 모의유엔 동아리에서 발간한 학술 보고서에서 참고했다.

관련 법조항 조사 & 선행연구

다중이용시설 등의 실내공기질관리법을 일부 개정하여 취약계층이 실내오염물질에 적절히 대응할 수 있도록 행동지침 등을 개발. 실내공기질관리법 내 취약계층 관련 내용은 제12조의 2항에서 어린이, 노인, 임산부로 규정하였으며, 어린이, 노인, 임산부에 해당하는 시설로는 제3조 1항에 따라 산후조리원, 노인요양시설, 어린이집으로 설정함.

선행연구 참고자료: 실내공기 오염물질 취약계층에 대한 행동지침[28]

주택 실내공기질 관리를 위한 매뉴얼의 주요 목차

매뉴얼 표지	주요 목차
주택 실내공기질 관리를 위한 매뉴얼	1. 실내공기질 관리 　1) 주택의 실내공기질 관리 매뉴얼에 대하여 　2) 실내 공기 관리는 왜 필요한가 2. 실내 오염원 및 오염물질의 종류 　1) 주택 내 오염물질 방출 오염원 　2) 실내 오염물질 종류 및 인체영향 3. 쾌적한 실내환경을 유지하기 　1) 생활활동에 따른 실내공기질 관리 방법 　2) 계절에 따른 실내공기질 관리 방법 　3) 건강자각증상 따른 실내공기질 관리 방법 　4) 주택 공간에 따른 실내공기질 관리 방법 4. 부록

28) 실내공기 오염물질 취약계층에 대한 행동지침 마련 연구(2017.10.), 한국실내환경학회

노인요양시설에서의 실내공기 오염물질 발생현황과 원인

원인	발생원	주요 오염물질
이용자들의 내부활동	배변, 재채기, 체내 분비물	부유세균 및 미생물
	움직임이 요구되는 활동	움직임이 요구되는 활동
	연소·난방	연소·난방
시설 및 건출물	건축자재, 인테리어 제품, 가구	휘발성유기화합물, 폼알데하이드, 석면, 라돈
	주방(조리실)	이산화질소, 일산화탄소
	화장실, 샤워실, 시시	부유미생물, 곰팡이
	침구류, 식물	세균, 집먼지진드기, 곰팡이
	사무기기	오존, 미세먼지, 위발성유기화합물
주변환경	주변도로	미세먼지, 휘발성유기화합물, 일산화탄소
	외부공기	미세먼지, 휘발성유기화합물

관련 법조항과 실내공기 오염물질 관련된 논문 등을 검토하였다. 이를 통해 노인요양시설은 상주시간이 긴 반면, 환기가 다소 미흡하다는 사실을 문제 상황으로 파악할 수 있었다. 일부 시설의 실내공기 중 미세먼지와 이산화질소, 총휘발성 유기화합물의 농도가 기준에 비해 높았으며, 여름철에 총 휘발성 유기화합물과 곰팡이의 농도가 높게 나타나고 겨울철에는 미세먼지의 농도가 높은 편이었다.

특히 노인요양시설에서 실내공기 오염물질 발생원으로 욕실 등 습한 장소, 실내 활동, 노후한 건축자재와 단열재, 벽의 균열, 침구류, 조리시설 및 난방기구, 오염된 외부공기 유입, 벽지 및 인테리어 제품 등이었다. 이렇게 원인을 분석하고 난 뒤에 실내 인테리어나 공간 구성의 재배치, 일반적인 공기청정기 설치 등이 아닌 미세먼지를 포함한 실내공기 오염물질의 친환경적인 정화를 목표로 생활 속 환경문제 해결 프로젝트를 진행하기로 했다.

문제 현상의 해결방안 탐색

>> 환경을 정화하는 생물들을 우리 생활에 결합할 수 있을까?

1. 환경을 정화하는 생물들
2. 어떤 역할을 할까?
3. 우리 생활에 어떻게 결합할까?
4. 생물이 환경을 정화하는 방법[29]은?
5. 기대할 수 있는 효과는?

선행연구 분석 : 적용 가능한 아이디어 탐색

주택 및 어린이집, 노인요양시설 등 실내 환경 내에서 발생하는 가스상, 입자상 오염물질의 제거를 위한 친환경 식생 기반의 Eco-purification 기술

가) 국내외 식물과 결합된 공기정화 시스템의 경우 식물 자체만을 이용한 방식에서 벗어나 식물이 가지는 능력(오염물질 제거, 산소발생, 습도조절) 및 식재 기반의 미생물 등을 부가적으로 활용하는 다기능 제품개발이 활발히 진행 중임.

나) 조경적 측면에서 이루어지는 실내정원, 벽면녹화 등 식물 중심의 공기정화 기술에서 벗어나, 미세수분에 의해 오염원을 응집하고 이를 미생물을 활용하여 식물의 양분으로 환원하고 추가로 가스상 오염원을 제거하는 필터를 적용하는 등 요소기술의 융복합 정화시스템으로써 신선한 공기를 제공함.

탐구 질문 >> 심화 호기심

✓ 친환경 산소발생기의 필요성 : 실내공기 오염물질을 어떤 원리와 방식으로 정화할 수 있는가?
✓ 산소발생기에 이차적으로 화학물질 등을 적용하게 되면 인체에 해로운 작용이 발생할 수 있는가?

실내공기 오염물질의 친환경적인 정화 기술을 탐구하면서 생활 속 환경문제 해결 프로젝트 덕분에 학교는 물론 지역사회의 문제현상을 찾아볼 수 있었다. 그래서 리빙랩-사이언스 동아리활동 안에서만 그치지 않고, 교내 학술제인 〈지속가능 발전 아이디어 발표〉로 연계하였고 생명체의 특성을 적용한 독일의 '이끼벽'을 벤치마킹할 수 있었다.

29) 미세조류를 이용한 친환경(이산화탄소 저감 및 산소 발생) 실외휴식공간 개발 보고서(2019.03.29.) 주관 연구기관: ㈜대현엔텍 / 위탁 연구기관: 연세대학교

4. '지속가능발전 아이디어 발표' 준비

1) 목적

현세대에 필요한 것을 만족시키면서 동시에 미래 세대에 필요한 자원을 훼손시키지 않고 과학, 기술, 사회, 환경이 조화롭게 균형을 이루는 지속가능발전 내용을 고민하고 제안하는 활동을 통해

가. 과학기술을 이용하여 생태계 보호와 회복을 위한 노력, 다양하고 풍부한 생명공동체에 대한 존중과 배려하는 마음가짐을 갖게 한다.

나. 인간의 존엄성을 존중하고, 그들의 사회적 경제적 평등을 위한 마음가짐을 갖게 한다.

다. 미래 세대를 존중하는 마음가짐을 갖게 한다.

2) 방침

가. 과학, 기술을 바탕으로 한 지속가능한 발전에 대한 공감 및 실천력을 높이기 위한 모든 주제가 가능하다.

나. 1차 보고서, 2차 발표에 다음의 내용이 포함되어야 한다.

　① 현재의 문제점과 개선이 필요한 점

　② 과학적인 원리를 바탕으로 한 지속가능발전 방안

　③ 현실적으로 실현 가능하며 구체적이고 창의적인 실천 방안

다. 1차 보고서는 한글 파일 3쪽 이내로 작성한다.

2차 발표는 1차 합격자를 대상으로 하며, 5~10분의 자유로운 형식(PPT, 프레지 등)으로 발표한다.

　(단, 심사위원과의 질의응답이 있음)

라. 내용(주제) : 과학, 기술을 바탕으로 한 지속가능발전 주제라면 모두 가능함. 많은 사람의 공감을 일으키고 실천력이 높아야 함.

에너지 절약, 탄소 배출량 감소 방안, 에너지 절약 또는 에너지 개발 방안, 물 부족 해결방안, 인간과 지구생태계, 인간과 환경, 산업화와 환경 문제와의 관계, 환경관과 환경 윤리, 녹색성장, 대기 환경 문제, 물 환경 문제, 토양 환경 문제, 생물 환경 문제, 생물의 다양성, 자원과 에너지, 지속가능한 대체자원과 에너지의 종류, 기후변화 현상과 원인, 기후변화로 발생하는 문제 등

· 사막화, 황사 및 먼지 제어를 위한 천연 유래 다당류를 이용한 살수제의 개발
· 대기 중 CO_2 해수 용해 실험에서 바다 사막화 표본생물의 생태분석을 기반으로 한 해수 정화 기능을 가진 효율적인 바다 숲 연구

2019년 1만 동아리 학술페스티벌 : 참가자 선정 결과

연번	지역	학교명	참가 분야	참가 인원	대표성명 (학년)	지도교사	편성조
6	경기	OO 고등학교	자연과학/공학-화학 <산소발생기 원리를 이용한 실내공기오염 취약계층을 위한 개선책>을 주제로 생활 속 리빙랩 실천	3	정OO (2)	이O훈	2조
7	경북	OOOO 고등학교	자연과학/공학-수학 <수리모델링을 활용한 청소년 카페인 섭취에 대한 수학적 분석 및 탐구>라는 주제로 수리생물학이라는 융합분야를 연구	4	김OO (2)	김O석	3조

지금까지 리빙랩-사이언스 동아리에서 실천한 과제탐구의 출발점을 기억해봅시다.

통합과학 수업에서 핵심개념 찾기와 사전 조사 과정에서 참고한 취약계층의 실내공기 오염물질로 인한 피해 현상 공감하기, 그리고 선행 논문과 보고서에서 확인한 친환경적인 생물정화 기술의 효과 등을 만났던 이유는 무엇이었을까요?

그것은 바로 질문하는 힘입니다! 동아리원들 각자가 팀별 프로젝트에 대한 책임을 공유하기 위해 교과 지식들이건, 자료 해석에 대한 의견이건, 엉뚱해 보이는 아이디어 제시였건 서로에게 자연스럽게 질문을 해냈기 때문입니다.

또한, 이렇게 과제탐구를 시작하고 중간에 피드백을 받고, 학술 보고서나 교내대회 발표를 통해 결과물을 공유한 뒤에 서로에게 또 한 번의 질문을 나눈다면 문제상황을 구체화시킬 연계 가능한 탐구 주제를 만날 수 있습니다.

5. 발표 이후 보완할 추가 문제 현상 : 후속 탐구 주제 연계

  세계보건기구(WHO)의 연구결과에 의하면 실내에서의 오염물질은 실외의 오염물질보다 사람의 폐까지 도달할 확률이 무려 1,000배나 높다고 한다. 특히, 자동차는 현대생활의 필수가 되어 버렸고, 자동차 성능이 좋아지면서 여름에는 에어컨, 겨울에는 히터를 틀고 차 문을 모두 닫은 채 운행하는 경우가 많다. 자동차 배기가스에 중금속, 유기화합물 등 셀 수도 없을 만큼의 다양한 유해물질이 들어있으며, 자동차 배기가스에 의한 각종 오염물질 농도는 주행하고 있는 도로보다 차량 내부에서 더 높게 나타나고 있다.

  운전 중의 피로와 두통은 단순히 운전에 신경을 써서 생기는 증상이 아니라 장시간 주행 시 실내에 쌓이는 유독성 공기가 더욱 큰 원인임이 밝혀졌다. 차량 내 공기 중에는 탄화수소와 이산화탄소 농도가 높아 두뇌에 원활한 산소공급이 이루어질 수가 없어 운전 시 머리가 멍한 증세가 나타난다. 이것은 주행도로의 공기보다 차량 내부의 공기 오염이 더 심각하다는 것을 보여준다. 승용차 안의 공기에서 구토와 두통, 현기증을 일으키는 유해물질인 MTBE(Methyl Tertiary Butyl Ether)가 건강을 위협하는 수준 이상으로 검출되었고, 암을 유발하는 발암물질인 벤젠 또한 검출되었다.

차량용 산소발생기[30]의 필요성

Q 이렇게 또 다른 문제 현상을 찾아낸 뒤, 이 주제로 탐구 가능한 관련 보고서 자료를 탐색하는 과정에서 어떤 어려움이 있었나요?

A. 산소발생기의 종류마다 다른 방식(기법)들이 적용된 이유를 학습하는 데 유용한 자료들을 찾기가 쉽지 않았습니다. 그렇지만 산소발생기의 원리, 한계점 등으로 검색함으로써 특정 기업의 새로운 개선방안을 적용한 산소발생기의 특징을 자세히 조사할 수 있는 자료를 찾았습니다.

30) 〈차량용 산소발생기〉 작성: 오투엔 기업부설 연구소(2011년 10월)

4. 학교 활동에서 확장해요

교과 시간에 다양한 과제탐구 활동을 하면서 더 조사해야 하거나 배울 점을 찾아낸다면, 그와 관련지어 할 수 있는 활동이 많습니다. 학교에서 시행되는 다양한 활동과 행사를 활용하세요. 동아리활동, 진로활동, 다양한 교내 행사와 대회가 있습니다.

평소 관심 분야라면 재미있고, 쉬울뿐더러 더욱 의미 있고 깊이 있는 활동이 되며 학교생활기록부를 보는 평가자 입장에서도 활동에 대한 신뢰도가 깊어집니다. 동아리와 모둠활동 등 탐구 활동을 할 땐 활동 전 활동계획서를 작성해 제출한 뒤 교사의 검토를 받는 것이 중요합니다. 활동 중간이나 활동 후에는 활동일지(활동내역 및 일자), 활동 결과물(발표, 보고서 등)과 함께 활동 소감문을 같이 담당 선생님께 꼭 제출하세요.

선생님은 평소 학생을 관찰하고 누가기록을 한 뒤 학년 말에 종합해서 학생의 학교생활기록부에 기록하지만, 스스로 활동한 학생만큼 잘 알 수는 없습니다. 놓치는 부분이 생길 수밖에 없죠. 열심히 한 활동이 교사에게 전달되지 않아 기록되지 않으면 아쉽겠죠? 기록하지 않은 것은 사라지기 마련입니다. 동아리활동, 진로활동, 학교 행사 등의 다양한 활동을 통해 실천한 탐구 계획서, 활동일지, 결과물, 소감문을 담당 선생님께 제출하면 선생님은 활동 내용을 체계적으로 살펴보면서 학생의 성장 내용과 생각의 깊이를 세세하게 고려하고 판단할 수 있습니다.

다음에 학생의 과제탐구 활동이 학생부에 기록된 사례를 싣습니다.

2학년 동아리활동

(사심연구소 : 자율동아리) 심리학 관련 동아리가 적어 스스로 자율동아리 사심연구소를 만듦. 부장을 맡아 부원들의 흥미에 맞는 주제를 설정해 동아리를 잘 이끌어 감. 17차시 동안 교양심리학, 행동심리학, 학습 동기, 진화심리학 등을 일상생활과 관련지어 학습함. 특히 동기와 감정 그리고 학습에 초점을 맞춤. 게으름과 관련하여 인지 심리학뿐만 아니라 아리스토텔레스의 의지 나약함도 조사하여 발표함.

2학년 진로활동

교내 문헌연구 프로그램인 '리터러시-up'(2017.05.15.-2017.12.01.)에 참여하여 인간의 비이성적 행동의 원인을 찾기 위해 '행동경제학(도모노노리오)', '진화심리학(데이비드 버스)', '니코마코스 윤리학(아리스토텔레스)'을 읽음. 이를 통해 비이성적 행동을 심리, 진화, 윤리적 관점으로 접근함으로써 그 원인을 편향, 생존을 위한 고착화, 의지의 나약함과 자제력 없음으로 도출하고 이에 대한 보고서를 작성함.

2학년 세부능력 및 특기사항

독서 토론 프로그램 독서멘토링(2017.04.01.–2017.12.29.)에 참여하여 책을 읽고 토론함. 장자에 나오는 개념들을 알기 쉽게 풀어 설명하고, 삼국지를 심리학적으로 해석하여 등장인물을 팀원들과 비교·분석하여 매칭해 봄. '세상을 보는 눈, 경제학'을 주제로 한 인문독서캠프(2017.05.08.–2017.05.30.)(8시간)에 참여함. 팀별 활동에서 주제도서 '지적 대화를 위한 넓고 얕은 지식(채사장)'을 활용하여 생산수단의 소유 측면에서 인간과 사회의 역사를 해석해 발표함.

인문학 아카데미(2017.05.10.–2017.12.06.)(47시간)에 참여함. 조별 토론을 통해 연구 주제를 정하고 매주 진행되는 인문학 강좌와 개인별 심층 연구를 기반으로 심리학 영역의 연구보고서를 작성함. 〈삶의 여백을 만나는 책 요일〉을 주제로 한 인문학 캠프(10시간)에 참여함. 활판인쇄 체험, 출반 도시 및 명필름 견학, 영화 감상 등 책과 관련된 다양한 독서 체험을 통해 지적, 정서적 성장의 토대를 마련함.

공립고 학생의 학교생활기록부 중(2016~2018)

3학년 동아리활동

(교지편집반)(25시간) 전년도 교지편집 부장으로서 교지 제작 경험을 살려 후배들을 잘 지도함. 평소 후배들과 자신의 경험과 관심을 공유하고 싶어 하는 모습을 보였으며, 여유 시간을 활용하여 "사람들은 왜 로또에 열광할까"라는 제목의 기사를 작성함. 당첨금 지급률 기준으로 볼 때 상대적으로 더 이득이라 할 수 있는 연금복권보다 더 손해라 할 수 있는 로또를 우리나라에서 선호하는 이유를 '만족 지연', '통제감 착각 효과' 등 심리학(행동경제학)의 '편향'을 근거로 설명함. 이처럼 자신의 관심사를 실생활에 적용하여 작성한 기사를 후배들과 공유함으로써 심리학 이해 심화는 물론 후배들에게 좋은 자극을 줌.

3학년 진로활동

활동 틈틈이 그리고 개인 활동 시간에 인문학 관련 서적을 꾸준히 읽은 모습을 보임. 또한, 평소 읽었던 책들을 기반으로 학문적 주제 및 가설을 설정하는 연습을 하고 그중 한 사례를 정리하여 급우들에게 발표함. 연산군과 영조가 공통으로 유소년 시절 어머니와 불안정 애착 관계가 형성된 결과 성인이 되어서도 열등감을 보이고 일관성 없는 행동을 하게 되었음을 논리적으로 주장하였으며 근거와 사례를 실록에서 제시하여 주장의 개연성을 높임. 주제에 대한 고민이 잘 드러났고 구체적 근거를 ppt에 잘 정리하였으며 자신감 있고 전달력 있는 태도로 청중을 고려한 발표를 하여 급우들의 큰 박수를 받음.

스티븐 핑커에게 그의 폭력 감소 이론과 순자의 성악설을 스스로 비교 분석하여 영어로 이메일을 보내고 그에게 동의 답변을 받음. 이 과정에서 성악설을 깊이 조사하고 영어로 개념을 정리하는 노력을 하였으며 두 차례의 답변으로 자기 생각을 인정받았다는 자신감을 얻음.

3학년 세부능력 및 특기사항

□□프로젝트 학습동아리(2017.08.14.–2018.07.20.) 미디어 팀에 참여하여 '미디어 이벤트가 남자 청소년의 통일관에 미친 영향–평창올림픽을 중심으로'라는 주제로 담당선생님의 지도를 받아 연구보고서를 작성함. 팀장을 맡아 진행 전반적인 과정에서 주도적인 역할을 함. 연구하며 하고 싶은 것과 할 수 있는 것의 차이, 그리고 할 수 있는 것에 최선을 다하는 법을 배웠다고 자평함.

팀원들이 연구 과정에서 어려움을 맞닥뜨렸을 때 팀원 스스로 문제를 해결할 수 있도록 과제의 난이도를 조절하여 도와주는 협동심과 리더십을 보임. 설문지를 이용해 통계 프로그램(SPSS)을 이용하고 해석하는 과정에서 많이 고민하였으며 이 과정에서 지도 교수와 활발하게 의견을 주고받았음. 연구 진행 과정에서 필요한 방법을 팀원과 다양하게 탐구함.

공립고 학생의 학교생활기록부 중(2016~2018)

부록

부록

1. 학교와 사회 속 실천 : 체인지메이커 교육

과제탐구 수업을 통해서 과정에 대한 학습을 바탕으로 창의적 사고를 통해 문제를 효과적으로 해결하고 긍정적 변화를 낼 방법을 찾아내는 체인지메이커 교육[31]으로 연결해 봤습니다. 여름방학 방과 후 수업 강의를 개설하면서 과학 체인지메이커 수업으로 주제를 잡고 모둠별 스마트기기 1~2대를 활용한 체인지메이커 활동을 할 수 있는 학생으로 강의 대상을 설명한 뒤 학생들을 신청을 받아 수업을 진행했습니다.

가. 범위 제한하기
학생 분석 : 체인지메이커 활동에 익숙하지 않은 학생 또는 처음 하는 학생으로 구성.
범위 제한 : 범위를 '학교 안 또는 학교 주변에서 찾을 수 있는 문제'로 범위를 한정 지어 교사와 함께 수업하면서 접근성과 주제 잡기가 쉬운 활동이 이루어질 수 있도록 진행

나. 학생 활동의 기반이 되는 역량 함양 교육은 주기적으로 교사가 진행
 - 아이디어 산출법 : 브레인스토밍, PMI, 디딤돌프로그램 등
 - 설문지 작성법
   i) 설문지를 통해 얻고자 하는 내용은 무엇인가 정하기
   ii) 어떻게 설문지를 통해서 결과를 수집할 것인지 방법 선택하기
   iii) 꼭 필요한 질문만으로 응답자가 경험을 통해서 효과적으로 대답할 수 있는 질문으로 개인의 민감한 정보 요청하는 질문은 빼고 작성하기
   iv) 쉬운 질문과 방향을 제시하는 질문은 앞쪽에 배치하고 어려운 질문은 뒤쪽에 배치하기. 인구통계학적 질문은 제일 마지막에 배치하기
   v) 조사목적, 조사기관 소개, 응답에 대한 비밀보장 및 연구자의 이름을 표지에 넣어 설문지 작성하기
   vi) 필요한 경우 사전 테스트를 해서 수정한 뒤 설문지 배포하기
     - 직접 인용과 간접인용의 차이점 및 참고문헌 표시법
     - L.M.S.(Learning Management System) 사용법
     - 체인지메이커 체크리스트

---
31) 최선경 외(2018), 체인지메이커교육, 테크빌교육.

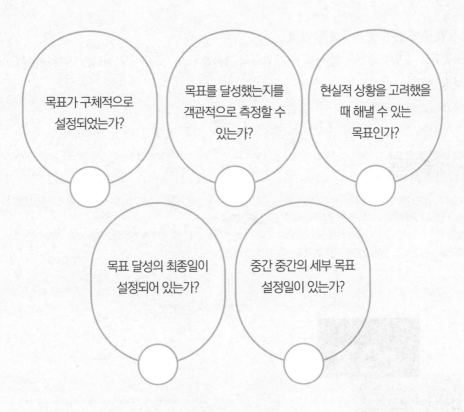

목표가 구체적으로 설정되었는가?

목표를 달성했는지를 객관적으로 측정할 수 있는가?

현실적 상황을 고려했을 때 해낼 수 있는 목표인가?

목표 달성의 최종일이 설정되어 있는가?

중간 중간의 세부 목표 설정일이 있는가?

다. L.M.S.(Learning Management System) Teams 활용한 체인지메이킹 활동

1) 모둠별 브레인스토밍을 통한 주제 설정하기 과정

- Teams의 채팅창을 활용한 브레인스토밍 및 One-Note를 활용해 문제 상황에 대한 사진 촬영 및 사진에 대한 의견 제시

교사의 Tip

사전에 체인지메이커에 대한 개념 이해를 충분히 시킨 뒤 해당 활동을 진행하는 것이 좋습니다. 그리고 브레인스토밍 단계에서는 교사가 조언자의 역할보다는 촉진자의 역할로만 수행해서 학생들의 활동이 자유스러운 분위기 속에서 원활히 활동할 수 있도록 지원을 하는 것이 좋습니다. 초기에 모둠별로 최대한 많은 자료를 취합하는 것이 주제 정교화에 많은 도움이 됩니다.

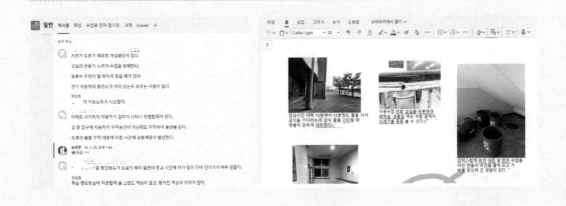

159

2) 모둠별 주제 설정 및 자료수집 과정

- 모둠별로 주제에 관한 논의 사항 및 자료수집 과정을 Teams로 수시로 진행하고 매 수업시간 진행 과정 발표
- 체크리스트를 활용해서 수시 점검
- 수업시간 스마트기기를 가지고 현장에 가서 연구 활동 진행 및 과정 Teams에 탑재

교사의 Tip

학생들이 선정한 주제가 체인지메이커 주제에 맞는지, 현실적 상황에서 실현 가능한 주제인지 학생들과 교사와의 구체적인 의견교환이 상당히 중요합니다. 이 과정을 통해 학생들이 많이 성장합니다.
교실에서만 수업하는 것이 아니라 학생들이 주제로 선정하고 싶은 장소에서 연구 활동을 진행하고 Teams에 기록하면서 교사와 의견교환이 잘 된다면 살아있는 체인지메이커 활동이 될 수 있습니다.

3) 문제를 해결할 방법 찾기 과정으로 진행(아이디어를 구체화 시키고 예상되는 결과를 도출해 보기)

- 모둠과 교사 간 Teams의 화상채팅과 문서 공유 기능을 활용해 수시로 피드백
- 수업시간 발표 및 동료 피드백 과정 진행
- 실제 현장에 적용해 볼 수 있는 주제는 간단하게 적용한 뒤 문제점 파악 및 개선 활동 진행

교사의 Tip

어느 정도 아이디어가 구체화 되었다면 모둠별 동료 피드백 시 장점만 피드백하는 활동을 추천해 드립니다. 단점보다는 장점으로 피드백을 하면서 더 집중해서 잘 들어야 함을 학생들이 느낄 수 있습니다.

4) 실천하기

- 과정상 나타난 문제점에 대한 해결 방안 구체화하기
- 제안서 정교화 작업 및 실천

교사의 Tip

체인지메이커 교육에서는 실천하는 과정이 상당히 중요합니다. 시간이 된다면 제안했던 내용이 이루어졌는지도 함께 확인하는 것도 의미가 있습니다.

학생들과 교사의 집중력이 낮아질 수도 있지만, 꼭 실천하기 단계가 이루어질 수 있도록 모두가 서로를 격려하면서 진행하는 분위기 형성이 중요합니다.

학생들은 자신들이 열심히 작성한 제안서가 현장에 반영되는 과정을 통해 더 큰 성장을 이뤄낼 수 있습니다.

라. 최종 제안서로 실천하기

1) 급식소 줄 개선

아래와 같은 내용을 담은 최종 제안서를 전교 학생회에 상정해서 의견으로 제시함과 동시에 지도교사를 통해 제안서를 교무부장에게 전달

폭염 및 비 오는 날 급식소 앞에 줄을 서서 학생들이 힘들어하거나 급식소 옆 통로에 줄을 서서 이동이 불편함을 개선하고자 한다. 세미나실은 점심시간 활용도가 낮은 것으로 조사된 결과 급식소 옆 세미나실을 활용해 학생들이 줄을 서고 학생회 간부들이 질서유지를 한다.

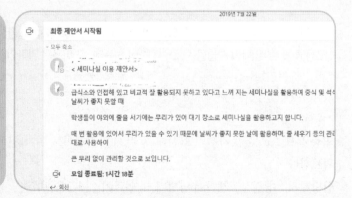

2) 자전거 거치대 입구 불편함 개선

아래 내용을 담은 최종 제안서를 교감 선생님과 상의 후 행정실로 제출하여 최종 개선 사항이 반영됨.

문제 상황 : 자전거를 타고 등교하는 학생들이 앞쪽 교문에 설치된 자전거 거치대를 이용할 때, 그 옆에 설치된 바리케이드 때문에 진입하기 힘들다.

해결방안 : 바리케이드와 바리케이드의 쇠사슬 고정 위치를 우리 학교 운동장에서 바라보는 기준 왼쪽으로 옮긴다.

조사 자료

- 자전거를 타고 등교하는 학생들이 주로 우리학교 앞쪽과 뒤쪽 자전거 거치대 중 무엇을 더 주로 이용하는가?
- 자전거를 타고 등교하는 학생들이 앞쪽 교문 옆 자전거 거치대 이용에 불편함을 느끼는가?

{1, 2} - 내용 두 가지에 대해 스티커를 붙여서 인원을 확인할 수 있는 설문 조사지를 교문 앞, 뒤쪽에 붙여 두어 조사한 결과를 제안서와 함께 제출

- 자전거 진입로의 간격은 어느 정도여야 학생들이 불편하지 않게 다닐 수 있겠는가?

  ==〉자전거 도로 설계 시설 기준은 폭이 25~31m여야 한다.

- 바리케이드의 쇠사슬 고정 위치를 옮기려고 한다면, 쇠사슬을 고정해 둔 것을 풀 방법은 무엇이고, 만약 고정을 풀 수 없다면 사슬을 새로 설치해야 하는데, 그 비용은 얼마인가?

  ==〉현재 학교에서 쓰는 9mm 체인은 1m에 5,400원에 판매되고 있다. 사슬을 반으로 자른다고 가정하면 배송비 포함 약 13,300원 정도가 소모된다.

최종 목표 : 교문 앞 자전거 거치대 쪽 현재 바리케이드 위치 왼쪽에 자전거 진입로에 대한 공간을 확보한다.

담당부서 : 행정실 / 제안서 담당자 및 연락처 : 이○○, 박○○

3) 휘날리는 커튼의 문제점 개선

아래 내용으로 적용을 반복하고 개선점을 파악해서 최종 적합한 자석을 이용한 고정방법을 찾고 있음.

주요 문제점 : 환기나 시원한 바람을 원하지만 햇빛은 가리고 싶은 경우가 있는데 커튼을 치면 커튼이 날리는 불편함이 있다.

설문 조사 결과 : 창가 쪽 학생들이 휘날리는 커튼으로 불편함을 겪고 있는지 조사

풍속 비교 및 풍속에 따른 커튼의 피해 범위 측정

  (커튼의 높낮이에 따라 풍속 비교)

  커튼의 규격 : 약 203cm×205cm

  커튼의 개수 : 약 220개

구상한 방법 : 커튼 밑 부분의 끝부분에 일정 간격으로 자석을 두고 그 밑부분을 아래 그림처럼 했을 때 맞닿는 벽 쪽에 자석용 철판 테이프를 두어서 커튼을 고정시킨다. 고정하되 햇빛도 막고 환기를 할 수 있도록 아래 사진처럼 가운데를 고정할 수 있도록 자석을 설치한다.

자석 : 단추 자석(지름: 26mm)

창가 쪽 커튼이 휘날려서 불편한 경험을 한 적이 있다.
응답 50개

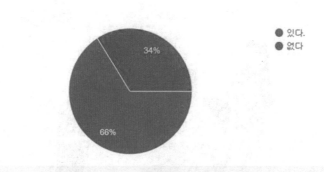

- 있다.
- 없다

34%

66%

마. 학교 외부의 문제 현상을 개선한 체인지메이커 사례

클러스터 과제연구 수업을 통해 주변에서 문제의식을 갖는 태도와 그것을 해결하는 데 필요한 사고력을 길렀습니다. 저희 팀은 전교생을 대상으로 구글 설문을 진행하여 학교 앞 버스 정류장의 인도 폭이 좁은 것에 비해 특정 시간에 붐비는 인파로 서로 부딪히고 넘어지는 등 안전의 위험이 있다는 점을 발견했습니다. 또한, 정차 시간이 매번 달라 어느 위치에서 버스를 기다려야 하는지 모르기에 질서 있는 줄서기가 힘들다는 점도 찾아냈습니다.

우선 충격력과 힘 관련 물리 개념과 외부자극에 반응하는 생명과학의 신경계를 복습하는 등 문제 상황에 대한 이해를 위해 관련 지식을 정리했습니다. 이 과정에서 문제 상황을 해결하려면 여러 정보와 자료를 연결해서 생각할 수 있어야 한다는 점을 배울 수 있었습니다. 또한, 시청과 버스회사에 각각 전화하고 직접 찾아가는 등 문제해결을 도울 수 있는 사회적 연결망을 찾기 위해 노력했습니다.

특히 문제 상황을 모형으로 만들기 위해 스마트폰 앱으로 버스정류장과 그 주변의 실제 길이를 잰 뒤 수학에서 배운 축척의 원리를 이용해 실제 버스정류장 모형을 제작하고 해결책인 소형 발자국 스티커도 만들어 붙였습니다. 이와 함께 시의원 한 분을 직접 만나 ppt 발표를 진행하고, 모형을 보여주며 프로젝트의 가치에 관해 설명함으로써 프로젝트를 진행할 수 있었습니다. 이후 빛의 3원색과 시각 세포를 공부한 것을 토대로 눈에 잘 띄는 발바닥 스티커를 제작해 버스 종류별 정차 위치를 구분해서 붙임으로써 문제를 개선할 수 있었습니다.

2. 과제탐구 결과 공유 방법

학생들의 과제탐구 결과물에서 일반화했을 때 많은 정보를 전달할 수 있거나 높은 가치를 가지는 경우엔 학생들에게 연구결과를 일반화할 기회를 제공하는 것이 좋습니다.

이 과정에서 시간적, 공간적 제약이 있을 때 연구결과를 일반화할 수 있는 몇 가지 방법을 알려드립니다.

1. Publisher 프로그램을 활용해 일반화 결과물 만들기

가. 윈도우키 클릭 – 분류 P에서 Publisher 찾아 실행

나. 실행 초기화면에서 기본제공 양식을 클릭하면

광고, 그림엽서, 달력, 레이블, 메뉴, 명함, 배너, 봉투, 브로슈어, 상장, 상품권, 알림, 업무 문서 양식, 이력서, 인사말 카드, 전단, 전자 메일, 종이접기 프로젝트, 즉석 발행물, 증정 카드, 초대장, 카탈로그, 편지지, 프로그램, 회보의 양식이 뜹니다. 이 중 과제연구의 과정과 결과물을 가장 잘 표현해 줄 수 있는 양식을 클릭하면 다양한 템플릿이 나옵니다.

다. 예로 브로슈어 양식에 대해서 안내합니다.

브로슈어는 박물관 등에 있는 3단으로 접어서 나눠주는 홍보물 같은 것입니다. 브로슈어에 있는 다양한 템플릿 중 과제연구 결과를 가장 잘 표현해 주는 템플릿을 클릭합니다.

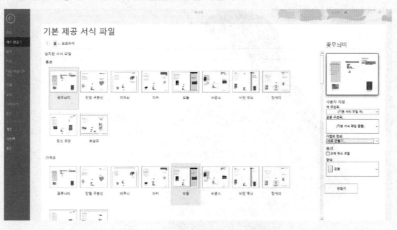

라. 해당 템플릿이 뜨면 자료를 구성해 발행물을 완성합니다.

마. 학생들이 완성한 지구온난화 예방에 관련된 결과물입니다.

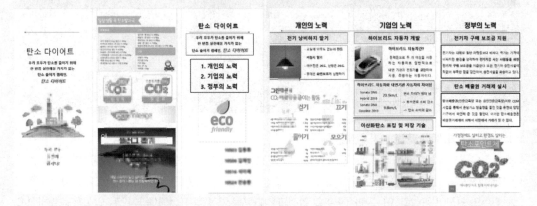

2. Youtube, Facebook 생방송, Teams 화상통화 등을 이용해 SNS로 직접 홍보하기

SNS로 결과물을 홍보할 때는 인터넷 윤리를 지키며 저작권을 보호하며 소통하는 방법을 안내해야 합니다.

참 고 문 헌

1. 교육부(2015a), 초, 중등학교 교육과정 총론[별책 1]. 교육부 고시 제2015-74호.

2. 교육부(2019), 학교생활기록 작성 및 관리지침 일부 개정령 제2019-398호.

3. 김성원 외 6인(2019), STEAM R&E 지도교사 매뉴얼. 교육부, 한국과학창의재단.

4. 노영만 외(2005), 건강위해성평가에 의한 사무실 실내공기오염물질의 관리항목 확대, 한국산업안전보건연구원.

5. 노희진 외 3인(2014), 과학실험안전 안전 매뉴얼(중등), 교육부, 한국과학창의재단.

6. 박선웅외(2014), 사회문화 교과서, 금성출판사. 37쪽.

7. 반기성(2014), 은밀한 살인자 미세먼지, 네이버캐스트 오늘의 과학 지구과학산책.

8. 성기준 외(2004), 식물을 이용한 오염된 실내공기의 정화에 관한 연구, 전북대학교.

9. 신다인(2018), 신과람 교사가 직접 들려주는 R&E 활동 단계별 비법, 과학동아. 부록 p.12-13.

10. 이진희(2004), 실내 조경식물에 의한 가스성 공기오염원 SO2 제거 효과에 관한 연구, 상명대학교.

11. 이홍우(2006), 지식의 구조와 교과, 교육과학사.

12. 정용욱 외 3인(2014), 과학영재의 자유탐구를 안내하는 연구단계별 질문목록 개발. 영재교육연구. 24(1)p63-80.

13. 충북대학교 박봉주 연구팀(2013), 대형건물 내 실내환경조절용 Bio-filtration 시스템을 활용한 에너지 효율 빌딩구축.

14. 최선경 외(2018), 체인지메이커교육, 테크빌교육.

15. 전우진(2018), 학교생활기록부, 경동고등학교.

16. 박성동, 조동희, 이세민(2016), 운동량과 충격량으로 알아보는 차선의 공사장 안전망 찾기, 경동고등학교.

17. 고재건, 박노현, 김효성, 변준호(2017), 스노우 체인의 모향에 따른 최대 정지 마찰력 비교, 경동고등학교.

18. 권유환(2019), 물리학의 감초, 통계역학, 경동고등학교.

책에 수록된 학생 보고서 자료

* 박성동, 조동희, 이세민(2016), 운동량과 충격량으로 알아보는 차선의 공사장 안전망 찾기, 경동고등학교.
* 고재건, 박노현, 김효성, 변준호(2017), 스노우 체인의 모양에 따른 최대 정지 마찰력 비교, 경동고등학교.
* 권유환(2019), 물리학의 감초, 통계역학, 경동고등학교.

부록&워크북

과제탐구 특강의 핵심목표
탐구 주제와 나만의 질문들(근거)을 정리해보자!

내가 이미 배운 것들 중에 질문이 생긴 주제와 이슈
(주제 후보를 문구나 키워드로 간단히 적어보기)

주제 후보 (경험)		1) 수행평가 2) 발표수업 3) 토론 4) 실험 5) 동아리활동 6) 교내대회 7) 학술제 8) 방과후수업
동기 Why		1~2문장
탐구 과정 발표 대본의 핵심 내용 찾기	구체적인 정보 탐색 계획 　　어떤 매체와 사이트, 무슨 자료 등을 참고할 것인가? ➡	
	주제 후보를 구체적인 탐구 주제로 정해보기 　　추상/일반적인 주제가 아닌 교과연계, 생활 속 구체적인 주제로 ➡	
배우고 느낀점 변화 & 성장 (목표)	주제 후보를 정하기 전의 내 경험의 특징/보완하고 싶은 점 ➡	2단계 심화 호기심 & 질문의 확장
	추상적 탐구 주제를 구체적인 생활 속 주제로 바꾸려면 무엇을 공부해야? ➡	

OOO학과는 대체 어떤 역량을 원하는가?
과제탐구 과정의 출발점 찾기!

01) _____ 동아리

A 동기(원인) : _____

B 과정(어려움 등) : _____

C 성취/결과/인상 깊은 점(배움) : _____

_____

D 보완/후속탐구 계획(성찰) : _____

_____

02) _____ 관련 교내대회 & 방과후 수업 등

A 동기(원인) : _____

B 과정(어려움 등) : _____

C 성취/결과/인상 깊은 점(배움) : _____

_____

D 보완/후속탐구 계획(성찰) : _____

_____

〈심박 측정센서 원리를 적용한 웨어러블 사례〉
탐구의 목표 : 동맥 부분에 빛(적외선)을 쏴 주고, 정맥 부분에서 포토 디텍터로 빛의 값을 읽어 계산

프로젝트 학습(교과 과제탐구) - 학생과 교사의 역할
(Larmer, Mergendoller, & Boss, 2015)

| 학생 | 프로젝트학습 과정 | 선생님 |

이 프로젝트에서 무엇을 해야 하는가?
무엇을 알아야 하는가?
이것이 왜 중요한가?
학습한 것을 누구와 공유할 것인가?

과제 명확화

도입 활동을 진행하고 과제(문제, 탐구질문)을 제시한다.
학생들이 [질문 목록]이나 '학습과제 목록' 만드는 과정을 지원한다.

필요한 자원은 무엇인가?
활용할 수 있는 자원은 무엇인가?
수집한 정보를 신뢰할 수 있는가?
과제 수행 과정에서 나의 역할은 무엇인가?

자료수집 및 분석

학생들이 학습 자료를 찾고 활용하는 것을 지원한다.
(필요한 경우) 중요 내용과 개념을 설명한다.
스캐폴딩과 안내를 제공한다.

학습한 것을 과제에 어떻게 적용할 것인가?
새롭게 떠오른 질문은 무엇인가?
더 필요한 정보는 무엇인가?
과제 수행 활동이 제대로 된 방향으로 진행되고 있는가?

해결안 개발 및 타당성 검증

학생들이 학습한 것을 [과제 해결안]에 적용 및 반영할 수 있도록 지원한다.
새로운 지식과 질문을 만들어낼 수 있도록 질문하거나 추가적인 기회를 제공한다.
피드백을 제공하고 모니터링 한다.

과제에 대해 어떤 것을 설명할 것인가?
결과물을 발표하는 최선의 방법은 무엇일까?
이 프로젝트에서 배운 것은 무엇인가,
다음 프로젝트에서는 무엇을 해야 할까?

최종결과물 완성/실행 및 성찰

학생들이 자신(또는 자기 팀)과 타인(또는 다른 팀)의 활동을 평가할 수 있도록 돕는다.
학습 및 프로젝트 과정에 대한 학생들의 성찰을 지원한다.

교과연계 탐구 및 수행평가 & 동아리활동의 근거

생명과학(의학) 분야

01) 줄기세포

참고 도서

《줄기세포 발견에서 재생의학까지》. 샐리 모건(저자). 다섯수레 / 2011.06.01.
: 원제 From Microscopes to Stem Cell Research: Discovering Regenerative Medicine (2006년)

줄기세포의 이해
부풀어 오른 기형종을 발견하다
테라토마란 무엇인가?
줄기세포를 특정한 세포로 바꾸는 데 성공하다
줄기세포의 신비를 밝혀내다
골수 이식에 성공하다
줄기세포는 자가증식이 가능하다

이식과 면역
면역체계 연구가 시작되다
최초로 골수 이식에 성공하다
골수 이식은 어떻게 할까?
이식 거부 문제는 어떻게 해결할까?
줄기세포는 어디에서 발견될까?
골수줄기세포는 어떤 기능을 할까?
피부줄기세포는 어떤 기능을 할까?

중략

배아줄기세포와 성체줄기세포의 장단점을 고려해야 한다
줄기세포를 이식할 때 문제점이 발생할 수 있다

줄기세포의 배양
줄기세포 수백만 개를 만들다

줄기세포 연구의 쟁점
사람들은 왜 인간 배아를 이용한 줄기세포 연구를 우려할까? 72
줄기세포 연구는 어떻게 규제되고 있을까? 74
우리나라에서는 줄기세포 연구를 어떻게 관리하고 있을까? 78
줄기세포 규제의 문제는 어떻게 해결할까?

〈생각하는 생물학강의〉. 유영제(저자). 오래 / 2013.03.30

32) 나노그 : 배아줄기세포는 몸의 어떤 세포든 만들어낼 수 있다. 뇌세포가 될 수도 있고 심장세포가 될 수도 있다. 이 분화를 일으키는 마스터 유전자는 2003년 에든버러대의 이언 챔버스 연구진이 처음 발견했다.
　　연구진은 〈생쥐 배아줄기세포가 다른 세포로 분화되지 않도록 그대로 유지하는 역할을 하는 유전자〉를 발견했고, 그 유전자에 나노그(Nanog)라는 이름을 붙였다.

33) PCR 기법 : 1983년 미국 Cetus사 과학자인 Kary Mullis가 개발한 PCR(중합효소 연쇄반응, Polymerase Chain Reaction)은 특정 DNA 부위를 특이적으로 반복 합성하여 시험관 내에서 원하는 DNA를 증폭시키는 방법. 적은 양의 DNA로부터 많은 양의 DNA를 단시간(2시간 이내)에 합성할 수 있어 염기서열 분석, 유전자 검사 및 바이러스 검사 등의 다양한 분야에 응용. ※ PCR 기술을 개발한 Kary Mullis와 Michael Smith는 1993년 노벨화학상을 수상

신정아(2012). 〈배아줄기세포와 암세포에서 공통적으로 발현되는 유전자의 특성 분석 : Characterization of Genes Specifically Expressed in Embryonic and Cancer Stem Cells〉. 아주대학교(의생명학과 2012. 8)

초록

포유류의 배반포에서 유래한 배아줄기세포의 세 가지 큰 특징은 자가증식 할 수 있고, 체세포나 생식세포 등 모든 형태로 분화가 가능하다는 점과 끊임없이 분열 할 수 있는 증식능력이다. 이러한 배아줄기세포의 능력은 Pou5F1 (Oct4, Oct3/4), Sox2, Nanog, LIN28, KLF4, Myc (c-Myc)과 같은 유전자들이 스스로 혹은 상호 작용을 통해 유지된다.

이러한 주요 유전자는 이미 많은 연구가 이루어지고 있는 바이며, 이 연구 분야를 확장시키기 위한 새로운 유전자의 등장과 다른 유전자와의 상호작용에 대한 연구가 기대되어지는 바이다.
최근엔 이 유전자들 중 **Oct4, Nanog가 암세포에서도 발견되어진다는 연구가 있다. 암세포에서 활발히 연구되어지는 대상인 암줄기세포는 줄기세포와 같은 특징을 공유**한다. 줄기세포와 암줄기세포의 중복되는 유전자를 연구함으로써, 배아줄기세포뿐 아니라 암세포에 대한 공통된 특징이나 각각의 이해를 돕는 새로운 메커니즘을 제시한다.

우리는 Digital differential display (DDD)를 통해서 **인간배아 줄기세포와 여러 가지 다양한 암세포들에서 공통적으로 발현하는 유전자 중 가능성이 높은 후각수용기의 한 유전자를 선택**하였다. 이 유전자를 과발현시키기 위해 바이러스 벡터에 주입하였으며, 바이러스를 이용한 형질전환방법을 이용하였다. 이를 Mouse embryonic fibroblast cell, Human neural stem cell과 Human embryonic kidney cell에 주입하여, 세포주기를 측정하였다.

오직 Human neural stem cell과 Human embryonic kidney 에서만 세포주기가 변화되는데, 이는 후각수용기 유전자의 작용을 증폭시키는 보조 단백질인 Muscarinic receptor3가 세포 자체에서 발현되어지고 있기 때문에, 후각수용기 유전자가 오직 Human neural stem cell과 Human embryonic kidney에서만 세포주기에 영향을 미치고 있음을 알 수 있다.

인간 배아줄기세포와 암세포에 공통적으로 발현되면서, 세포주기조절 능력에 영향을 미치는 새로운 유전자에 대한 연구는 인간배아줄기와 암세포를 동시에 연구할 수 있는 단서를 제공하며, 이 세포들에 관한 연구와 치료에 있어 큰 공헌을 할 것이라 기대된다.

문가람(2014). 〈줄기세포배양액을 이용한 여드름 개선〉. 성결대 교육전문대학원(미용교육 2014. 8)

초록

본 연구는 여드름 대상자에게 줄기세포 배양액을 적용 후 여드름 증상 개선 및 항균 효과를 규명하기 위한 자가 대조(self-control) 사전-사후 우월성 실험 연구이다. 대조군 설정의 방법론에서 나이, 체질, 라이프스타일, 여드름 증상의 정도 등에서 환자들 간에 차이가 크게 나타나므로 군 간의 동질성에 영향을 미치게 된다. 따라서 이를 통제하기 위하여 여드름 진단을 받은 환자로 연구 목적에 부합한 15명의 임상대상자 개개인의 얼굴을 한쪽은 대조부위, 다른 한쪽은 실험부위로 하여 무작위 배정하여 비교 연구하기로 하였다.

실험 기간은 6주였고, 주1회 실험을 실시하였다. 실험 전, 실험 2주 후, 실험 4주 후, 실험 6주 후에 피지분비량, 피부 P. acnes 수, 피부 상재균 수를 측정하였다. 실험부위는 여드름 부위 중앙에 미세 침을 니들링 한 후, 줄기세포배양액 10%를 1일 2회씩 아침, 저녁 도포하였고, 주 1회 총 6주간 여드름 치료를 중재하였다. 대조부위와 실험부위는 연구 기간 동안 동일한 홈 케어 제품을 사용하였다.

본 연구 결과에 있어서 여드름 증상개선의 부분에서 살펴보면, 피지분비량은 실험부위는 볼1(p=.0079), 볼2(p=.0041), 이마2(p=.0007), 턱1(p=.0001), 턱2 (p=.0021)에서 유의한 감소하였으며 코(p=.0521), 이마1(p=.0651) 부위에서도 감소는 하였지만 통계적 유의성을 보이지는 못하였다.

P. acnes 수의 변화에서 실험부위는 코(p=.0163), 이마2(p=.0477)와 턱2(p=.0013) 부위에서 유의하게 감소하여 통계적 유의성을 보였고 나머지 볼1, 볼2, 이마1, 턱1부위에서는 감소는 하였으나 유의성을 보이지는 못했다. 피부 상재 균수의 변화에서 실험부위는 볼1(p=.0497), 턱2(p=.0033) 부위에서 유의하게 감소하여 통계적으로 유의성을 보였다. 나머지 부위인 볼2, 턱1, 코, 이마1, 이마2에서도 감소는 하였으나 유의성은 보이지 않다. 대조부위는 모든 부분에서 유의하게 감소하지 않았다.

이상으로 줄기세포배양액을 이용한 여드름 증상개선 프로그램을 적용 하여 여드름 증상 개선 및 항균 효과에 효과적임을 확인 하였다. 줄기세포 배양액을 적용한 여드름 증상개선은 여드름의 내용학적 측면에 접근하여 줄기세포 배양액의 효과를 과학적으로 입증하였다는데 의의가 있으며 이를 토대로 기존 치료와 병행되어지기를 기대한다.

02) 인공장기(임플란트)

〈손에 잡히는 바이오 토크〉. 김은기(저자). 디아스포라 / 2015.09.21

〈영화 속의 바이오테크놀로지〉. 박태현(저자). 글램북스 / 2015.05.10

● 참고 논문 및 칼럼 ●

배형선(2009). 〈인공망막 기반의 시각장애보조기 디자인 연구 = Investigation of the design for vision prosthesis by based on artificial retina〉. 홍익대학교 대학원(산업디자인학과 2009. 2)

초록

전 세계적으로 약 천만 명에 이르는 시각장애인이 **망막색소변성(Retinitis Pigmentosa; RP) 또는 연령 관련 황반변성(Age-relatedMacularDegeneration;AMD)이라 불리는 망막 손상에 의하여 시각을 잃은 것**으로 알려져 있다.

RP와 AMD에 의한 시각장애는 선진국에서의 자연 발생적 시각 장애 중 가장 큰 비율을 차지하고 있으며 망막이식, 유전적 치료법, 약물치료 등이 연구되고 있으나 현재까지 시각을 회복하기 위한 어떠한 효과적인 방법도 개발된 바가 없다.

이러한 RP와 AMD에 의한 시각장애는 망막의 광수용세포(Photoreceptor)가 손상되어 시력을 잃게 되는 것이며, 그 밖의 시신경 및 신경절세포(Ganglioncell)는 정상적인 기능을 하고 있는 경우가 많다.
따라서 **광감각세포의 역할을 대체하는 칩을 망막에 삽입함으로써 시력을 회복할 수 있는데, 이러한 인공시각전달장치**[34](ArtificialVision,Visionprosthesis)를 인공망막(ArtificialRetina)이라 한다.

인공시각전달장치의 기본 개념은 안경에 장착한 작은 카메라가 얻은 **디지털 영상신호를 프로세싱 처리하여 시신경을 자극할 수 있는 전기신호로 변환하여 이를 안구 뒤쪽에 수술하여 삽입한 전극을 통해 뇌로 전달하여 시각을 보존시키는 것**으로써 남캘리포니아 주립대, 버클리 캘리포니아주립대, 캘리포니아공대, 매사추세츠공대, 하버드대 등 세계 유수의 대학에서 연구되고 있으며, 국내에서는 보건복지가족부, 교육과학기술부의 지원을 받아 **서울대학교 초미세생체전자시스템 연구 센터와 서울대학교병원 나노인공시각 개발센터 연구팀이 개발**하고 있다.

최근 들어 전자공학과 의학, 디자인과 인간공학 등 학문간 교류에 의한 연구를 통해 보다 폭넓은 사고와 이해를 바탕으로 학문의 질적인 성장을 도모하고 있으며 이러한 성과들은 국가경쟁력 제고에 이바지하고 있고 정부 기관에서도 이를 적극 지원하고 있는 상황들을 볼 때, 향후 다양한 학문 간의 교류가 활발해 질 것이며 자인 분야 또한 다양한 타 학문과의 교류 연구에 관심을 가져야 할 것이다.

34) 인공시각전달장치 : 인공망막 장치는 시신경 과학(visual neuroscience)과 안과학(ophthalmology), 전자공학, 재료공학 등 여러 가지 학문 분야의 기술이 동시에 필요한 영역임.

이에 따라 본 연구는 '인공망막 기반의 시각장애보조기'를 디자인함에 있어서 해당기술 연구자와의 지속적인 교류를 통해 디자인 과정에의 정확한 기술 적용과 기술 개발과정에서 디자인 부분에 대한 연구자의 이해를 도모하여 성공적인 연구를 진행함으로써 디자인과 타 학문과의 교류 연구에 표본이 될 수 있는 사료로써 향후 연구자들에게 도움을 주는 것을 목적으로 진행되었으며, 3가지의 디자인 모델을 통해 의료공학과 디자인의 교류 연구의 합리적인 절충점을 모색하였다.

이준희, 박수아, 김완두(2013). 〈3D 프린팅 기술의 조직공학 및 재생의학 분야 응용〉. 대한기계학회(논문집. Transactions of the KSME. C, 산업기술과 혁신). 21–26(6쪽)

초록

본 논문에서는 최근 미래 신산업 혁명을 주도할 유망기술로 각광 받고 있는 3D 프린팅 기술과 이를 이용한 조직공학 및 재생의학[35] 분야의 응용 기술을 살펴보았다. 한국기계연구원에서는 3D 프린팅 기술을 바탕으로 독자적인 3D 바이오프린팅 장비를 설계 및 제작하였으며, 개발된 3D 바이오프린팅 장비를 이용하여 다양한 분야에 적용이 가능한 3D 형상의 조직공학용 스캐폴드를 제작하였다.

또한 **세포와 생체재료를 3D로 직접 프린팅 할 수 있는 세포 프린팅 기술을 개발하였으며, 이는 인공장기 개발 분야의 원천 기술로 조직공학 및 재생의학 분야에 3D 프린팅 기술이 활용될 수 있는 기반을 확립**하였다.

35) 조직공학 및 재생의학 : 손상된 조직이나 장기를 복원, 재생 혹은 대체하여 정상기능을 회복하고자 생물학적 대체 이식재를 개발하는 기술을 조직공학 혹은 재생기술이라 함.

· 희귀난치질환 발병률 및 안전사고 발생빈도 증가 등 사회적 변화에 따라 인체 조직 및 장기 손상 혹은 기능저하 사례가 점차 증가하는 추세
· 초기 화상치료를 위한 인공피부에 집중된 조직공학 및 재생기술은 현재 심장, 간, 혈관 등 다양한 조직과 장기타입에 맞춰 증가하고 있으며 줄기세포, 바이오소재 등의 관련 분야 기술수준의 향상을 통해 관련 산업도 빠르게 활성화 추세

03) 유전자&게놈

참고 도서

〈유전자의 내밀한 역사〉. 싯다르타 무케르지(저자). 이한음(역자). 까치 / 2017.03.06.
: 원제 The gene: An intimate history (2016년)

제1부: "빠져 있는 유전 과학" 1865-1935

제2부: "부분들의 합에는 부분들만 있을 뿐이야" 1930-1970

제3부: "유전학자들의 꿈" 1970-2001

제4부: "인류가 연구할 대상은 바로 인간이다" 1970-2005

제5부: 거울 속으로 2001-2015

제6부: 유전체 이후 2015-…

〈생명 설계도, 게놈〉. 매트 리들리(저자). 반니 / 2016.02.28.
: 원제 Genome: The Autobiography of a Species in 23 Chapters(1999년)

1번 염색체 – 생명

2번 염색체 – 종

3번 염색체 – 역사

4번 염색체 – 운명

5번 염색체 – 환경

6번 염색체 – 지능

7번 염색체 – 본능

● X와Y 염색체 - 충돌

8번 염색체 – 이기주의

9번 염색체 – 질병

10번 염색체 – 스트레스

11번 염색체 – 개성

12번 염색체 – 자가 조립

13번 염색체 – 유사 이전

14번 염색체 – 영생불멸

15번 염색체 – 성

16번 염색체 – 기억

17번 염색체 – 죽음

18번 염색체 – 치료

19번 염색체 – 예방

20번 염색체 – 정치학

21번 염색체 – 우생학

22번 염색체 – 자유의지

● 참고 논문 및 칼럼 ●

이강희(2006). 〈유전자 로봇의 개성을 위한 진화 발생 알고리즘 : Evolutionary generative algorithm for genetic robot's personality〉. 한국과학기술원(전자전산학과 전기/전자공학전공 2006.)

초록

유비쿼터스 로봇(ubiquitous robot ; Ubibot)은 유비쿼터스 공간(ubiquitous space ; u-space)내에서 지능(intelligence)중심의 소프트웨어 로봇(software robot; Sobot), 센싱(sensing)중심의 임베디드 로봇(embedded robot ; Embot), 이동성(mobility) 중심의 모바일 로봇(mobile robot ; Mobot)을 융합하는 로봇으로 새롭게 정의 되며, u-space상에서 네트워크를 통해 언제 어디서든 임의의 형태로 서비스가 가능하다.

이 개념은 공통의 통신 규약을 가지는 Ubibot들 사이에 자유롭게 이동이 가능한 로봇 게놈을 매개체로 구현이 가능하며, 본 논문에서는 진화연산과 신경회로망 알고리즘을 이용하여 이 로봇 게놈을 제작하고자 한다. 제작된 로봇 게놈을 매개체로 네트워크로 Sobot을 일반 PC등과 Mobot으로 이동시키며, Embot과 연동하여 사용자와 상호작용을 하는 실험을 통해 그 실효성을 입증한다.

유전자 로봇(genetic robot)이란 자신의 고유한 유전자 코드(genetic code)를 가지는 인공생명체나 로봇으로 정의된다. 본 논문에서 제안된 생명체의 유전자 구조를 모사한 이 유전자 코드는 다수의 인공염색체(artificial como some)들로 구성된 하나의 로봇 게놈[36](robot genome)을 의미한다. 로봇 게놈에 정의된 14개의 각 염색체들은 환경과 상호작용을 하면서 로봇 내부의 동기, 항상성, 감정 상태들의 변화와 그에 따른 발현 행동을 결정하는 로봇 고유의 인격(robot personality)을 정의하게 된다.

각 염색체는 각 내부상태(internal state)와 관련된 기초 유전자(fundamental gene; F-gene), 내부상태 유전자 (internal state gene; I-gene), 행동 유전자(behavior gene; B-gene)로 구성되어 있으며, 현재 하나의 염색체 당 각각 5개, 47개, 77개의 유전자로 구성되어 있어 하나의 로봇 게놈에서 존재하는 유전자는 대략 1806개 정도이다.

이와 같은 로봇 게놈 구조는 다양한 종류의 유전자의 삽입과 제거가 용이하며, 타 로봇과의 결합을 통한 코드의 재생산(reproduction), 타 로봇으로의 재사용(reusability) 또는 상속(inheritance)의 장점을 가진다. 그러나 너무 많은 유전자 개수로 인해 수동으로 작성하기가 어렵고, 신뢰성과 정확성을 가지기가 쉽지 않다는 문제점을 지닌다.

이와 같은 장단점에 착안하여, 본 논문에서는 유전자 로봇의 인격을 위한 진화 알고리즘(evolutionary generative algorithm for genetic robot's personality ; EGAGRP)을 제안하고, 진화 연산을 이용하여 로봇 게놈을 사용자의 취향대로 GUI를 통한 간단한 파라미터 조절을 통해 쉽게 제작하고자 한다.

인지 시나리오(perception scenario)를 통해 유전자 로봇이 매 세대 당 자극입력을 받고 그에 따른 내부 상태 및 행동 출력을 내보내면 이들을 적합도(fitness)로 평가하는 과정을 거치며, 결과적으로 사용자가 원하는 유전자 로봇의 인격을 형성하는 로봇 게놈을 만들어내게 된다. 이 과정에서 로봇 게놈 초기화와 마스킹(masking) 방법, 로봇 게놈 구조에 적합한 교차(crossover)와 돌연변이(mutation) 새롭게 제안된다.

36) 로봇 게놈 : 미국과 유럽의 연구자들은 생물학 실험의 반복적인 작업에 자동화 로봇을 도입하고 복잡한 생물학 데이터를 통합 관리할 수 있는 소프트웨어를 개발해 표현형 데이터를 빠르게 생산하기 시작했다.
특히 합성생물학 기반 기술로 DNA 부품을 조립해 원하는 유전자형을 만들고 자동화 로봇을 통해 그 표현형을 시험하는 방식으로 라벨링 데이터를 획기적으로 빠르게 생산할 수 있게 됐다.

미국 생명공학기업 아임리스는 이런 방식으로 3분마다 새로운 유전자형 균주를 만들어 7년간 15개의 제품을 성공적으로 출시했음.

또한 인격정보를 지닌 로봇 게놈을 신경회로망(neural net)을 이용하여 제작하기 위해 유전자 로봇의 인격을 위한 신경 회로망 알고리즘[37]neural network for genetic robot's personality ; NNGRP)이 제안된다. 여기서 EGAGRP에서 이미 사용되었던 유전자 로봇의 인격 형성을 위한 적합도 함수, 로봇 게놈이 다시 재사용되며 이를 통해 이들의 보편성을 재확인한다.

또한 유전자 로봇의 사용자의 인격 유형을 객관적으로 판단하는 MBTI 검사를 통해 나온 결과를 신경회로망을 통해 자동적으로 3차원 자기 조직 지도(self-organizing feature map for MBTI ; SOMMBTI)로 표현하는 알고리즘을 제안한다. 이렇게 표현된 SOMMBTI를 통해 사용자가 자신의 성격과 비슷하거나 또는 자신의 성격을 보완 치료하기 위한 반대되는 유전자 로봇을 설계할 수 있는 방법론을 제안한다.

최만회(2010). 〈특허법에 의한 유전자 보호에 관한 고찰 = (A) study on the protection of a gene by the Patent Law〉. 경희대학교 국제법무대학원(지적재산권법무학과 2010. 2)

초록
유전공학과 IT 기술이 비약적으로 발전하면서 조직 및 세포와 같은 인체의 일부분을 사용하여 인간유전체를 연구하는 방법들이 끊임없이 개발되어, 마침내 21세기 들어서 휴먼게놈프로젝트(HGP; Human Genome Project)를 통하여 인간 유전체지도를 완성하고 DNA를 서열화함으로써 유전공학 관련 기술에 대한 대중의 관심을 크게 증폭시켰다. 이는 유전공학기술이 의료, 식품, 환경문제 등에 산업상 이용 가능한 막대한 잠재적 이용가치를 가지고 신약개발 등과 같은 고부가가치를 창출할 수 있기 때문이다.
 선진국들은 이미 고부가가치 지식산업으로서의 유전공학의 중요성을 깨닫고, 유전공학 분야에 집중적인 투자와 지원을 위한 제도적 장치를 마련함과 아울러, 보호의 수위를 높여 적극적으로 유전공학관련 산물들을 보호함으로써 자국의 유전공학 산업을 집중적으로 육성하려는 움직임을 보이고 있다.

이러한 상황에서 우리나라 특허청은 1998년 3월에「생명공학분야 특허심사기준」을 제정하고, 2000년, 2003년 및 2005년 3차례에 걸쳐 개정하는 등 유전자 기술을 포함하여 급속히 발전하고 있는 생명공학 분야의 새로운 기술을 보호하고 관련 산업을 육성하기 위하여 노력해 왔지만, 실제로 유전공학 관련 기술을 둘러싼 지적재산권 보호에 대한 논의는 별로 활발하지 않았다고 판단된다.

그 이유는, 첫째로 유전공학 관련 기술을 화학기술의 연장으로 보고서 특허법상의 제도적 논의를 적극적으로 하지 않았기 때문이고, 둘째로 유전공학 관련 기술의 특허성을 선진국에서 먼저 인정하였기 때문에, 우리 특허법의 자생적인 논리에 따라서 인정하지 못하고 시대적 변화에 따라서 미국·EU(유럽연합)·일본 등의 제도를 모방하기에 급급하였기 때문이라고 사료된다.

유전공학 기술의 연구 개발을 위해서는 막대한 자본과 인력이 투입되기 때문에 투자를 회수하고 싶은 현실적 욕구가 커지게 되어서 일반적으로 특허권의 보호범위를 넓게 가지려 하는 경향이 강하게 나타난다. 게다가 유전공학의 기술특성상 장기간의 연구개발을 통해서 특허가 나오는데도 오히려 도용되기가 쉬운 점이 있으므로, 유전공학 관련 산물들의 지적재산권을 강도 높게 보호해 주어야 한다는 공감대가 국제적으로 형성되어 있어서, 특히 미국, 유럽, 일본 등 선진국은 보호수위를 높여 적극적으로 유전공학 관련 산물들을 보호함으로써 자국 유전공학 산업을 육성하려는 움직임을 보이고 있다.한, 특허권은 무형의 재산

---

37) 신경회로망 알고리즘 : 유전알고리즘을 사용하여 이동로봇의 최적제어이득을 구한다. 로봇 방정식이 비선형식이므로 초기치에 따라 최적제어이득은 다르게 결정된다. 따라서 초기치 범위를 적절한 개수의 격자점으로 이산화시킨 뒤 해당 격자점에서 유전알고리즘으로 최적제어이득을 구한다.
일반적인 초기치에 대한 제어이득은 신경회로망으로 구하며 해당 격자점의 초기치와 그에 대한 최적제어이득을 신경회로망 학습데이터로 사용하고 학습시킨다.

(출처: 신경회로망과 유전알고리즘에 기초한 이동로봇의 제어 이득 최적화. 한국정보통신학회논문지[JKIICE]. 2016, vol.20, no.4, pp. 698-706 (9 pages))

권이기 때문에 국경을 초월해 점점 국제적으로 뻗어나가는 성질을 가지고 있다. 이와 관련하여 세계지적소유권기구(WIPO; World Intellectual Property Organization)에서는 2000년 6월 실체특허법조약(SPLT; Substantive Patent Law Treaty)이 타결되었고, 2008년 1월 현재 16개국이 가입함으로, 그동안 일부 선진국에만 유리하게 작용하던 유전공학 관련 기술의 보호수준은 점차 세계적으로 통일화되어 갈 것으로 보인다.

우리가 유전공학 관련 산업을 육성하여 21세기 국가경쟁력으로 연결시키기 위해서는 신기술을 창출하여 널리 이용시키는 것이 중요하다. 그렇게 하기 위한 방법으로는 지적재산권 보호에 의한 동기를 부여하여 창작적 연구 활동을 촉진시키는 사전 경쟁의 방법과, 일단 법적·제도적으로 보호받고 있는 새롭게 창출된 지식·기술을 널리 이용시키는 사후 경쟁의 방법이 있다.

하지만 사전·사후 어느 쪽 경쟁이 정체되더라도 기술의 지속적인 혁신은 불가능하게 된다. 만일 유전공학 특허에 대해 너무 넓은 권리범위를 인정하게 되면 사전 경쟁은 촉진할 수 있으나 사후 경쟁이 억제되어서 개량발명의 촉진을 정체시킬 수 있기 때문이다. 유전공학 관련분야는 특히 기술의 누적성이 높은 개량발명을 산출하는 분야이기 때문에 사후경쟁을 촉진하는 것이 보다 중요하다. 따라서 유전자와 단백질을 비롯한 유전공학적 산물의 경우에는 과도하게 넓은 권리범위를 제한함으로써 사후경쟁을 보다 활성화시켜야 한다고 생각된다.

04) 바이러스

〈종의 기원, 바이러스〉. 나카야시키 히토시(저자). 김소연(역자). 영림카디널 / 2017.06.10.
: 원제 ウイルスは生きている

---

38) 유전자 제어 모듈 : '라이보자임 기반' 유전자 전사 후 수준에서의 표적화를 통해 질환 특이적으로 유전자 발현을 유도, 제어 및 자가 조절할 수 있는 기술을 개발. 이후 질환모델에서의 유효성 검증 및 최적화하여 전임상, 임상연구에 적용 가능한 난치성 질환에 대한 유전자치료제 신약 후보물질을 도출함.

  – ribozyme 발현 바이러스 벡터는 난치성 질환의 특이적이며 효과적인 유전자치료제후보 물질로서 전임상, 임상연구에 활용.
  – 질환 특이 RNA 및 단백질을 표적하여 유전자 기능을 유도, 매우 특이적인 신규 유전자치료기술

〈바이러스 행성〉. 칼 짐머(저자). 이한음(역자). 위즈덤하우스 / 2013.02.28.
: 원제 A Planet Of Viruses (2011년)

오래된 동료
특이한 감기: 리노바이러스
별에서 내려오다: 인플루엔자바이러스
불 난 토끼: 인유두종바이러스

어디든 모든 것에
우리 적의 적: 박테리오파지
감염된 바다: 해양 파지
우리 안의 기생체: 내생 레트로바이러스

바이러스의 미래
새로운 천벌: 사람 면역결핍바이러스
미국으로 진출하다: 웨스트나일바이러스
다음 전염병을 예측하기: 중증급성호흡기증후군과 에볼라
영원히 안녕: 천연두

● 참고 논문 및 칼럼 ●

강인학(2017). 〈바이러스의 금속 나노복합체 제조 및 이를 활용한 연료 전지 촉매 연구 = Study on Fuel Cell Catalysts Based on Virus-Metal Nanocomposites〉. 인천대학교 일반대학원(화학과 전기화학 2017. 2)

최동혁(2010). 〈노로 바이러스 검출을 위한 real-time nucleic acid seqeunce based amplification 분자진단법 연구〉. 연세대학교 대학원(임상병리학과 2010. 2)

초록

노로바이러스는 급성 위장염을 일으키는 RNA 바이러스이다. 주로 오염된 음식이나 물에 의해 전염되며, 감염 후 24~48 시간 후에 발병이 된다. 노로바이러스는 유전적인 특징에 따라 G1 ~ G5 genogroup으로 나뉘며, 이중 G1과 G2 group이 인간에게 질병을 일으킨다.

우리나라에서 최근 노로바이러스에 의한 식중독 사고가 증가하고 있고, 사계절 내내 발병을 일으키며 특히 겨울철에 급등하는 특징을 가지고 있다. 따라서 빠르고 높은 민감도와 특이도를 가진 방법으로 이 바이러스를 검출해야하는 필요성이 대두되었는데, 현재까지 노로바이러스 검출을 위한 몇가지 방법이 개발되어 실행되고 있다. 노로바이러스는 In vitro상에서 배양하기 어려운 특징 때문에 분자진단학적인 검출법이 개발되고 있다.

본 연구는, 노로바이러스 genogroup G1과 G2에 높은 특이도와 민감도를 가지고 있는 molecular beacon을 사용하는 Nucleic acid sequence-based amplification (NASBA)[39]를 Real-time 기법을

---

39) NASBA(분자수준검출기법) : 표적 RNA 검출 기술로서 nucleic acid sequence-based amplification(=NASBA) 기술이 개발되었다. NASBA 기술은 등온 조건(41℃)에서 표적 RNA의 증폭 반응이 구현되는 등온 핵산 증폭 기술임.

본 기술의 경우, RNA 증폭 반응이 오직 T7 RNA 중합효소의 전사 반응에만 의존한다. 따라서, 표적 RNA로부터 T7 프로모터를 포함하는 이중가닥 DNA가 생성되는 반응의 효율이 낮을 경우, RNA 증폭 반응 효율이 저하될 수 있으며, 이는 착오 신호(false signal)를 발생시키는 요인으로 작용할 수 있다.

통해 바이러스를 정량적으로 검출하는데 그 목적이 있다. NASBA는 RNA를 주형으로 하여 RNA를 DNA로 만들어 다시 다량의 RNA를 증폭하는 방법이다. NASBA 기법을 이용한 노로바이러스 검출은 Real Time-Polymerase Chain Reaction (RT-PCR)을 이용한 검출법과 비교해 상응한 민감도와 특이도 뿐만이 아니라 검출 시간을 줄일 수 있는 장점이 있다.

이러한 Real-time NASBA를 이용하여 검체에서 직접 노로바이러스 RNA를 추출하여 높은 민감도와 특이도로 진단에 이용할 수 있는 방법을 개발하는 것이 이 논문의 연구 목표이다. 본 연구의 결과 노로바이러스 genogroup 1과 2에 적합한 primer와 probe를 제작하여 Real-time NASBA의 실험조건을 확립하였다. 먼저 노로바이러스에 대한 Real-time NASBA를 위해 제작된 각각의 primer를 이용하여 RT-PCR을 실행하였다.

다음으로, Real-time NASBA에서 최적의 primer와 probe의 비율이 1 : 1일 때 가장 좋은 signal이 검출되는 것을 확인하였으며, real-time NASBA 최적의 Running time을 90 분으로 정하였다. 그리고 이 조건들을 바탕으로 probe의 각각의 genogroup에 대한 특이도를 확인하였다. 기존의 RT-PCR과 Real-time NASBA의 민감도를 비교하기 위해 노로바이러스 G1과 G2 genogroup의 RNA를 정량하여 민감도 실험을 진행한 결과 RT-PCR에 비해 100배 이상의 민감도를 확인하였다.

본 연구의 결과를 바탕으로, **NASBA 기법을 이용한 노로바이러스 RNA 검출에 관한 연구는 노로바이러스 이외에 유사한 다른 RNA바이러스 검출을 위한 연구에 도움을 줄 수 있을 것이다.**

05) 뇌&커넥톰

참고 도서

40) 커넥토믹스 : 커넥토믹스란 뇌 신경망 연결지도, 이른바 "커넥톰"(connectome)을 작성하고 이를 분석하여 신경회로의 구성 및 작동 원리를 이해하고자 하는 새로운 뇌과학 분야입니다.
단 1mm3 크기의 포유류 대뇌피질 조직샘플에는 약 5만 개의 뉴런(신경세포)과 3억 개의 시냅스(뉴런간의 연결)가 빽빽하게 들어차있는 것으로 추정되고 있습니다.
현재 커넥토믹스의 당면 목표는, 1mm3 크기의 포유류 대뇌피질 조직샘플 안에 담긴 신경회로를 개별 시냅스 수준에서 3차원적으로 완전히 재구성하는 것입니다.
이를 위해 초고속 3차원 전자현미경(high-throughput 3D electron microscopy) 기술을 이용해서 뇌조직의 3차원 이미지를 나노미터 해상도로 촬영하고,
3차원 이미지 안의 개별 뉴런을 모두 구획하여 신경회로를 3차원으로 재구성하게 됩니다.

문경수(2010). [academia] 〈뇌신경 연결지도 '커넥톰' 나온다〉. 동아사이언스. 134-137(4쪽)

도입 파트

커넥톰 연구에서 상반된 주장을 펼쳐온 뇌과학자들이 이번 국제학술대회에서 최초로 만났다. 그간 뇌신경 연결지도를 만드는 연구는 두 그룹을 중심으로 진행돼왔다. **자기공명영상법(MRI)**을 이용해 거시적 관점에서 뇌 영역 간의 연결성을 파악하려는 그룹과 광학현미경이나 전자현미경[41]을 써서 세포 수준의 미시적인 연결성을 파악하려는 그룹이다. 이들은 연구 방법분 아니라 뇌를 바라보는 관점도 판이하게 다르다.

한 번 기억된 정보는 변하지 않는다는 현미경 그룹과 기억된 정보는 외부환경에 따라 끊임없이 변한다는 MRI 그룹의 주장이 팽팽한 대립구도를 이뤘다. 이번 학술대회에 참석한 양 진영의 뇌과학 석학들을 만나 각 진영의 커넥톰 연구방법과 입장을 들어봤다.

임솔(2015). 〈인간 뇌의 구조적 커넥톰: 뇌의 구조적 네트워크 발달에 관한 분석 및 시뮬레이션 = (The) human structural connectome: Analysis and simulation of brain network development〉. 서울대학교 대학원(뇌인지과학과 2015. 8)

초록

우리는 거시적으로는 뇌의 회백질(grey matter)이 백질(white matter)의 축삭다발 (axon bundles)을 통해 어떤 식으로 연결되어 있는지를, 미시적으로는 신경 세포들의 축삭(axons)과 가지돌기(dendrites)가 어떻게 연결되어 있는지를 그래프 (graph) 이론으로 자연스럽게 표현하고 연구할 수 있습니다. 이렇게 뇌 속의 신경세포들 연결 지도와 같은 것을 커넥톰(connectome) 이라고 부릅니다.

이렇게 뇌의 연결 지도를 그래프(혹은 네트워크)로 표현함으로써 우리는 여러 종들의 뇌를 같은 틀 (framework)에서 연구할 수 있습니다. 그러나 뇌는 위상적인 특질분만 아니라 뇌가 실재하는 물리적인 공간(embedding space)과 대사 비용(metabolic cost)의 제한을 받습니다. 따라서 위상적인 (topological) 특질들과 공간적인(spatial) 특질들을 동시에 고려해야 합니다. 이 특질들은 뇌가 발달하면서 많은 변화를 보이게 됩니다.

본 연구에서는 뇌가 발달할 때 뇌의 연결 지도가 어떻게 조직이 되고 또 재편성 되는지 미시적, 거시적 관점을 통하여 알아보았습니다. 여기서 미시적 관점은 신경세포 간 시냅스 연결을 말하고 거시적 관점은 뇌의 각 영역 간 연결을 확산텐서영상[42](Diffusion Tensor Imaging, DTI)을 통해 알아보는 것을 말합니다. 더불어 두 단계 커넥톰 발달 가설(Two-stage connectome maturation hypothesis)을 통하여 이 두 가지 관점을 연결시킴과 동시에 건강한 뇌의 커넥톰과 병리적 뇌의 커넥톰이 어떻게 다르게 발달 할 수 있는 지에 대한 예측과 새로운 관점을 제시하였습니다.

---

41) 저온 전자현미경 : 전자현미경은 탈수되어 레진이 포매된 유기적 시료를 연구하는데 성공적으로 사용되어 왔지만 현대 EM생물학 연구에서는 시료를 극저온으로 빠르게 냉각하여 물 분자의 결정화 시간을 없애 본래의 시료 구조를 유지하는 혁신적인 방법인 저온 전자현미경(cryo-EM)이 핵심으로 자리잡고 있습니다. 시료를 동결한 후 다양한 EM 기술을 사용하여 2D나 3D로 시료의 "스냅샷(snapshot)"을 시각화합니다. 이 작업은 저온 단층촬영으로 이미지화된 세포 소기관에서부터 거의 원자 분해능 수준의 단일 입자 분석(single-particle analysis)에 이르기까지 다양한 분해능에서 수행할 수 있습니다.

42) 확산텐서영상(DTI) : 확산텐서 영상술은 생체의 백질 구조를 비관혈적으로 측정하는 유일한 기법임. 영상 분석기법의 개발로는 확산텐서영상의 영상 왜곡을 보정하기 위한 비선형 영상 정합 기법의 유용성을 규명하고, 영상의 왜곡에 의해서 임상 질환의 평가에 사용되는 비등방성 지수가 어떻게 변하는 지를 함께 연구하였음. 또한 확산텐서 영상이 제공하는 다양한 데이터의 활용으로, 정신분열병 환자의 신경병리를 확산텐서영상을 응용하여 조사하였다. 정신분열증 환자들을 대상으로 확산텐서영상의 섬유삭 구조 영상과 화적소형태측정(Voxel Based Morphometry)을 동시에 시행하여 두 방법 모두에서 전측두엽의 이상을 발견한 바 있으며 또 다른 정신분열병 환자들을 대상으로 확산텐서 영상에서 얻어지는 물확산지수(Apparent Diffusion Coefficient)를 통하여 전측두엽의 세포수준의 이상소견을 거시적인 뇌영상소견으로 확인할 수 있는 가능성을 제시함.

과제탐구 특강의 핵심목표
탐구 주제와 나만의 질문들(근거)을 정리해보자!

내가 이미 배운 것들 중에 질문이 생긴 주제와 이슈
(주제 후보를 문구나 키워드로 간단히 적어보기)

주제 후보 (경험)		1) 수행평가 2) 발표수업 3) 토론 4) 실험 5) 동아리활동 6) 교내대회 7) 학술제 8) 방과후수업	
동기 Why			1~2문장
탐구 과정 발표 대본의 핵심 내용 찾기	구체적인 정보 탐색 계획 어떤 매체와 사이트, 무슨 자료 등을 참고할 것인가? →		
	주제 후보를 구체적인 탐구 주제로 정해보기 추상/일반적인 주제가 아닌 교과연계, 생활 속 구체적인 주제로 →		
배우고 느낀점 변화 & 성장 (목표)	주제 후보를 정하기 전의 내 경험의 특징/보완하고 싶은 점 →		2단계 심화 호기심 & 질문의 확장
	추상적 탐구 주제를 구체적인 생활 속 주제로 바꾸려면 무엇을 공부해야? →		

OOO학과는 대체 어떤 역량을 원하는가?
과제탐구 과정의 출발점 찾기!

01) _____ 동아리

A 동기(원인) : _____

B 과정(어려움 등) : _____

C 성취/결과/인상 깊은 점(배움) : _____

_____

D 보완/후속탐구 계획(성찰) : _____

_____

02) _____ 관련 교내대회 & 방과후 수업 등

A 동기(원인) : _____

B 과정(어려움 등) : _____

C 성취/결과/인상 깊은 점(배움) : _____

_____

D 보완/후속탐구 계획(성찰) : _____

_____

〈심박 측정센서 원리를 적용한 웨어러블 사례〉
탐구의 목표 : 동맥 부분에 빛(적외선)을 쏴 주고, 정맥 부분에서 포토 디텍터로 빛의 값을 읽어 계산

공학 프런티어 분야

01) 자율주행 자동차

참고 도서

〈넥스트 모바일 : 자율주행혁명〉. 호드 립슨, 멜바 컬만(저자). 더퀘스트 / 2017.04.15.
원제 Driverless : Intelligent Cars and the Road Ahead(2016년)

1장 로봇 운전사를 만나게 되는 시기는?
2장 무인자동차 세상을 상상해보다
3장 자동차와 IT 업계의 치열한 경쟁과 제휴
4장 스스로 생각하고 판단하는 기계
5장 인공지각의 등장: 사물을 인식하고 장면을 이해하는 최초의 로봇
6장 최초의 전자 고속도로
7장 스마트 고속도로가 아닌 스마트 자동차
8장 스스로 학습하는 로봇
9장 자율주행을 뒷받침하는 하드웨어[43]
10장 딥러닝: 퍼즐의 마지막 조각
11장 데이터가 이끌어가는 세상
12장 파급효과: 일자리, 산업, 오락과 범죄에 이르기까지

〈아두이노 자율주행 RC카 만들고 직접 코딩하기〉. 서민우, 김정훈(저자). 앤써북 / 2017.07.25

Chapter 03. 무선 조종 RC카 프로젝트
01. 주행 조향 기능 추가하기
DC 모터 살펴보기
DC 모터 드라이버 살펴보기
모터 회로 살펴보기
전진 후진 테스트 코딩하기
방향 전환 테스트 코딩하기

02. 사용자 입력 제어 기능 추가하기
사용자 입력 받기 테스트 코딩하기
주행 조향 제어 기능 추가하기
조향 제어 명령 추가하기

03. 원격제어 기능 추가하기
안드로이드 어플 살펴보기
블루투스 모듈 살펴보기
블루투스 회로 살펴보기

---

43) 자율주행 하드웨어 개발 : 자율주행 자동차의 성능과 안정성의 판단 기준은 〈핵심 센서〉의 확보 여부에 있음. 특히 카메라, 라이다(Lidar), 레이더(Radar) 등이 핵심 센서에 해당됨.
국내 업체의 광학기술은 세계적 수준임. 국산 카메라는 세계적으로 품질을 인정받고 있기 때문임. 그런데 우리가 강한 카메라는 순간을 포착하는 '스틸 카메라' 인 반면 자율주행에 쓰이는 카메라는 고속으로 달리고 있는 차량을 정확히 인지하고 분석해야 함.
한국은 아직 관련 기술력이 부족한 상황임. 자율주행 기술에 들어가는 핵심 센서는 대부분 군사적 목적으로 개발된 까닭에 군수산업이 발달한 미국, 독일, 프랑스, 이스라엘이 이 분야에서 앞서가고 있음.

44) 초음파 센서 탐색알고리즘 : RC카는 정면에 2개의 초음파 센서를 설치하여 자이로 센서로부터의 출력과 초음파 센서의 출력을 사용해 새로운 데이터 값을 얻었다. 초음파 센서로 출력 값을 받을 때 [자이로 센서에 의한 출력 값]을 찾아 바꾸는 탐색 알고리즘을 이용했다.
이 값들을 기반으로 아두이노를 이용해 새로운 4비트 데이터를 이용해 RC카의 모터를 제어하였음. 이렇게 개선한 탐색 알고리즘을 통해 장애물과의 충돌을 줄임으로써 안정성을 높였음.

45) 물체 감지 기능 : 적외선 센서는 적외선의 빛을 발생시키는 LED로 구성된 발광부와 적외선을 감지하는 빛 센서인 수광부로 나누어지는데, 발광부에서 나온 적외선이 물체에 반사되어 수광부에 들어오는 양에 따라서 수광부에 들어오는 전압의 양이 변화하게 된다. 그렇기에 적외선 센서는 [포토 트랜지스터]라고도 한다. 일반적인 트랜지스터의 역할은 상황에 따라 전류가 흐르게 하거나 또는 흐르지 못하게 하는 역할을 하지만 포토 트랜지스터는 빛의 양을 감지해서 지나는 전류의 양이 정해지게 된다.
빛은 사물에 부딪히면 반사되고 이렇게 반사된 빛은 빛 센서로 들어가게 된다. 이렇게 반사된 적외선만을 감지하여 움직임을 감지하는 적외선 센서가 있다. 이와는 달리 밤에 적외선을 이용하여 사물의 형태를 구별하는 데에 사용되는 적외선 센서도 있다. 후자의 경우 모든 사물이 스스로 적외선을 방출하고 대상은 온도에 따라 파장이 변하는 것을 이용한다.

● 참고 논문 및 칼럼 ●

손영진(2009). 〈무인자율주행 차량을 위한 경로생성방법 및 위치추정 방법에 대한 연구 = Design of Path Planning & GPS Estimation Algorithm for Unmanned Autonomous Ground Vehicle〉. 국민대학교 자동차공학전문대학원(전자제어시스템전공 2009. 8)

초록

본 논문은 무인자율주행 차량을 위한 경로생성방법 및 위치추정방법에 관한 연구를 다루고 있다. 무인자율주행차량에 관한 연구는 이미 많은 기관에서 오랜 기간 동안 연구를 진행하였지만 뚜렷한 성과를 얻지는 못하였다. 하지만 기술의 개발 수준이 향상되고 기간이 단축되면서 무인자율주행을 위한 여러 기술의 개발이 2004년 미국에서 개최한 무인자율주행차량 대회를 계기로 급속도로 발전하였다. 2004, 2005년 사막주행과 2007년 도심지 주행에 대한 대회가 개최되고 다양한 형태의 무인자율주행차량이 개발되었다.

무인자율주행 차량은 내부에 여러 시스템으로 구분하여 개발되고 있으며 각 시스템은 유기적으로 연결되어있어야 한다. 기본적으로 차량의 움직임을 위한 차량제어시스템, 차량의 위치정보와 목적지까지의 경로를 생성하고 추종하기 위하여 차량의 제어명령을 생성하는 항법시스템, 차량이 주행 중 만날 수 있는 여러 장애물들을 인식하고 회피할 수 있도록 회피경로를 생성하는 장애물인식 및 회피시스템, 무인자율주행차량의 각 시스템을 관리하고 각 시스템에서 생성된 여러 데이터를 취합하여 최종적으로 차량의 움직임을 결정하는 통합제어시스템이 사용된다.

기존에 개발된 무인자율주행 차량은 **부정확한 자기위치추정으로 인하여 주행 시 흔들림 현상이 나타났고 장애물 인식 및 회피 시 단순히 회피경로를 생성하여 주행한 결과 원래의 경로에서 크게 벗어나는 결과를** 얻게 되었다. 많은 실험을 통하여 차량이 경로점 기반의 자율주행을 수행하기 위해서는 우선 정확한 자기위치인식이 필요하다.

본 연구에서는 기존 연구에서 사용하였던 GPS와 DGPS를 이용한 위치인식 방법에 GPS나 DGPS 신호가 끊어진 구간에서의 위치인식방법을 추가하여 어느 곳에서든지 자기위치를 추정하고 주행할 수 있는 알고리즘을 고안하였다. 그리고 차량이 경로점 기반의 자율주행 시 인식되는 **장애물을 단순회피경로를 생성하여 회피하였던 기존의 연구에서 다양한 장애물인식 센서의 데이터를 하나의 데이터로 융합하기 위한 국부지도를 생성하여 생성된 지도를 바탕으로 회피경로를 생성하는 지역경로생성알고리즘**[46]을 고안하였다.

고안한 알고리즘의 검증을 위하여 기존의 연구에서 사용하던 무인자율주행차량을 다양한 알고리즘을 적용할 수 있도록 새롭게 설계 변경하여 사용하였다. 본 연구를 통하여 무인자율주행차량이 다양한 정보를 하나의 정보로 융합하여 보다 정확한 경로를 생성할 수 있도록 하였으며 차량위치추정을 통하여 보다 정확한 위치 및 주행경로를 생성하고 주행이 가능한지를 시험을 통하여 검증하였다.

46) 지역경로생성 알고리즘 : DGPS를 이용해 전역경로에 대한 지점들을 생성하고 지역경로 상황에서 자율주행차가 효율적인 경로를 찾아낼 수 있는 방법을 제시한다. 지역경로를 생성할 때 발생하는 문제는 기본적으로 두 가지가 있다.
첫 번째는 도로의 지형이 불규칙하게 변하고 차량의 회전 반경이 큰 구간이 있는 것이다. 두 번째는 차량에 장착된 센서들이 오차를 가지는 것이다. 따라서 이러한 문제를 해결하기 위해 강화학습과 인공 신경망을 활용하여 안전하고 최적화된 경로를 생성하는 기법이 중요하다.
경로생성에 관한 알고리즘을 한번 학습시켜 놓으면 다음과 같은 상황에 대해 주행할 때 경로를 새롭게 찾거나 최적화 시키는 작업을 반복하지 않아도 되는 장점이 있다. 이는 자율주행 환경에서 실시간성을 보장하는 동시에 안정성과 효율성을 확보할 수 있다.

이동훈(2017). 〈GIS 및 C-ITS 기반 자율주행차량의 실시간 최적경로 계획과 교통신호 판단 연구〉. 국민대학교 자동차산업대학원(자동차공학과 2017. 2)

초록

자율주행차란 운전자의 개입 없이 주변 환경을 인식하고, 주행 상황을 판단하여, 차량을 제어함으로써 목적지까지 자동으로 주행하는 자동차를 말한다. 이러한 자율주행 자동차는 교통사고를 줄이고, 탑승자의 편의를 증대시키며, 연료를 절감하고, 교통 효율성을 높이게 된다.

기존 자율주행차의 경로 데이터는 경유점(Waypoint)을 참조점으로 지나가는 방식이며, 출발점과 도착점을 알고 있는 상태에서 GPS를 통한 위치 갱신으로 경유점 부근을 지나는 경로추종으로 단 방향적인 경로 데이터 형태로 전 구간 또는 분할 구간으로 단순화 되어 있다. 하지만 자율주행 시 분할 구간이 길어지면 오차범위가 커져 안정적인 경로 보정이 다시 필요하게 되어 효율성과 안전성이 저하되는 문제점이 발생한다.

본 연구에서 제시하는 자율주행을 위한 방법으로 **기존 전역경로와 지역경로의 데이터 처리 방식에 지리정보시스템(GIS : Geographic Information System)과 지능형교통체계[47](ITS : Intelligent Transport System)를 활용하여 실시간 경로 계획을 생성하고, 융합을 통한 효율성을 높이는데** 있다. 기존 자율주행 시스템에 맵기반 실시간 도로·교통정보를 반영하여 경로 데이터를 차량에 제공한다.

국가교통정보센터에서 제공하는 지능형교통체계(ITS)를 한 단계 더 발전시켜 양방향 통신을 기반으로 한 차세대 협력·지능형교통체계(C-ITS : Cooperative Intelligent Transport System)와 지리정보시스템(GIS)의 구간별 도로교통정보를 활용하면 최적의 구간별 경로계획, 인지, 제어에 활용할 수 있다. 실시간 도로교통상황에 따른 정보는 사고, 정체, 공사 등 각종 교통정보와 날씨나 환경에 따른 도로 상태를 데이터로 만들어지고, 이러한 데이터에서 자율주행차에 필요한 메타데이터(Meta Data)로 생성하여 모아지면 빅 데이터(BIG Data)가 형성되어 예측 및 추정까지 가능한 시스템으로 발전될 수 있다.

이러한 데이터는 경로계획, 환경인지, 차량제어 등 자율주행 시스템에 최적의 효율적인 정보를 제공하며, 동시에 얻게 된다. 이것은 실시간 도로·교통정보가 되며, 노변기지국(RSU : Road Side Unit)에서 WAVE(Wireless Access in Vehicular Environment)통신을 통하여 자율주행 차량의 단말기(OBU : On Board Unit)에 정확하고 안정적이며, 효율적인 정보를 제공 할 수 있고 받을 수 있다.

위 내용을 바탕으로 본 연구는 **자율주행차의 기본주행에 필요한 경로계획을 실시간 도로·교통정보를 기반으로 생성하고, 정확한 측정을 기반으로 하는 각종 센서들의 오류를 대체할 수 있는 활용 방법**을 제안한다.

---

47) 지능형 교통체계 : 지능형 교통시스템(ITS) 도입, 환승할인 및 One Card All Pass, BRT 확대 등으로 국내의 버스 수단분담률은 2004년 이후 전반적으로 증가되어 왔다.
하지만 2011년 이후 국내 시내버스의 증가 추세는 시외·고속버스는 자가용 승용차 증가 및 KTX 네트워크 확장 등으로 인하여 둔화 및 감소 추세에 있다. 버스수단분담률의 증가가 이러한 한계를 갖게 되는 주된 요인은 최근 공유 교통과 같은 신교통 수단의 발생으로 인한 모빌리티에 대한 가격 대비 기대 수준 증가, 버스 운전기사 부족 및 운영사의 수익성 저하로 인한 모빌리티 서비스 수준의 저하, 버스 관련 사고의 발생에 있다.
앞서 언급한 대중교통의 한계를 극복하고 다수단 간 상호 끊임없는 연계·통합 서비스 및 첫 구간~마지막 구간 이동 서비스(first-last mile mobility service) 등의 신서비스 제공을 통하여 버스 대중교통의 경쟁력을 높이고자 대중교통 자동화(Transit Automation)라는 관점에서의 대중교통 혁신이 도모되고 있다.

02) 드론

참고 도서

〈Make : 드론〉. 데이비드 맥그리피(저자). 임지순(역자). 한빛미디어 / 2017.08.01.
원제 Make: Drones

---

48) 라이더 : 3차원 컴퓨터비전 기술도 DSO나 인스턴트 3D 포토그래피(Instant 3D Photography) 같은 멋진 데모들을 보여주지만 시장 영향력은 아직 미미합니다. 우선 로봇주행 기술은 자율주행차, 드론, 물류 · 배송로봇과 같은 곳에서 새로운 성공적인 제품을 모색하고 있고, 많은 연구들이 이러한 플랫폼을 기반으로 하고 있습니다. 또 3차원 컴퓨터비전 기술도 자율주행, 특히 자율주행차로의 응용을 고려한 연구가 많이 수행되고 있습니다.

2012년 이 분야에서 여러 가지의 변곡점이 있었습니다. 딥러닝의 부흥을 이끈 AlexNet이 발표되었고, 제 분야의 연구에 큰 영향을 준 KITTI 데이터셋이 공개되었고, 마지막으로 초음파와 라이더(LiDAR), 카메라 센서에서 벗어나 Kinect를 통해 시장에서 쉽고 저렴하고 RGB-D센서를 접할 수 있게 되었습니다.
RGB-D센서는 단순히 3차원 라이더와 카메라의 정보를 동시에 제공한다는 점 외에 RGB영상과 깊이영상이 서로 정합되고 이를 통해 영상 정보를 이용한 인지와 깊이 정보를 이용한 인지가 긴밀히 융합될 수 있다는 점입니다.

〈드론은 산업의 미래를 어떻게 바꾸는가〉. 이상우, 이원영, 테크홀릭(저자).
한즈미디어(한스미디어) / 2015.08.31

49) 에어웨어 : 드론 시장의 약 80%가 군용이 차지하고 있지만 배송, 환경조사, 구조 및 구난, 곡물 작황 조사, 석유탐사, 대기오염 연구, 보험손해 사정에까지 민간 부문의 다양한 시장으로 확산될 전망이다. 전 세계의 국가들은 드론 보급 및 사업 개발을 위해 다양하게 준비하고 있다. 이렇듯 시장 확대 추세에 따라 표준형 OS를 선점하기 위한 경쟁도 치열하다. 이미 전용 OS를 출시한 에어웨어 외에도 '드론코드'와 '오픈파일럿'이 독자적으로 OS를 개발 중이다. 드론코드는 비영리 연합체인 리눅스재단이 3D로보틱스, 바이두, 드론디플로이, 인텔, 퀄컴 등의 관련 기업을 모아 컨소시엄 형태로 프로젝트를 추진하고 있다. 현재 1200명 이상 의 개발자가 참여해 드론 OS뿐만 아니라 관련 기술을 개발하고 있다.

드론코드가 관련 기업 중심의 프로젝트라면 오픈파일럿은 개발자 중심의 드론 OS 프로젝트이다. 전 세계 6000여 명의 개발자들을 중심으로 운영돼 커뮤니 티 성격이 강하며, OS 외에도 드론 관련 개방형 하드웨어를 함께 개발하고 있다. 기업들이 주목하고 있는 드론 업체인 에어웨어는 제네럴일렉트로닉(GE), 구글 벤처스, 인텔캐피탈 등으로부터 4억 달러 규모의 자금을 투자 받아 전용 OS를 개발했다.

● 참고 논문 및 칼럼 ●

윤지영(Yun Jee-Young, 2016). 〈법집행 기관의 드론 이용에 관한 법적 쟁점과 입법적 개선 방안 = Legal Issues and legislative improvements of Drones used by Law Enforcement Agencies〉. 대검찰청. 108-137(30쪽) / Vol.51 No.-[2016]

초록

드론(Drone)은 조종사가 직접 탑승하지 않고 원거리에서 원격조종장치를 통해 조종하거나 또는 미리 입력된 컴퓨터 프로그램을 통해 자율적으로 비행하고 항로를 변경할 수 있는 항공기를 말한다. 제1차 세계대전 직후 군사용으로 개발된 드론은 베트남전을 거치면서 미국의 주도 하에 눈부시게 발전하였는데, 최근 들어 센서와 배터리 기술의 발달에 힘입어 드론은 점차 소형화·대중화되고 있다. 4차 산업을 주도할 첨단과학기술 중의 하나로 거론되고 있는 드론은 다양한 분야에서 그 활용 방안이 모색되고 있다.

2014년 한국과학기술기획평가원은 미래 안전사회에 기여하는 유망기술 중의 하나로 초소형 비행 감시 로봇을 선정한 바 있는데, 향후 드론은 범죄예방이나 수사를 위해서도 활발히 이용될 것으로 전망된다. 특히, 소형 드론은 교통체증에 구애받지 않고 신속하게 출동할 수 있고, 넓은 시야각의 확보가 가능하며, 장비 구입비용도 저렴하다는 측면에서 그 활용도가 높을 것으로 평가된다. 반면 법집행기관이 무차별적으로 드론을 이용할 경우 사생활이나 개인정보의 침해 문제가 심각하게 대두될 것이라는 우려도 제기되고 있다. 이에 미국에서는 법집행기관에 의한 드론 사용을 규제하기 위한 입법이 개별 주 차원에서 마련되고 있다.

이 논문은 **드론에 대한 법적 문제와 규제 현황을 검토한 후 법집행기관이 드론을 이용할 수 있는 업무 영역을 도출**하였다. 또한 범죄수사 과정에 드론을 투입하기 위해 선결되어야 할 법적 쟁점들에 대해 논한 후 입법적 개선 방안을 제시하였다.

백수원(Baek Soo-won, 2016).
〈프라이버시 보호를 위한 무인항공기(드론) 규제 개선 방안 연구 = A Study On the Improvement Scheme of Regulation on Drone〉. 성균관대학교 법학연구소. 313-340(28쪽) / Vol.28 No.1

초록

드론(Drone)은 그 장점에도 불구하고 안전사고의 위험, 관련 법규의 미비, 사생활 침해 등 불안정한 요소가 많이 남아있는 것이 사실이다. 다행히 가장 많은 우려를 사고 있는 사생활 침해문제의 경우 이를 방지하고자 비행금지 구역을 설정하거나 얼굴을 확인할 수 없도록 처리하는 소프트웨어 기업 속속 나타나고 있다. 추락으로 인한 사고 피해를 최소화하기 위해 에어백, 낙하산과 같은 안전장치 수요도 증가하고 있다. 우리나라도 무인항공기(드론)와 자율주행자동차를 차세대 주력 산업으로 육성하기 위해 대대적 규제개혁에 들어갔다. 무인항공기 규제가 대폭 완화될 예정이며, 규제가 풀리면 무인항공기의 가시권 밖 비행, 야간 비행, 고(高)고도 시험비행 등이 허용된다.

또한 시험비행 허가를 일괄 처리하는 등의 실증 시범사업도 추진한다. 해외 각국 또한 드론 관련 규제 정비를 진행함에 따라 2016년 상업용 드론시장 및 생태계 확장 및 성장이 예상되고 있다. 하지만 사고 위험도 높아지고 있어 이에 대한 대비책 마련도 시급한 과제로 떠오르고 있다. 따라서 드론 자체가 갖는 커다란 장점에도 불구하고 드론 사용이 가져올 부작용에 대한 냉정한 고찰도 주목되어야 한다. 그러나 드론 자체를 원천적으로 규제하기 보다는 **그 사용 방식에 대한 규제로 접근하여 산업 활성화와 프라이버시 보호라는 두 개의 헌법적 가치를 조화롭게 보호할 필요**가 있다. 따라서 우리나라의 드론 규제도 진일보할 필요가 있고, 현재의 방식에서 벗어난 전문적이면서도 실질적인 규제 방안이 마련될 필요가 있다.

특히 정보통신기술의 적용에서는 그 이용자의 개인정보 보호를 중심에 두는 것이 장기적이고 궁극적인 관점에서 최선의 상태를 이끌어낼 수 있으며, 이는 관련된 설계의 최초 단계에서부터 이루어질 때 비로소 가능할 것이다. 따라서 국민의 개인정보 보호에 투입되는 자원을 추가적인 비용이나 손해로 여기지 않음을 넘어 프라이버시 보호를 최고의 가치로 삼아 드론 규제 방안이 채택될 때, 오히려 드론은 활성화될 수 있고 다양한 영역에서 사용될 수 있을 것이다.

이러한 판단 하에 드론 자체의 설계 및 신뢰성, 안전성과 운항 관련 규정은 마련되어야 하며, 무인기 안정성 검증 및 상용화전 제도 정비를 위해 무인기실증시범특구[50]를 지정을 통해 산업 발전에 기여할 수 있는 안전한 드론 이용이 가능한 접점을 찾아낼 수 있을 것이다.

50) 드론 정책 해외 사례

 [1] 미국은 무인항공시스템 기술의 잠재성을 신성장 동력기술로 추진하고 있으며 유/무인기 통합을 대비한 중장기 계획 수립 및 실증 테스트 지역(6개소)를 운영중입니다. 미 연방항공청(FAA) 드론 등록제가 있으며 공공 및 민간 합동의 협력체계를 구축하여 드론 연구개발에 집중합니다.

 [2] 중국은 상업용 드론 활용 시장을 개척하여 세계 드론 시장의 70%를 석권하고 있습니다. 첨단산업 육성 정책의 중심이 되고 있으며 드론산업에 대한 전반적인 규제완화 기조를 유지하고 있습니다.

 [3] 일본은 드론을 국가전략산업으로 지정하고 국제표준화 추진에 앞장서는 정책을 시행 중이며 드론 특구(센보쿠시, 치바시)를 지정하고 드론 택배 등 실증 테스트를 기획중입니다. 일본 경제산업성은 일본 우주항공연구개발기구(JAXA), 산업기술종합연구소와 협력 하여 드론 충돌방지 기술과 자동 관제시스템 개발을 추진 중이지만 국제 안전기준이 없어 선제적으로 착수하고 있으며, 2025년까지 ISO 인증을 목표로 추진하며 이 사안이 성공할 시 시장 주도도 가능할 것으로 판단하고 있습니다.

출처-경기도 무인기(드론) 영상 통합구축 및 활성화 방안

03) 나노 공학

참고 도서

〈나노기술의 이해〉. 서갑양(저자). 서울대학교출판문화원 / 2011.03.15

3장 나노기술의 개발과 실제 적용 사례
1. 들어가며
2. 반도체 기술
3. 탄소 나노튜브
4. 나노 촉매

4장 자연세계의 나노 법칙
1. 들어가며: MICRO to NANO
2. 나노의 세계
3. 나노 물리
4. 나노 화학

5장 나노 바이오기술[51]
1. 들어가며
2. 나노 바이오기술의 배경
3. 나노 바이오기술의 전망
4. 나노 바이오기술의 분야 개괄
5. 나노 바이오기술의 연구개발 현황

6장 나노 공정
1. 들어가며
2. 하향식 방법
3. 상향식 방법

7장 나노 광결정 기술[52]
1. 들어가며
2. 광결정의 주기적인 구조에 따른 분류
3. 자연계에서 관찰되는 광결정
4. 나노 광결정 제작 기술과 적용 사례

---

51) 나노 바이오기술의 유형
  1) 고성능 바이오이미징을 위한 나노기술
  2) 질병 조기진단 및 치료를 위한 나노소재의 개발 및 활용 기술
  3) 유행성 질병 확인 및 질병 모니터링용 나노바이오센서 기술

52) 나노 광결정 기술 : 광결정의 원리는 광띠간격(Photonic band gap)에 대한 설명으로 쉽게 이해될 수 있다. 광띠간격을 설명함에 앞서 유사 개념인 전자띠간격
  (Electronic band gap)을 설명하고자 한다.
  대부분 결정구조를 갖는 물질들은 물질을 구성하는 원자 또는 분자들이 규칙적으로 배열됨으로써 주기적인 포텐셜로 띠간격(band gap)을 갖게 된다. 이 띠간
  격에 해당하는 특정 에너지의 전자들은 물질을 통과하지 못하고 반사되게 되는 원리이다.

  이와 동일한 개념이 광자에도 적용되는데, 이것이 바로 광간격으로 설명될 수 있다. 메타머티리얼은 원리도 유사하다고 볼 수 있다. 특정 전자기파 주파수에
  반응하는 금속 패턴이나 유전체를 규칙적으로 나열함으로써 띠간격을 갖게 된다. 그리하여 특정한 주파수의 전자기파를 반사하거나 또는 통과시키게 된다. 그
  리고 이 띠간격에서 굴절계수가 음수가 되거나 또는 에너지 진행 방향과 위상 진행 방향이 180도 차이를 갖게 되는 현상을 볼 수 있다.
  이러한 현상을 이용한 많은 응용 분야들이 현재 활발히 연구되어지고 있다. 예를 들면 물체의 "cloaking"은 각광받는 메타머티리얼 응용 분야로 들 수 있다.

〈춤추는 분자들이 펼치는 나노기술의 세계〉. 테드 사전트(저자). 차민철/심용희(역자).
허원미디어 / 2008.02.20. : 원제 The Dance of Molecules (2006년)

● 참고 논문 및 칼럼 ●

최봉기(2017). 〈탈추격형 연구개발 시대의 과학기술정책 실현에 관한 연구 : 한국의 나노기술정책 사례를
중심으로 = The making of science and technology policy in the post catch-up R&D era :
focusing on the policy making of nanotechnology in Korea〉.
고려대학교 대학원(과학기술학협동과정 2017. 2)

초록
한국의 나노기술 정책이 형성되고 추진되어 오는 과정을 "불확실성의 시대", "탈추격의 연구개발" 그리고
"기술적 기대"라는 연구 관점에서 고찰하였다. 특히 기술적 기대에 대한 주요한 담론들을 분석하면서, 한
국 나노기술 정책체제의 특성을 검토하였다. 그리고 이러한 불확실성 시대의 탈추격형 기술개발정책의
관점에서 정책에 대하여 진단하고, 대안을 모색하고자 하였다. 기술적 기대가 수행력을 지니고 있다는 전
제 아래, 이해당사자별 기술기대를 파악하였다. 기술기대 담론을 분석하기 위하여 대통령, 국회, 정부측
활동상황을 문헌 및 주요 연구자 인터뷰를 통하여 진행하였다.

이때, '그래핀'의 경우를 통해 기술 기대의 담론에 대한 사례 연구를 진행하였다. 연구의 결과와 함의는 다
음과 같이 요약된다. 기술적 잠재성에서 정책 실현으로 전개되어지는 과정에서의 정책적 담론을 살펴보
고 정리하였다. 역대 대통령은 전반적으로 나노기술개발을 지지하며, 나노기술의 연구개발 및 산업화에
대해서 낙관적인 담론을 생산하였다.

세부적으로는, (중략)... 국회는 나노정책 추진의 공정성, 나노기술의 안전성 문제 등에 대한 담론을 생산
하는 주된 주체였다. 나노기술개발촉진법 제정 시까지는 나노기술의 사회적 영향, 안전성, 규제 등에 대

한 담론을 제기하지 않았지만, 2010년 이후부터는 나노물질 안전성 확보문제, 나노기술 개발의 효율화 문제, 나노기술 규제대응 문제, 정책센터 통폐합 문제 등의 이슈들을 새롭게 제기하며, 정책담론의 폭을 확장하는 활동을 전개했다. 더불어 그러한 나노기술에 대한 기대 담론의 특성이 과학기술정책의 구현과 정에 끼치는 영향이 무엇인지를 살폈다.

지난 15년간의 한국의 나노기술 정책의 변천에서는 대통령과 국회 국정감사에서 논의된 담론들은 나노 기술개발의 당위성, 나노기술개발의 방향성 등을 결정하는 가이드라인을 제공하며, 즉각적인 정책변동 을 촉발하는 수행력을 발휘하였다. 대통령의 정책의지는 일종의 규범적 힘을 발휘하였는데, 나노기술정 책 수립의 초기 상태에서 적용한 힘이 현재까지도 지속화되는 효과를 내고 있다. '선택과 집중'을 통한 나 노기술연구개발을 추진해야 하고, 전통산업에 나노기술을 접목시켜 '초일류 국가를 건설'하는데 나노기술 이 이바지해야 한다는 기술적 기대는 암묵적으로 내재화 되어 있는 특성이다. 나노기술의 기대 담론, 정 책 주체 및 제도의 확산과 공고화에 기여하는 체계의 특성을 고찰하였다.

이해당사자별 이해도에 따라 정책추진이 탄력을 받았는데, 대통령은 국정목표의 달성을 위해 나노기술을 동원하는 모습이 관찰되었고, 국회는 나노기술 연구과정에서의 인력양성, 산업화 등에 주안점을 두었으 며, 정부 부처에서는 부처별 경쟁 및 실적주의 문제 등이 발생하였다. 이러한 정책 과정에 일반 국민의 의 견이 반영되는 것은 한정적인 구조였다. 나노기술개발촉진법 및 시행령, 나노기술종합발전계획[53], 나노 기술연구협의회, 나노팹, 나노기술정책센터[54], 일상적으로는 매년 개최되는 나노코리아, 한미나노포럼, 한-EU 나노포럼 등의 나노이벤트 등이 나노기술정책시스템이 확산되는 기반을 제공했다. 끝으로, 불확 실성시대, 탈추격형 연구개발시대의 정책수립 및 추진에서 고찰해야하는 실천적 차원의 문제를 검토하였다. 하향식 정책개발 및 추진으로 개방형 혁신 및 사회적 자원을 동원하는데 일정한 한계를 드러내고 있다.

국내 나노기술연구개발의 기대 담론의 폭이 협소한 것은 기술혁신활동의 저해요인이 될 수 있으며, 연구 개발 정책 수립에는 불확실성을 고려하고, 탈추격형 연구개발 정책의 기반이 되는 '창조성', '다양성', '책 임성' 측면에 대한 관심을 기울이는 작업이 요구된다. 또한, 효율적 운영 및 조기 산업화에 대한 정책 요 구 증대로 피라미드 구조의 나노기술 연구사업의 대형화가 발생하고, 미션 완수형 연구가 추진되어, 나노 기술연구계의 경직화가 관찰되었다. 바로 이러한 문제들이 제3세대 혁신정책 또는 사회적 혁신을 지향하 는 연구개발에서 해결해야하는 과제로 부상하고 있음을 확인할 수 있었다.

---

53) 제3기 국가나노기술지도(안)
· 이차전지를 중심으로 효율성 한계 돌파를 위해 나노기술 적용되고 있으며 나노기술을 활용한 수소차 개발, 지구 물부족 해결 등 추진 중
※ 이차전지제품 매출액 중 나노매출액 비중 : 22.7%('11) → 34.9%('13)
· 고령화에 따른 건강한 삶에 대한 관심 증대로 난치병 조기 진단 및 치료를 위해 바이오 분야에 나노기술의 적용은 확대되는 추세

54) 나노기술정책센터(NNPC)
[1] 나노기술개발촉진법 제4조 〈나노기술종합발전계획〉 수립 근거, 체계적이고 종합적인 나노기술 연구프로그램 추진을 위한 기본계획 수립
→ 기술혁신으로 지속성장을 견인하는 나노 일류국가 비전으로 제시

[2] 정부 정책 추진 및 민간 연구개발 방향 설정에 전략적으로 활용할 수 있는 나노기술지도 수립
→ 나노기술분야 현황 진단 및 미래 사회 수요·시장 전망 반영
→ 정부 과학기술 정책 추진 방향을 반영하는 산업 경쟁력 강화 전략

이미지(2009). 〈탄소나노튜브(CNT)의 융합기술에 관한 응용과 파급효과에 관한 연구 : New IT와 New BT를 중심으로 = Economical implication of the national growth at the application of carbon nanotube (CNT) to the new IT and New BT〉. 연세대학교 경제대학원(금융공학 전공 2009. 8)

초록

탄소나노튜브[55](CNT: Carbon Nano Tube)는 20세기 말에 발견된 신소재로서 경제적으로 최대의 재화로 인정되고 있다. 나노과학과 나노기술이 대두된 초창기에 미국의 스몰레이(Smalley) 박사는 '탄소 나노벅키볼(Carbon Nano Buckyball)'을 발견하였고, 일본의 이이지마 (Iijima)는 '탄소 나노튜브 (CNT: Carbon Nano Tube)'를 발견하였다.

 본 논문은 CNT의 구조와 종류 및 특성과 작용 등에 관하여 과학적이고 기술적인 측면들을 논하였다. CNT란 과연 무엇인가 그 중요성에 관하여 파악하고 나노기술과 융합기술인 New IT (Information Communication Technology), New BT (Bio Medical Technology), ET (Energy Environment Technology) 분야에서 CNT가 필수적인 첨단 신소재라는 사실이 밝혀졌다. 원천기술들을 보유하고 있는 미국과 일본이 글로벌 CNT생산량의 70%를 차지하고 있으며 본 논문에서는 최근의 통계자료들을 통하여 CNT의 세계시장 동향을 살펴보았다.

New IT, New BT, New ET에서 글로벌 시장의 점유율이 매우 높은 기술 강국들 중 하나인 우리나라는 반도체산업과 디스플레이산업에서는 선진의 위치에 있다. CNT가 융합기술의 신소재로서 New IT, New BT, New ET에 응용될 경우 우리나라의 경제성장에 미치는 파급효과에 관하여 계량적 모형을 구성하여 시뮬레이션 해 보았다. 구체적이며 실질적인 CNT의 경제적 측면을 고찰해 본 결과 CNT는 현재 높은 부가가치를 지닌 경제적 재화로서 이를 대량 생산해 내는 양산체제를 갖추는 일과 전문인력 양성이 시급함을 제안하였다.

본 논문은 CNT의 생산의 활성화를 위하여 연구 개발에서부터 생산 공정 및 시설투자에 이르기까지 정부에서 전략산업으로 육성할 것과 CNT의 활성화를 위한 대폭적인 지원 방안을 제시하였다. 우리나라는 주요국들에 비하여 CNT의 연구개발이나 생산 활성화에 대하여 미흡한 상태라고 할 수 있다. 녹색성장의 기반을 이루는 신재생에너지를 개발함에 있어서 화석에너지를 대체할 수 있으며 지속가능한 청량에너지의 사용을 가능케 하려면 CNT의 사용이 배제될 수 없다. 지구온난화와 오존층 훼손을 해결하는 데에 있어서도 CNT의 응용이 필수적이다.

CNT를 신성장 동력이라고 규정을 짖게 되면 이에 관한 정부의 지원이 필요하며 지원전략을 통하여 글로벌 시장에서 경쟁력과 기술력을 확보할 수가 있다. 본 논문은 나노기술정책 현황을 서술하고 나노기술의 핵심소재인 CNT의 연구개발 및 생산 활성화의 과제와 정부지원방안을 제안 하였다. 탄소나노튜브 중에서도 단일벽(SWCNT)의 경우 최첨단기술로서 생산되어야 하며 또 융합기술인 New IT, New BT, New ET 분야에서 독일과 스위스를 비롯한 주요국들의 최첨단기술에 준하는 기술개발 정책이 제시되어야 할 것이다.

55) 탄소나노튜브(Carbon nanotube: CNT)란?
* 흑연 1장(Graphene sheet)이 말리면 CNT가 된다.
* 6각형 고리로 연결된 탄소들이 긴 대롱 모양을 이룬다.
* 직경이 수 나노미터(1nm=10의 -9제곱m)로 이루어져 있는 튜브모양의 구조이다.

1991년 일본전기회사(NEC) 부설 연구소의 이지마 스미오 박사가 전기방전법을 사용하여 흑연의 음극상에 형성시킨 탄소응집체를 분석하는 과정에서 발견하였다. 형태는 탄소 6개로 이루어진 육각형 모양이 서로 연결되어 관 모양을 이루고 있다. 관의 지름이 수~수십 나노미터에 불과하여 탄소나노튜브라고 일컬어지게 되었다. 나노미터는 10억 분의 1m로 보통 머리카락의 10만 분의 1 굵기이다. 109 A/cm2 이상의 전류를 흘려줄 수 있고 열전도도는 자연계에서 가장 뛰어난 다이아몬드와 같으며, 강도는 철강보다 100배나 뛰어나다. 탄소섬유는 1%만 변형시켜도 끊어지는 반면 탄소나노튜브는 15%이상 변형되어도 견딜 수 있다.

이 물질이 발견된 이후 과학자들은 합성과 응용에 심혈을 기울여왔는데, 반도체와 평판 디스플레이, 배터리, 초강력 섬유, 생체 센서, 텔레비전 브라운관 등 탄소나노튜브를 이용한 장치가 수없이 개발되고 있으며, 나노 크기의 물질을 집어 옮길 수 있는 나노집게로도 활용되고 있다.

04) 3D 프린터

참고 도서

〈3D 프린터 101〉. 안상준, 정재학(저자). 한빛미디어 / 2017.03.02

〈미래를 바꿀 3D 프린팅〉. 고현정(저자). 정보문화사 / 2016.06.01

김양수(2017). 〈프랙탈 기하학의 조형원리를 적용한 3D 프린팅 패션소재 연구 : 패션소재의 기본조직 응용을 중심으로 = A Study on 3D Printing Fashion Materials Applying the Modeling Principle of Fractal Geometry : Focusing on basic texture application of fashion materials〉. 이화여자대학교 대학원(디자인학부패션디자인전공 2017. 8)

초록

3D 프린팅은 디지털 사회가 요구하는 미래사회의 제 4차 산업혁명 핵심기술로 멀지 않은 시기에 생산 체계의 주역으로 자리 잡는 것은 물론, 이미 경쟁력을 확보해 가고 있는 개인 맞춤형 소량생산의 확산을 이끌어 우리 삶에 획기적인 영향을 줄 것으로 예상된다. 이러한 기대 하에 3D 프린팅은 다양한 분야에 활용되며, 패션 산업 분야에 접목되면서 새로운 패러다임을 제공하고 있다. 3D 프린팅의 제작방식은 패션 산업이 요구하는 개인 맞춤형 소량생산과 디지털 데이터에 의한 다양한 3차원적 변형에 용이하다. 또한 3D 프린팅은 의류 분야에서 소재에 대한 다양성과 창의성을 열어주고 있으며, 패션소재 표면 조직의 다양한 구조와 3차원의 조형 형태에 대한 새로운 사례와 연구가 최근 들어 더욱 활발하게 이루어지고 있다.

그러나 모델링 방법이나 3D 프린팅 구현에 의한 의류 소재나 의류 제작에 관한 연구는 아직 초기 단계이거나 거의 이루어지지 않고 있다. 그러므로 3D 프린팅의 대중화, 보급화를 위하여 개인이 창작할 수 있는 유용성과 창의성을 동시에 지닌 소재 개발 및 연구가 다각적으로 요구되는 시점이다. 이에 본 연구는 패션소재로서의 미적 창의성과 기능성을 동시에 만족시키기 위해 자연의 형태원리인 프랙탈 기하학의 생성원리와 직물조직에 대한 구조 원리를 결합하여 새로운 3D 프린팅 패션소재 디자인 방법을 구축하고자 한다.

3D 프린팅과 프랙탈 기하학은 위상기하학에서 적용이 용이하다는 공통점을 지니며 자연과 과학, 그리고 예술이 융합된 새로운 조형원리라 할 수 있다. 나아가 3D 프린팅 패션소재의 저변 확대를 위한 다양한 활용성을 제시하고, 나아가 개인 제조의 영역뿐만 아니라 생산 기술적 측면에서의 새로운 디자인 방법을 창출하는데 본 연구의 목적이 있다. 자연 속에서 찾아낸 프랙탈 기하학의 구조적 질서는 디자인에 있어서 심미적 근거를 탐색하는 데 중요한 원리가 된다. 이러한 자연의 형태구조에서 찾아낸 조직화된 형태원리를 기본으로 한 소재 디자인은 자연이 만드는 합리적 구조에 대한 유용성과 방법적 합리성을 동시에 가질 수 있다.

이에 본 연구는 자연 속에 내재되어 있는 프랙탈 형태의 규칙을 찾아내어 기하학적 특성과 조형원리를 파악하고자 하였다. 이를 통해 다양한 형태의 생성원리로 프랙탈 기하학의 조형원리를 구축하여 보다 창의적 디자인 방법을 설계하고, 보급된 FDM 3D 프린팅 출력방식을 통해 기본적인 소재조직과 접목된 패션 디자인의 소재 연구를 새롭게 제안하고자 한다.

본 연구의 종합적인 요약 및 결과는 다음과 같다.

첫째, 프랙탈 기하학의 생성원리는 자기유사성의 반복적 규칙을 중심으로 중첩, 왜곡, 접기 등으로 비선형, 불규칙성, 무작위성을 조형적으로 표현하게 된다. 이러한 프랙탈 기하학의 생성원리가 자연의 형태에서 어떻게 나타나는지를 살펴보았다. 프랙탈 생성원리는 반복적 자기유사성의 원리 아래 불규칙적인 특성을 조직화하는 원리로 자연의 패턴을 구축하며 공간을 점유해 나가게 된다.

둘째, 프랙탈 생성원리에서 조형의 시발점은 선, 기하학적 도형 등 최소화된 기하학적 형태로 시작되어지며, 프랙탈 조형방법은 디자인의 시작점부터 적용되어 디자인 과정분만 아니라 생성자의 단위형태의 변환에도 적용될 수 있다. 셋째, 프랙탈 기하학의 형태는 디자인에서 단위형태를 조직화하는 패턴화된 질서로 표현된다. 이를 원사나 단위형태의 구조에 적용하여 기본조직을 활용한 3D 프린팅 패션소재를 제안할 수 있었다.

넷째, 디지털 데이터를 구축하는 모델링은 3차원 공간 속에 재현될 수 있는 입체적 모델을 만들어 가는 과정으로 다각도에서 조형되어지며, 설정된 프랙탈 이미지 변환에 맞는 프로그램 연구를 통해 프랙탈 기하학의 조형원리를 3D 모델링방법에 적용하는 디자인 방법을 구축하였다.

다섯째, 3D 프린팅의 방식과 재료, 현재 산업동향을 살펴보고 패션소재 제작 방법과 조직구조의 분석을 통해 패션소재 디자인에서의 응용가능성을 탐구하고 이를 제안하였다. 여섯째, 3D 프린팅으로 출력된 단위형태의 결합방법을 연구하여 크기에 제약적인 부분을 보완하였으며, 소재조직 선정부터 모티브에 맞도록 조직 전체를 디자인한 후 이를 세부적으로 조형화시켰다.

프랙탈 기하학의 생성원리를 적용한 3D 프린팅 패션소재 방법을 적용하여 표현한 작품 결론은 다음과 같다. 첫째, 모티프가 되는 자연의 형태를 관찰하여 기하학적 형태를 추출하고 이를 통해 생성자를 디자인할 수 있다. 이는 자연의 효율적인 질서와 생성의 구조를 만들어 주는 최소 단위형태가 되며 패션소재의 표면구조를 구조화시키는 단위형태가 된다.

둘째, 자기유사성의 단위가 되는 창시자의 기하학적 형태부터 이미지의 차이가 시작되어진다고 할 수 있다. 그렇기 때문에 기하학적 형태는 전체의 형태를 결정하기도 한다.

셋째, 3D 프린팅을 패션소재에 적용시켜 3차원의 다양한 표면효과를 나타낼 수 있으며 중첩, 왜곡, 접기에 의한 다양한 표면의 깊이효과와 표면질감을 표현할 수 있었다.

넷째, 아직까지 이상적으로 직물을 3D 프린팅 할 수 없지만, 이러한 직물구조를 기본으로 한 소재는 미래에 보다 발전된 기술로 직물을 3D 프린팅 할 수 있는 핵심적인 방법으로 볼 수 있다.

다섯째, 패션소재 디자인 연구에서 3D 프린팅은 원사와 최종 형태를 한 번에 출력할 수 있다. 이러한 점은 시제품을 위한 타임라인을 줄이는 효율성을 증대시키고 생산적인 면에서도 버려지는 분량을 최소화하는데 기여할 수 있다.

본 연구는 일반의 패션소재 조직이 가지고 있는 유연성을 기초로 하였기 때문에 기존의 3D 프린팅 출력물보다 유연한 기능성을 확보한 작품결과 도출이 가능하였다. 즉 패션 소재에 프랙탈 기하학을 적용한 새로운 표면구조를 착용 가능한 소재로 출력하여 제시하였다는 점에서 3D 프린팅 관련 선행 연구와 차별성을 가진다.

엄증태(2016). 〈3D 프린팅을 활용한 생체모방 중심 융합 수업 프로그램의 개발 및 적용 = Development and Application of a Biomimicry focused Convergence Teaching Program Using 3D Printing〉. 한국교원대학교 대학원(과학교육학과 생물교육전공 2016. 2)

초록

이 연구의 목적은 3D 프린팅을 활용한 생채모방 중심 융합 수업 프로그램을 개발하고 학생들에게 적용한 후 그 효과를 검증하는 것이다.

먼저 문헌 연구를 통해 생체모방 중심 융합 수업모형을 고안하였으며, 3D 모델링과 프린팅 관련문헌을 분석하여 3D 프린팅 요소를 추출하였다. 그리고 생체모방 중심 융합 수업모형에 3D 프린팅 요소를 포함하여 탐색-설계-구현의 세 단계로 구성된 3D 프린팅을 활용한 생체모방 중심 융합 수업모형을 개발하였다. 실험집단에 적용할 수업 프로그램은 3D 프린팅을 활용한 생체모방 중심 융합 수업모형에 따라 구성하였으며, 통제집단에 적용한 수업 프로그램은 3D 프린팅 요소가 포함되지 않는 생채모방 중심 융합 수업모형에 따라 구성되었다.

연구 대상은 경남 김해 소재의 G고등학교 1학년 학생 32명으로, 실험 집단과 통제집단 모두 예비차시 4차시, 본 차시 12차시로 구성된 총 16차시의 수업 프로그램을 적용하여 수업을 진행하였으며, 창의적 산출물 평가지, 융합인재소양 검사지, 생명과학 창의적 문제해결력 검사지, 생명과학 흥미 검사지, 생명과학 학습 태도 검사지, 생명과학 학습 동기 검사지를 통해 프로그램의 효과를 분석하였다.

연구 결과, 3D 프린팅을 활용한 생체모방 중심 융합 수업 프로그램이 직접 제작을 통한 생체모방 융합 수업 프로그램에 비해 산출물 측면에서 창의적 산출물 평가 총점과 하위요소인 참신성, 실용성, 정교성 및 통합성 부분에서 모두 유의미하게 높은 평가를 받았다. 융합인재소양 검사에서는 하위요소 중 융합, 소통, 배려 요소에서 실험집단이 통제집단에 비해 유의미하게 높게 나타났다. 생명과학 흥미 검사에서도 통제집단보다 실험집단이 유의미하게 높게 나타났다.

프로그램 만족도 설문 결과에서는 실험집단 학생들의 프로그램 만족도가 통제집단 학생들보다 유의미하게 높게 나타났으며, 서술형 문항을 분석한 결과 실험집단 학생들이 3D 모델링 과정에 대한 어려움을 이야기했지만 오히려 문제해결과정에서 3D 모델링과 프린팅을 배운 것이 도움이 되었다는 답변이 많이 나왔다. 그 외 생명과학 창의적 문제해결력, 학습 태도, 학습 동기 검사 결과에서는 집단 간 차이가 나타나지 않았다.

위 연구 결과를 통하여 3D 프린터를 융합수업에 적용할 경우 수공으로 직접 제작하는 경우보다 입체구조를 표현하고 만드는 데 훨씬 효과적이며, 생명과학에 대한 흥미 유발에 효과적이고, 학문간 융합의 필요성, 배려와 소통의 중요성을 더 잘 느낄 수 있다는 것을 의미한다. 연구의 결과는 다른 교과에서 3D 프린터를 적용하여 연구를 할 때, 혹은 수업에 활용할 때 기본 자료로 활용할 수 있으며, 현장 교사들이 3D 프린팅을 생물교육에 활용할 때 쉽게 접근할 수 있는 효과적인 방법이 될 수 있다.

05) 친환경 에너지

참고 도서

〈에너지 혁명 2030〉, 토니 세바(저자), 박영숙(역자), 교보문고 / 2015.07.30.
원제 Clean Disruption of Energy and Transportation: How Silicon Valley Will Make Oil,
Nuclear, Natural Gas, Coal, Electric Utilities and Conventional Cars (2014년)

3장 분산, 참여형 에너지의 등장과 전력회사의 붕괴

태양광발전 성장이 가장 빠른 호주 | 피크타임의 프리미엄 요금을 파괴한다

| 원가 제로의 에너지와 입찰 경쟁 안 돼 | 분산형 발전의 원가 우위

| 이케아, 월마트 태양광으로 자체전력 충당 | 태양광을 발견한 부동산 관리회사들

| 컴퓨터와 센서가 실현한 에너지 50% 절감 | 건물의 미래를 보여주는 샌프란시스코 과학관

| 네트워크된 세계의 컴퓨터 자원 활용 | 실리콘밸리 사무실에서 전 세계 옥상으로

| 전력회사들의 로비: 연합하고 요금을 올려라

| 붕괴를 초래하는 다음 파도 : 분산형 전력 저장장치

| 붕괴를 초래하는 다음 파도 : 현장 전력 저장장치

| 기존의 것을 완전히 버려야 혁신과 경쟁할 수 있다

| 3개월 작동이 예상되었던 태양광 패널의 반전 | 법안 16: 달라진 시민의식이 낡은 에너지를 몰아낸다

| 태양에 세금을 매기다

4장 전기자동차가 가져올 붕괴

전기자동차가 파괴적인 9가지 이유 | 붕괴가 일어나기까지 얼마나 걸릴까

| 파괴적인 비즈니스모델 혁신 | 내 예상보다 조금 빠른 배터리 진화

| 2030년 휘발유자동차의 종말 온다 | 전기자동차로의 대량 이주 | 마지막 휘발유자동차

5장 자율주행자동차에 의한 붕괴

새로운 공유경제학의 자동차 | 면허에 상관없이 자동차를 이용할 수 있는 세상

| 백만 명의 생명을 구할 자율주행자동차 | 완전한 자율주행자동차를 향한 경주의 가속화

| 기하급수적인 기술 원가 개선 | 구글, 애플, 자동차산업의 외부인들

| 자동차 운영 시스템과 '승자가 독식하는' 시장 | 자율주행자동차가 석유산업에 미치는 영향

| 기술 자체가 아닌 비즈니스모델의 혁신이 붕괴를 불러오다 | 자동차보험산업의 붕괴

6장 원자력의 종말

후쿠시마 원전 사고로 드러난 원자력의 민낯 | 해체하는 데 드는 천문학적 비용

| 세금으로 겨우 굴러가는 원자력 | 비용 초과, 건설 지연, 안전 결핍

| 정부의 비호 없이 독자 생존 불가능 | 원자력, 죽음의 소용돌이 | 종말의 악순환에 들어서다

7장 석유의 종말

태양광, 석유 비해 기하급수적 원가 개선 291 | 캐나다 오일샌즈의 종말 295

| 디젤에서 태양광으로 전환한 결과 300 | 디젤의 종말은 에너지 빈곤의 종말 302

| 태양광과 전기자동차가 융합하면 307 | 누출, 유출, 오염 312 | 요약 : 석유 시대의 종말 313

〈대통령을 위한 에너지 강의〉. 리처드 뮬러(저자). 장종훈(역자). 살림 / 2014.08.05.
원제 Energy For Future Presidents (2012년)

● 참고 논문 및 칼럼 ●

김종헌(2010). 〈친환경 건축물을 위한 신재생에너지 최적화 시뮬레이션 프로그램 개발 및 적용
= Development and application of a simulation program to optimize renewable energy for
sustainable buildings〉. 한양대학교 대학원(건축환경공학과 2010. 8)

초록

최근 건축물에서의 에너지 절약 및 친환경성에 대한 관심이 증가하며 건축물에서의 신재생에너지 시스템에 대한 관심이 높아지고 있다. 건축물에서의 신재생에너지 시스템은 에너지비용을 절감 할 수 있으며, 기존의 화석연료와 전력 사용량을 절감 시켜 친환경성 또한 우수하다. 그러나 건축물에 신재생에너지 시스템을 적용 시킬 경우 건축물의 부하, 일반열원시스템 성능, 신재생에너지시스템 성능, 초기투자비, 자연조건, 에너지여건 등과 같은 조건에 의해 신재생에너지 시스템의 에너지 출력량, 경제성, 친환경성과 같은 성능이 변화하게 된다. 따라서 이와 같은 요소들을 종합적으로 고려하여 친환경건축물에서의 신재생에너지 시스템을 최적화할 필요성이 있다.

본 연구에서는 **건축계획과 설계단계에서 건축물의 부하, 자원조건, 도입목적이 다른 신재생에너지 시스템을 최적화할 수 있는 시뮬레이션 툴, MORE-B (Model for Optimizing Renewable Energy in Buildings)를 개발**하였다. 또한 사무소건물을 대상으로 시뮬레이션 툴의 타당성을 검증하였다. 타당성 검증에서는 신재생에너지원 별 에너지 출력량, 경제성, 친환경성능을 평가하였고, 이를 바탕으로 신재생에너지 시스템 설계를 위한 최적화 방안과 평가지표(SEG, Sustainable and Environmental Grade)를 제시하였다.

본 논문은 총 6장으로 구성되어 있으며, 각 장의 내용은 다음과 같다. 제1장에서는 연구의 배경 및 필요성, 연구의 목적, 연구의 범위 및 방법에 대하여 기술하였고, 신재생에너지 최적화 연구에 대한 기존 연구를 고찰하였다.
제2장에서는 개발한 신재생에너지 시뮬레이션 모델의 주요계산모델과 알고리즘에 대하여 기술하였다. 일반열원과 신재생에너지원의 주요 계산식과 신재생에너지시스템 계산 알고리즘에 대하여 설명하고, 기존 연구와의 비교를 통해 개발한 모델의 타당성을 검증하였다.

제3장에서는 최적화 대상 건물의 부하 프로파일에 대해 기술하였다. 사무소 건물의 제원과 인천지역의 기상조건을 적용하여 부로파일을 작성하였다. 또한 기존 연구의 사무소건물 부하와 비교하여 계산한 부하 프로파일의 정도를 분석하였다.
제4장에서는 신재생 에너지원별 경제성 및 친환경 성능을 검토하였다. 우선 신재생 에너지원별 에너지 출력량과 신재생에너지 사용 비율을 분석하였다. 또한 신재생 에너지원별 생애비용을 이용하여 경제성을 평가하고, 탄소배출량을 이용하여 친환경성을 평가하였다.

제5장에서는 신재생에너지 활용 최적화 방안을 검토하여, 1개의 신재생에너지원이 아닌 다수의 신재생에너지를 활용한 신재생에너지시스템을 최적화하였다. 사용한 최적화 탐색법과 제안한 평가지표SEG에 대해 설명하고, 평가지표SEG를 활용하여 최적화 방안을 검토 하였다.

제6장에서는 본 연구에서 도출된 결론을 기술하였으며, 내용을 요약하면 다음과 같다.

1) **건축물의 신재생에너지시스템을 계산 모델을 제안**하였다. 기존연구와의 비교를 통해 신재생에너지시스템 계산 모델의 타당성을 검증을 한 결과, 신재생에너지에 따라 2~28%의 오차를 나타내고 있으나, 간이 계산모델로 사용하기에는 타당한 것으로 확인되었다.

2) 신재생에너지원별 분석 결과 태양광, 태양열, 풍력과 같이 재생에너지를 이용하는 경우에는 탄소배출량은 적었으나, 피크부하대비 장치비율에 비해 실제 발전량과 발열량이 크게 떨어지는 경향이 있었다. 연료전지와 지열히트펌프 같이 기존의 에너지원을 이용하는 경우에는 충분한 발전량과 발열량을 확보할 수 있었으나, 기존 에너지 사용으로 인해 탄소배출량이 증가하는 경향이 있었다. 태양광과 풍력의 경우 현재의 조건에서는 경제성이 없었으며, 지열과 태양열의 경우에는 장기간 사용 시 생애비용이 우수한 것으로 나타났다.

3) 사무소에 대해 친환경성, 경제성, 평가지표 SEG가 우수한 시스템을 선정하였다. 생애비용이 가장 적은 경제성이 우수한 시스템은 지열75%, 연료전지5%, 태양열20%을 설정한 경우이었다. 탄소배출량이 가장 적은 친환경성이 우수한 시스템은 태양광100%, 태양열100%을 설정한 경우였다. SEG로 평가한 결과 풍력100%, 태양열57%, 지열43%이 가장 우수한 것으로 나타났다. SEG를 이용 하여 최적화할 경우 두 가지 평가요소에 대해 모두 합리적인 시스템을 선정할 수 있는 장점이 있는 것으로 조사 되었다.

4) 본 연구는 사무소 건물의 부하를 대상으로 하였으며, 추후 다른 용도의 건물 부하에 따른 최적 신재생에너지시스템에 대한 분석을 할 필요가 있다. 경제성 평가에서는 생애비용과 에너지비용을 분석 범위로 하였으나, 향후 성능개선, 초기투자비 감소 등과 같은 민감도 분석을 할 필요가 있다.

김준영(2016). 〈신재생에너지 의무할당제(RPS)가 국내 신재생에너지 발전량에 미친 영향 분석 = The Renewal Portfolio Standards (RPS)'s Impact on the Renewal Energy Growth in Korea〉. 숭실대학교 대학원(행정학과 2016. 8)

초록

전 세계적인 기후변화 위험에 따라 환경개선을 위한 정부의 정책적 노력의 필요성이 강화되고 있다. 이에 따라 화석에너지의 사용을 줄이고 신재생에너지 발전을 장려하기 위한 신재생에너지 정책은 단순히 정부의 관심을 넘어 피할 수 없는 세계적 추세에 있다. 이에 따라 우리나라는 **2012년부터 신재생에너지 발전량을 대형사업자에게 의무적으로 할당하는 신재생에너지 의무할당제도(Renewal Portfolio Standards, RPS)를 시행**하고 있다.

본 연구의 목적은 이 의무할당제도가 실제 신재생에너지 발전량 증가에 효과가 있었는지를 분석하는 것이다. 신재생에너지 의무할당제도의 효과성을 분석하기 위해 2005년부터 2014년 까지 총 10년간의 16개 시·도 별 신재생에너지 발전량을 중심으로 실증분석을 실시하였다. 의무할당제도의 정책적 효과를 분석하고자 시계열추세 분석과 패널 회귀분석을 사용하였다.

먼저 2005-2012년까지의 시계열 추세와 의무할당제도가 시행된 2012년 이후 신재생에너지 발전량의 추세를 비교하여 2012년의 정책적 개입이 신재생에너지 발전량에 어떠한 영향을 미쳤는지 분석하였다. 또한 보다 면밀한 분석을 위해 해당 정책수단에 대한 선행연구와 국내사례에 대한 분석을 통해 의무할당제도의 영향을 평가하기 위한 모형을 도출하였다.

의무할당제의 목표가 신재생에너지 발전량의 증가임을 고려하여 태양광, 풍력, 바이오에너지, 연료전지, 해양에너지로 구성된 신재생에너지 발전량을 종속변수로 선정하였다. 독립변수로는 의무할당제도 시행 외에 신재생에너지 발전량에 영향을 미칠 수 있는 외부적 요인인 경제적 요인, 전력요인, 에너지요인을 통제변수로 활용하였다. 분석결과, 신재생에너지 발전량의 증가에 의무할당제도의 시행은 긍정적인 영향을 미친 것으로 나타났다.

이는 국내 사례에서 강제력에 기반한 의무할당제도가 실제 신재생에너지 발전량을 늘리는 효과가 있었음을 실증적으로 확인한 것이다. 기타 통제변수 중 신재생에너지 사업자의 이익과 관계있는 계통한계가격은 신재생에너지 발전량에 영향을 미치는 것으로 나타났다.

분석결과를 토대로 다음과 같은 정책적 시사점을 제시하였다. 첫째, 정책수단 선택에 있어 강제력 기반의 의무할당제 시행의 효과성을 확인하였다. 둘째, 강제력기반의 의무할당제도 하에서도 신재생에너지 사업자의 이익구조에 대한 고려가 필요하다. 셋째, 의무할당제도의 의무대상 선정에 대한 논의가 필요하다. 넷째, 정부차원의 지자체 대상 신재생에너지 투자확대가 필요하다.

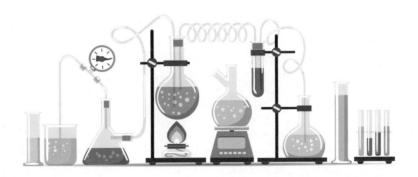

과제탐구 특강의 핵심목표
탐구 주제와 나만의 질문들(근거)을 정리해보자!

내가 이미 배운 것들 중에 질문이 생긴 주제와 이슈
(주제 후보를 문구나 키워드로 간단히 적어보기)

주제 후보 (경험)		1) 수행평가 2) 발표수업 3) 토론 4) 실험 5) 동아리활동 6) 교내대회 7) 학술제 8) 방과후수업
동기 Why		1~2문장
탐구 과정 발표 대본의 핵심 내용 찾기	구체적인 정보 탐색 계획 어떤 매체와 사이트, 무슨 자료 등을 참고할 것인가? → 주제 후보를 구체적인 탐구 주제로 정해보기 추상/일반적인 주제가 아닌 교과연계, 생활 속 구체적인 주제로 →	
배우고 느낀점 변화 & 성장 (목표)	주제 후보를 정하기 전의 내 경험의 특징/보완하고 싶은 점 → 추상적 탐구 주제를 구체적인 생활 속 주제로 바꾸려면 무엇을 공부해야? →	2단계 심화 호기심 & 질문의 확장

OOO학과는 대체 어떤 역량을 원하는가?
과제탐구 과정의 출발점 찾기!

01) _____ 동아리

A 동기(원인) : _____

B 과정(어려움 등) : _____

C 성취/결과/인상 깊은 점(배움) : _____

_____

D 보완/후속탐구 계획(성찰) : _____

_____

02) _____ 관련 교내대회 & 방과후 수업 등

A 동기(원인) : _____

B 과정(어려움 등) : _____

C 성취/결과/인상 깊은 점(배움) : _____

_____

D 보완/후속탐구 계획(성찰) : _____

_____

〈심박 측정센서 원리를 적용한 웨어러블 사례〉

탐구의 목표 : 동맥 부분에 빛(적외선)을 쏴 주고, 정맥 부분에서 포토 디텍터로 빛의 값을 읽어 계산

01) 표현의 자유

참고 도서

〈진실유포죄〉. 박경신(저자). 다산초당(다산북스) / 2012.05.07

2장 일기조차 마음대로 쓸 수 없다
트위터, 페이스북, 블로그, 집회 등을 둘러싼 검열
진실유포죄도 만들어내는 방송통신심의위원회 | 온라인 글쓰기가 운전만큼 위험한가
 | 남이 듣기 싫어하는 말은 30일간 하지 말라 | 인터넷 분야 세 가지 꼼수와 헌법재판의 한계?
 | 사이버 망명, 법이 문제가 아니다 | "우리가 모르는 무엇인가 있을 것이다"
 | '음란물'이니까 대충 검증해도 된다고? | 우리가 질식사하지 않는 이유 | 국가보안법 제7조가 SNS를
   만났을 때 | 방송통신심의위원회의 SNS 규제는 내용 심의가 아닌 '친구 심의'
 | 시민들의 집회를 불법화하는 사람들 | 광장과 시청은 다르다 | 반값 등록금 촛불집회 금지, 타당한가
 | 선거, 그들만의 잔치 | 정치인이 무슨 귀족인가 | SNS의 S는 '사회'가 아니라 '사교'다
 | 시험을 치르지 않을 헌법적 권리 | 교과서 수정요구는 위헌
 | 오바마의 방송정책: 내용규제 말고 소유규제 | 방송통신심의위원회의 공정성 심의는 코미디
 | 심의공화국에서는 어른들도 숨 쉴 곳이 없다

3장 표현의 자유, 누가 규제할 자격이 있는가?
법원, 검찰, 행정기관, 기업 등 표현의 자유를 규제하는 자들의 이야기
명예훼손 형사처벌, 폐지하거나 폐지 이유를 만들지 말거나 | 칼은 뽑는 것만으로도 효과가 있다
 | 수사, 거부하는 것이 법치구현 | 피디저널리즘과 무죄 | 사후 검열도 위헌이다, 경찰은 입을 다물라
 | 방송통신심의위원회 심의제도는 위헌이다 | 검찰, 정치적 독립성과 중립성의 의미
 | 긴급조치 시대로의 사법적 회귀, 사법개혁만이 막을 수 있다 | 명예롭게 묵비권을 행사할 자유
 | 한명숙 무죄 판결이 말하는 것 | 시위하면 생활보조 끊는 서울시
 | 하려면 그냥 하라 '설득'하려 하지 말고 | 기획재정부를 통한 사상통제
 | 누구의 돈으로 누구를 세뇌 하려는가 | 김민선 소송 논란, 누가 입을 돈으로 막으려 하는가
 | 〈부러진 화살〉의 교훈, '알아서 하겠다'는 판사에 대한 답답함 | 변호사 숫자와 표현의 자유의 관계
 | 내 소득의 반 | 농사꾼 이야기

4장 사생활이 보호되어야 사상의 자유가 보호된다
민간인 사찰, 인터넷 실명제, 마지막으로 민주주의
민주주의와 실명제의 관계 | 영장만 있으면 훔쳐가도 되나 | 통신비밀'공개'법이 되는 것을 막아야 한다
 | 네티즌은 방송사들의 잠재적 취재원이다 | 비밀 사찰, 우리가 막을 수 있다
 | 누구의 친구인지를 밝혀야 한다면 사상의 자유는 없다 | 이메일 수사도 사상 탄압이 될 수 있다
 | 알 권리는 타인의 사생활에 대한 알 권리가 아니다 | 인터넷 실명제가 낳은 신상 털기
 | 신뢰성의 패러독스, 전자주민증 | '박지원의 제보자' 내사의 모순 | 도둑들의 대화내용을 공개할 자유
 | 진실을 밝힌 거짓말, 불법일까 | 정보공유지의 비극

〈나쁜 뉴스의 나라〉. 조윤호(저자). 한빛비즈 / 2016.05.20

● 참고 논문 및 칼럼 ●

이숙영(2011). 〈인터넷상 표현의 자유의 국제법적 고찰: 시민적·정치적 권리에 관한 국제규약 제19조와 국내법의 이행을 중심으로 = A Study on Freedom of Expression in the Internet under International Law : Focused on Article 19 of the International Covenant on the Civil and Political Rights and National Implementation〉. 인하대학교 대학원(법학과 2011. 8)

김연주(2016). 〈표현의 자유 대 혐오표현 (free speech vs. hate speech) : 자유주의적 접근법의 한계와 극복〉.
고려대학교 대학원(정치외교학과 2016. 2)

초록

본 논문의 목적은 표현의 자유 대 혐오표현의 논쟁에 있어 기존의 자유주의적 접근법의 한계를 극복하고, 궁극적으로 표현의 자유와 혐오표현에 대한 법적 제한을 상호 양립시키는데 있다. 이를 위해 본 논문은 표현의 자유 옹호론과 혐오표현 제한론의 내용을 각기 살펴보며, 그 한계를 분석한다. 표현의 자유 옹호론은 혐오표현의 대안으로 스스로 제시하고 있는 보다 더 많은 표현이 불충분하다는 한계를 가지고, 혐오표현 제한론은 존엄성의 침해를 법적 제한의 근거로 가져오는 과정에서 표현의 자유와 존엄성 사이의 딜레마를 발생시킨다는 한계를 가진다.

이에 따라 본 논문은 표현의 자유 옹호론을 비판 및 거부하고, 혐오표현 제한론을 보완 및 발전시키는 입장을 취한다. 그리고 이 두 한계를 극복하고자 혐오표현의 주된 대상이 되는 사회적 약자의 경험적 조건을 포착하고, 그 어떤 가치들 간의 갈등 없이 혐오표현의 법적 제한을 정당화하고자 한다. 그리고 이를 혐오표현의 문제를 감정의 영역에서 조망하는 전략을 통해 이뤄내고자 한다. 이때 본 논문은 감정에 관한 마사 너스바움의 연구에 주목한다.

그리고 너스바움의 수치심 개념을 통해 혐오표현이 본질적 감정의 문제이며, 수치심을 속성으로 가지는 문제임을 밝힌다. 그리고 여기서 나아가 수치심이라는 감정이 혐오표현의 대상이 되는 이들의 건전한 자유를 침해하는 결과를 초래하기 때문에 법적으로 제한되어야 하며, 이때의 법적 제한은 혐오표현의 대상이 되는 개인의 자유를 보호 및 증진시키는 조치로써 표현의 자유와 상호 양립할 수 있다고 주장한다.

02) 젠더(사회규범적 성 역할)

〈비이성의 세계사〉. 정찬일(저자). 양철북 / 2015.05.20

4. 중세 마녀사냥 : 사회 위기에서 탄생한 마녀들

천국과 지옥을 오간 잔 다르크 | 이단에서 시작된 마녀사냥
| 마녀사냥의 교과서《마녀의 망치》| 악마보다 더 악독한 마녀재판 | 누가 얼마나 희생당했을까
| 마녀사냥의 종식

5. 드레퓌스 사건 : 진실을 외면하지 않는 용기

전쟁 패배와 반유대주의 | 당신은 반역자여야만 한다
| 진실을 향한 고군분투 | "나는 고발한다"
| 다시 열린 군사재판 | 결국 진실이 승리하다

6. 관동대지진 조선인 학살 : 조작된 유언비어가 낳은 집단 광기

일본 역사상 최악의 재해 | "조선인들이 폭동을 일으키고 있다"
| 정부가 유언비어를 유포한 까닭 | "일본말이 서툴면 베어버려라"
| 학살의 책임자는 누구인가 | 해방 후 대한민국 정부의 대응

7. 매카시즘 : 빨갱이 사냥에 눈먼 미국

적색 공포의 탄생 | 채플린이 추방당한 까닭 | 매카시즘의 광풍
| 미국 언론의 흑역사 | 순식간에 추락한 반공 전사

8. 홍위병과 문화대혁명 : 권력자의 사냥개가 된 십대들

마오쩌둥의 정책 실패 | 의도된 나비효과 | 천만 명이 넘는 십대 홍위병
| 혁명의 이름으로 파괴된 5천 년 중국 문화 | 쓰임이 다한 사냥개들의 몰락
| 문화대혁명 이후의 중국

9. 캄보디아 킬링필드 : 야수가 된 이념의 노예들

국민의 4분의 1을 '청소'한 해방군 | 미국의 '숨겨진 전쟁' | 중립국가 캄보디아
| 크메르 루주, 캄보디아를 접수하다 | 암흑의 킬링필드 | 허망하게 끝난 학살자 심판

10. 르완다 대학살 : 평범한 사람들이 만든 최악의 비극

《성경》에 근거한 인종 우생학 | 제국주의가 뿌린 분열의 씨앗 | 한순간에 뒤바뀐 지배 인종
| 독재가 시작되다 | 바퀴벌레 박멸을 위한 십계명 | 20세기 최악의 인종 대학살
| 비이성을 바로잡는 것은 결국 이성이다

〈공간, 장소, 젠더〉. 도린 매시(저자). 정현주(역자). 서울대학교출판문화원 / 2015.04.30

박민서(2016). 〈군대 리얼리티 프로그램을 통해 본 한국 사회의 젠더 담론
: MBC 진짜 사나이 여군 특집의 20대 수용자 해독을 중심으로 = The gender discourse in Korea
through the military related reality TV program : focusing on the audiences in their 20s of
"Real man : featuring famale soldiers" on MBC〉.
고려대학교 대학원(언론학과 2016. 2)

초록

본 연구는 군대 리얼리티 프로그램이 보여주는 여성의 군인 되기라는 새로운 재현 요소가 지배적인 남성성에 균열을 일으키는지 아니면 이것이 현재 위기에 봉착해 있는 전통적인 남성성을 회복시키는 기제로 작용하고 있는지 알아보기 위해 수용자 연구를 진행하였다. 즉, **프로그램이 그리는 남성성에 대한 수용자들의 해독 양상을 분석함으로써 현재 한국 사회의 젠더 지형을 파악하는 것**이 본 연구의 목적이다.

군대 리얼리티 프로그램인 MBC 〈진짜 사나이〉는 '아빠 육아'를 소재로 새롭게 변화하는 남성상을 재현하는 다양한 방송 프로그램들이 큰 호응을 얻고 있는 상황에서 이와 상반되는 전통적인 남성상을 그리며

동시에 큰 인기를 누려왔다. 특히나 특집 편으로 기획된 〈진짜 사나이 여군 특집〉은 초남성 공간인 군대에서 여성이 군인이 되기 위해 고군분투하는 모습을 보여주는 방식을 통해 군대와 젠더 역할에 관한 전통적 논의에서 벗어난 새로운 젠더 인식의 가능성을 보여주었다.

따라서 여군 특집에 대한 수용자들의 해석과 의미작용을 분석하는 작업을 통해 한국 사회의 젠더 관계와 남성성과 대한 실마리를 얻을 수 있을 것이라 판단되었다. 이를 위해 본 연구는 〈진짜 사나이 여군 특집〉 1기를 연구 목적에 적합한 텍스트로 선정하고 20대 남녀 수용자 31명을 대상으로 포커스 그룹 인터뷰(FGI)를 수행하였다.

연구 결과 여성의 군인 되기에 대한 〈진짜 사나이 여군 특집〉 남녀 수용자들의 시각은 전통적 젠더관으로부터 크게 벗어나지 못하고 있음을 확인할 수 있었다. 수용자들은 대체적으로 여성에 대한 고정관념을 바탕으로 프로그램을 바라보며 일반 군인에 비해 여군에게 제한적인 기대를 하고 있었다. 남성 수용자들은 여군에게 전통적인 여성의 모습을 기대하며 여성의 군인 되기를 평가 절하하였으며 여성 수용자들은 여성이 남성들로부터 비판 받을 것을 우려하며 자신을 여성 출연진들로부터 타자화 시키는 방식으로 프로그램을 해독하였다.
이는 수용자들이 프로그램을 해석하는 틀로서 남성성의 위기로부터 비롯된 여성 혐오 담론이 내재하고 있는 가부장적 이데올로기와, 남성과 여성을 차별화하는 전통적 젠더관, 그리고 한국 사회에서 군대가 표상하는 지배적 남성성에 대한 확고한 인식이 복합적으로 작용한 결과로 해석된다.

결과적으로 본 연구는 〈진짜 사나이 여군 특집〉이 초남성 공간에서 여성이 전통적인 남성의 역할을 수행하는 새로운 젠더 관계를 보여주더라도, 수용자들은 여전히 군대에 대한 전통적 젠더관을 바탕으로 여성의 군인 되기를 비판적으로 해독하고 있기 때문에 오히려 전통적인 남성성이 확인되고 있음을 주장한다.
본 연구는 남녀 수용자들의 담론을 통해 한국 사회의 전통적 젠더 역할 및 인식에 대한 새로운 담론 창출의 가능성을 가늠해보고자 하였다는 데에 의의가 있다.

수용자들로부터 관찰된 성차별적 고정관념을 극복하기 위해서는 개개인의 의식적인 노력도 중요하지만, 방송을 통해 수용자들 사이에서 새로운 의미 형성과 담론이 생산된다는 점을 고려했을 때 프로그램 차원에서의 재현에 관한 신중한 고민 또한 지속적으로 이루어져야하는 중요한 문제라고 보여 진다.

홍수경(2015). 〈애니메이션 여성 캐릭터의 젠더(gender) 정체성 탐구를 통한 시각적 문해력 지도 방안 연구 : 디즈니 '겨울왕국'을 중심으로 = Study on Visual Literacy Education through Exploring Gender Identity of Female Characters in Animated Movies : Focused on "Frozen" by Disney〉. 한국교원대 대학원(초등미술교육전공 2015. 2)

초록
본 연구의 목적은 애니메이션 여성 캐릭터의 젠더 정체성 탐구를 통해 시각적 문해력을 신장시킬 수 있는 교수·학습 지도 방안을 모색하는 것이다. 즉, 학생들이 애니메이션 여성 캐릭터의 젠더 정체성을 다각도로 탐구 해 보는 활동을 통하여 나타나는 결과와 시각적 문해력 함양 양상을 파악 해 보고 이를 통해 효과적인 시각적 문해력 지도 방안을 모색하는 것이다.

연구는 다음과 같은 절차를 통해 이루어졌다. 먼저 문헌 연구를 중심으로 애니메이션 여성 캐릭터의 젠더 정체성을 알아보고 시각적 문해력의 개념 및 재인식 동향, 초등 미술과에서 시각적 문해력 교육의 의의를 찾아보았다. 이어서 시각적 문해력과 관련된 현행 2007년 개정 초등미술 교육과정을 고찰해 보고, 연구 보고서 및 초등미술 교과서를 분석하여 시각적 문해력 향상 지도의 방법과 방향을 설정하여 구체적인 교수·학습 지도 방안을 계획하고 적용하였다. 그리고 수업 활동의 진행 과정과 학생들의 학습 결과물, 작품, 학생들과의 인터뷰, 연구자의 관찰 등을 토대로 애니메이션 여성 캐릭터의 젠더 정체성 탐구를 통한 시각적 문해력 지도의 결과를 분석하였다.

본 연구를 통하여 얻은 결론은 다음과 같다.
첫째, 최근의 재인식 동향에 근거한 시각적 문해력의 개념은 이성적 사고력과 감성적 반응력이 결합된 구조이다. 이성적 사고력은 과거의 시각적 문해력이 강조해 왔던 부분으로 포괄적인 이미지 읽기 능력과 그것을 바탕으로 한 작품 제작 능력을 포함한다. 감성적 반응력은 최근의 연구 동향을 반영한 것으로서 시각 이미지를 접함으로써 느낄 수 있는 즐거움과 신체 감각들을 지각할 수 있는 능력, 함께 공감하고 스스로를 되돌아 볼 수 있는 반성적 사고를 포함한다. 이러한 시각적 문해력의 이중 구조를 반영하여 작성된 7가지 시각적 문해력 유형은 각각 지각적 감수성, 문화적 습관, 비판적 지식, 미적 개방성, 시각적 유창성, 신체 감각 지각력, 공감 반성력이다.

둘째, 디즈니 애니메이션 여성 캐릭터의 젠더 정체성 탐구 활동의 결과는 크게 세 가지로 파악되었다. 먼저, 다수의 학생들이 초창기 디즈니 여성 캐릭터의 젠더 고정관념을 비판하였다. 특히 아름다움은 여성의 유일한 능력이라는 인식을 강요하고 왕자에게 구원받는 의존적인 여성의 이미지를 반복하여 재현해 내는 점들을 비판하였다. 다음으로 학생들은 강한 여성 캐릭터의 모습에 대하여 선망하는 경향을 보였다. 마지막으로 여성의 사회적 역할 변화에 대하여 인식할 수 있는 시각을 갖추게 되었다.

셋째, 애니메이션 여성 캐릭터의 젠더 정체성 탐구 수업을 통해 나타나는 학생들의 시각적 문해력 함양 양상은 크게 네 가지로 파악할 수 있었다. 먼저, 학생들은 수업을 통해서 기존의 무비판적 태도를 반성하면서 '비판적 지식'을 함양해 나갔고, 이미지들을 사회·문화적 맥락에 따라 의미를 해석하려는 경향을 보였다.

또한, '문화적 습관'을 고려한 이미지 읽기 능력을 키워 나갔으며, 나에게 미치는 영향력에 대하여 인식하면서 '공감 반성력'을 발전시켜 나갔다. 마지막으로 작품 제작 활동을 통하여 '지각적 감수성', '미적 개방성', '시각적 유창성', '신체감각 지각력' 등 다양한 유형의 시각적 문해력을 획득하고 발전시켜 나가는 모습을 보였다. 이러한 학생들의 인식과 태도의 변화를 통해서 볼 때, 애니메이션 여성 캐릭터의 젠더 정체성에 대한 탐구 경험은 비평적 사고력과 감성적 반응력이 균형 있게 반영된 7가지 시각적 문해력 유형을 함양하는 데 기여하였다.

03) 다문화주의

참고 도서

안지연(2013). 〈다문화가정에 대한 실태분석과 대응방안 연구 : 서울특별시 성동구 거주 결혼이민자를 중심으로 = A study on the actual condition and countermeasure for a multicultural family : focused on married immigran living in the Seongdong-gu, Seoul〉. 한양대학교 공공정책대학원(지방/도시행정전공 2013. 8)

초록

본 연구는 중앙정부 및 성동구가 실시하고 있는 다문화정책을 살펴보고 실질적으로 결혼이민자가 한국 사회에 적응할 수 있게 도움을 주고자 효율적인 대응 방안을 모색하는데 있다. 다문화사회를 맞이하여 향후 지방자치단체 차원에서 이들이 서로 공존하면서 살아갈 수 있는 방안에 대하여 연구하고자, 다문화가정의 생활 실태와 욕구를 알아보았다.

연구 목적을 달성하기 위하여 서울특별시 성동구에 거주하고 있는 결혼이민자 150명을 대상으로 설문조사를 실시하였고, 응답이 부실한 설문지를 제외하고 108명을 분석하였다. 결과를 요약하면 다음과 같다.

첫째, 결혼이민자는 본인을 비롯한 배우자와 자녀, 배우자의 부모 관계 등 가정생활에 매우 만족하고 있지만, 이들이 한국 사회에 적응하는데 있어 가장 걸림돌이 되는 것은 언어문제이다. 응답자의 대부분이 결혼한 지 5년 미만의 20~30대 여성 결혼이민자로 한국계 중국인을 제외한 결혼이민자 대부분은 한국어 교육 지원이 가장 필요한 지원이라고 응답하였고, 뒤를 이어 자녀 양육, 경제적 어려움, 문화차이, 외로움 등의 순으로 어려움이 있었다. 언어소통의 문제는 가족 간의 의사소통 뿐 만 아니라 출산 이후 자녀 양육 및 학습지도 문제와 더불어 취업에 있어서도 가장 큰 걸림돌이 되는 것으로 나타나 제일 우선적으로 해결해야 할 과제로 나타났다.

둘째, 응답자의 절반 이상은 다문화가족지원센터 프로그램 또는 구청에서 실시하는 다문화가족지원 프로그램을 이용한 적이 있고 그들에게 도움이 된다고 응답하였다. 하지만 참여한 적이 없는 결혼이민자 중 다수는 정보를 모르거나 본인의 일정과 맞지 않아서 참여를 하지 못한다는 의견도 적지 않았다.

셋째, 결혼이민자들은 대부분 식당 종업원, 공장 노동자 등 특별한 기술 없이 불안정한 직업에 종사하고 있었다. 의사소통 문제와 더불어 자녀양육 문제로 일하는 동안 어려움을 느끼고 있었다. 이들 대부분은 취업하려는 의지 뿐 만 아니라 직업훈련에도 적극적으로 참여할 의사가 있다고 밝히고 있었는데 자신의 모국어를 활용할 수 있는 통·번역 분야에 관심을 갖고 있었다. 또한 컴퓨터교육, 음식·조리 등 업무 경력을 인정받거나 경제적인 부분에서 안정을 추구할 수 있는 전문 분야의 교육에 관심을 두고 있다.

넷째, 결혼이민자들은 자조모임, 지역사회 봉사활동, 더 나아가 외국인 출신 주민으로서 의견을 제시하는데 있어 참여할 의지가 있다고 답하였다.

연구 결과에 따른 대응방안 및 정책적 함의를 제시하면 다음과 같다.

첫째, 결혼이민자들이 생활하는데 있어 가장 큰 영향을 미치는 한국어 습득과 관련하여, 필요와 목적에 따라 다양한 수요를 아우를 수 있는 세분화 된 교육지원이 필요하다.

둘째, **정보 접근성 제한과 더불어 낮 시간 위주의 프로그램 시간 편성으로 인해 서비스 혜택을 받고 있지 못하는 다문화가정을 위해 효과적인 홍보 방법을 강구해야 함**과 동시에 저녁시간 또는 주말 시간대 프로그램 운영이 필요하다.

셋째, 다문화가족 자녀를 위한 지원이 필요하다. 학령기 자녀에게는 기초학습 지도를 위한 지역아동센터나 학습 멘토, 바우처 연계 등을 통해 교육격차를 해소해야 한다.

넷째, 결혼이민자 대부분은 취업하려는 의지뿐만 아니라 전문적 능력 배양을 위해 직업훈련에도 적극적으로 참여할 의사가 밝히고 있어 이들의 욕구와 한국 일자리 문화를 감안한 맞춤형 일자리 교육과 알선 등의 합리적인 지원이 필요하다.

다섯째, 한국인 시각 중심에서 벗어나 다문화가족의 의견이 반영된 실질적 정책이 마련될 수 있도록 이들의 의견이 공론될 수 있는 다양한 자조모임 또는 지역사회 봉사활동 등을 활성화 시켜야 한다.

윤지현(2014). 〈다문화 이해를 위한 동남아시아 미술 감상 프로그램 개발 연구
: 중학교 1학년을 중심으로 = A study on the development of Southeast Asian art appreciation program for understanding multiculturalism : Focused on the 1st Grade Middle School Students〉. 경희대학교 교육대학원(미술교육전공 2014. 2)

초록

본 논문은 중학교 1학년 학생들을 대상으로 다문화 이해를 위한 동남아시아 미술 감상 프로그램을 개발하여 적용하고 그 교육적 효과를 살펴보는 데 목적을 두었다.

현대 사회는 다양한 인종의 유입과 함께 문화적으로 다원화되어 가면서 복잡하고 규칙적인 사회와 환경으로 빠르게 변화하고 발전하고 있다. 따라서 그 속에 살아가는 우리는 빠른 변화에 적응하고 능동적으로 삶을 창조할 수 있는 능력이 요구된다.

오늘날 우리와 또 다른 우리가 함께 하기 위해서는 다름을 이해하고 다양성을 인정하는 올바른 시각을 키워주는 교육이 강조된다. 그리하여 다양한 민족과 인종, 문화를 이해하고 포용할 수 있는 역량을 키워나가기 위해서는 학교 교육의 역할이 중요하며, 문화적 편견 극복과 차별을 해소하고, 올바른 다문화 이해를 위한 미술교육의 필요성이 절실히 요구된다.

이미 2009 개정 미술과 교육과정에서도 다양한 문화권 미술의 변천 과정을 이해하고 우리나라와 다른 나라 전통 미술 문화의 가치를 이해하도록 하는 교육이 강조되었다. 이처럼 중학교 미술 수업에서는 다문화 이해를 위한 미술교육의 필요성을 강조하고 있지만, 실제 학교 현장에서의 이해 및 지도는 전무한 실정이다. 이에 본 연구자는 급속도로 변화하는 다문화 사회에 적응할 수 있는 다문화 이해를 위한 미술 감상 프로그램을 개발하고 이에 따른 교육적 효과를 다음과 같이 제시하였다.

2장에서는 다문화 교육의 이해 및 다문화 이해를 위한 미술 감상교육의 필요성에 대해 알아보고, 현재 중학교 현장에서 직접 지도하고 있는 교사들을 대상으로 다문화 이해를 위한 미술 감상교육의 실시 현황에 대해 분석하였다. 그 결과 교사들은 다문화 이해를 위한 미술교육에 대한 감상 영역과의 연계지도의 필요성은 인식하고 있지만, 이와 관련된 수업 자료가 미비하여 실질적으로 배당 시간이 현저히 적은 것으로 조사되었다.

3장에서는 다문화 이해를 위한 동남아시아 미술 감상 프로그램을 개발하고 적용 사례를 분석하여 효과적인 지도 방법을 연구하게 되었다. 프로그램은 다문화 영역인 '의식주 문화를 통한 동남아시아 이해 프로그램', '종교미술 문화를 통한 동남아시아 이해 프로그램', '축제 문화를 통한 동남아시아 이해 프로그램'을 토대로 총 9개의 프로그램을 개발하였으며 효과적인 다문화 이해를 위한 미술 감상 프로그램을 도출하였다. 적용 분석 결과 학생들은 동남아시아의 다양한 인종과 종교 속에서 자신이 가졌던 편견과 선입견에 대해 생각해볼 수 있게 되었고, 다른 나라 문화의 유사성과 다양성을 이해할 수 있게 되는 긍정적인 학습 효과를 보여주었다.

4장에서는 다문화 이해를 위한 동남아시아 미술 감상 프로그램을 통한 교육적 효과를 제시하였다. 본 논문의 연구 결과에서 얻을 수 있는 교육적 효과는 다음과 같다.

첫째, 다문화 이해를 위한 교육에서 비서구권 문화의 우수성을 인정하고 존중하는 태도에 긍정적 영향을 줄 뿐만 아니라, 문화에 대한 이해가 깊어질 수 있었다.
둘째, 학생들은 동남아시아의 고유한 문화와 다양한 외래문화가 융합되어 나타난 독특한 동남아시아의 문화 형태를 이해할 수 있었다.
셋째, 국제적 교류가 활발해지면서 상호 의존 관계가 중요한 시대의 흐름에 대비하여 동남아시아 문화를 바탕으로 한 국제적 교류 및 소통의 확대에 긍정적인 교육적 효과를 가져 올 수 있었다.
넷째, 동남아시아의 미술을 감상할 수 있는 기회가 확대됨에 따라 동남아시아 미술의 독자적 조형성과 문화의 상징, 시각문화의 다양성을 이해할 수 있었다.

이상과 같이 본 논문은 학생들에게 다른 문화를 존중하게 하고, 미술을 새롭게 이해시키는 동시에 보다 폭넓은 관점에서 다양성을 이해할 수 있도록 하였다. 아울러 동남아시아의 미술 문화와 다문화를 간접적으로 이해할 수 있도록 하여 문화에 대한 편견과 선입견을 없애도록 하고자 한다. 끝으로 본 연구는 다문화 이해를 위한 미술 감상 프로그램을 질적으로 모색하고 제시한 것으로써 미술교육 발전에 보탬이 되기 위한 것이다.

사회과목 핵심 키워드와 DBpia 추천논문

| 1 정치학과 법학 | 2 경제학 | 3 심리학(사회) | 4 사회문제 탐구 |

각 과목별
· 2015 개정 교육과정에서 내용 체계
· 내용 요소를 중심으로 한 키워드
· 키워드와 추천논문

1. 정치학과 법학

1) 2015 개정 교육과정에서 정치와 법 내용 체계

영역	핵심 개념 (고등학교)	일반화된 지식	내용 요소 고등학교	기능
정치	민주주의와 국가 (민주 국가와 정부)	현대 민주 국가에서 민주주의는 헌법을 통해 실현되며, 우리 헌법은 국가기관의 구성 및 역할을 규율한다.	· 민주주의 · 민주 국가의 정부 형태, 우리나라의 정부 형태 · 국가기관의 역할과 상호 관계 · 지방 자치의 의의, 현실, 과제	조사하기 분석하기 참여하기 토론하기 비평하기 의사 결정 하기
	정치과정과 제도 (정치과정과 참여)	현대 민주 국가는 정치과정을 통해 시민의 정치 참여가 실현되며, 시민은 정치 참여를 통해 다양한 정치 활동을 한다.	· 정치의 기능 · 정치과정, 정치 참여 · 선거와 선거 제도 · 정당, 이익집단과 시민단체, 언론	
	국제 정치 (국제 관계와 한반도)	오늘날 세계화로 인해 다양한 국제기구들이 활동하고 있으며, 한반도의 국제 질서도 복잡해지고 있다.	· 국제사회, 외교/국제관계의 변화, 국제법 · 국제 문제와 국제기구 · 우리나라의 국제 관계, 한반도의 국제 질서, 남북통일	

영역	핵심 개념 (고등학교)	일반화된 지식	내용 요소		기능
			고등학교		
법	헌법과 우리 생활 (민주주의와 헌법)	헌법은 국민의 기본권을 보 장하고, 국가기관의 구성 및 역할을 규정한다.	· 인권 · 법의 이념, 법치주의 · 헌법의 의의와 기본 원리 · 기본권의 내용, 기본권 제한의 요건과 한계		조사하기 분석하기 참여하기 토론하기 비평하기 의사 결정 하기
	개인 생활과 법	민법은 가족 관계를 포함 한 개인 간의 법률관계와 재산 관계를 규율한다.	· 민법의 의의와 기본 원리 · 재산 관계와 법 · 가족 관계와 법 · 민사 재판		
	사회생활과 법	우리나라는 공동체 질서 유 지를 위한 형법과 사회적 약자 보호를 위한 사회법을 통해 정의로운 사회를 구현 한다.	· 형법의 의의, 범죄의 성립과 형벌의 종류 · 형사 절차와 인권 보장 · 근로자의 권리와 법 · 형사 재판		

2) 내용 요소를 중심으로 한 키워드(정치와 법)

001 민주주의와 자유민주주의 　　　　010 언론의 역할과 기능
002 정부 형태 　　　　011 시민 단체
003 지방 자치 　　　　012 이익 집단
004 국회 　　　　013 국제 정치
005 헌법재판소 　　　　014 법의 이념과 정의
006 선거 제도 　　　　015 법치주의
007 정치 참여와 의무투표제 　　　　016 인권
008 청소년의 정치 참여 　　　　017 기본권
009 정당 　　　　018 행복추구권과 존엄사

3) 정치와 법 키워드와 추천논문

PL 001 민주주의와 자유민주주의

정치와 법에서 민주주의는 매우 중요한 내용 요소이다. 정치와 법을 배우는 목적이 종국에는 민주주의적 가치를 내면화하는 것이라고 볼 수 있을 정도이다. 민주주의와 관련된 탐구 주제는 매우 방대하다. 정치와 법에 국한한다면 당연 민주주의와 관련된 사회적 논쟁점 중 민주주의와 자유민주주의에 대한 개념 설정의 문제를 탐구하는 것을 우선적으로 추천한다. 관련 문제를 탐구함으로써 민주주의에 대한 보다 깊은 이해를 할 수 있을 뿐만 아니라 우리 사회가 지향하는 바가 무엇인지에 대한 고찰할 수 있는 기회를 가지게 될 것이다.

📑 DBpia 추천 논문

• 이나미. (2015). 자유민주주의 대 민주주의. 내일을 여는 역사, 58, 25-35.
• 이동수. (2013). 자유민주주의에서 '자유'와 '민주'의 관계. 평화연구, 21(2), 69-102.
• 이춘구. (2011). 자유민주주의의 공법적 고찰. 법학연구, 34, 375-401.

PL 002 정부 형태

정부 형태는 가장 넓은 개념으로는 입법부와 행정부는 물론이고 사법부까지도 포함하는 개념으로서 모든 정부기관의 조직과 작용의 형태 및 이러한 정부기관에게 어떠한 권한이 배분되어 있는가 하는 점과 그들 상호간에는 어떠한 관계를 형성하고 있는가를 말한다. 이런 정부 형태에 대한 탐구는 결국 정부 형태 구성의 근간이 되는 헌법에 대한 탐구와 병행이 될 수밖에 없다. 이를 통해 국가의 의사결정과 정책결정이 어떠한 제도적 뒷받침 속에서 이루어지는지, 국가기관들은 어떠한 구조와 어떠한 상호 관계 속에서 통제되는지를 살펴봄으로써 문제점 및 그 대안에 대해서 생각해 볼 수 있을 것이다.

📑 DBpia 추천 논문

• 전학선. 2016. 대한민국 정부형태와 헌법개정. 법학논총, 36(4), 111-137.
• 심경수. (2014). 현행 헌법상 권력구조의 문제점. 동아법학, (62), 23-54.

PL 003 지방자치

지방자치는 지방자치 단체가 중앙 정부의 관여 없이 해당 지역의 여건과 요구에 따라 필요한 권한을 자율적으로 행사하는 것으로 정의할 수 있다. 지방자치는 따라서 정치, 행정, 재정의 분권으로 세분화할 수 있다.

지방 자치라는 것은 지역적 위치, 사람들의 인식 수준, 정치적인 문제 등 여러 가지가 복합적으로 얽혀있는 문제이다. 지방 자치와 관련된 탐구 주제로 현재 우리나라의 지방 자치 제도의 현실과 앞으로의 나아갈 방향을 고찰해보는 것을 기본적으로 제시할 수 있다. 이 과정에서 다른 나라의 여러 지방자치 사례를 살펴보는 것도 필요하다.

▤ DBpia 추천 논문
- 최진혁 (2015). 21세기 지방자치의 현대적 경향. 한국지방자치학회보, 27(3), 1-29.
- 고인석. (2018). 영국의 지방분권과 지방자치의 발전과정. 법학연구, 18(1), 123-141.

PL 004 국회

국민의 대표 기관인 국회는 입법 기관인 동시에 국정 통제 기관으로서의 지위에서 비롯되는 헌법적인 권한들을 행사하고 있다. 특히 국회는 법률의 제정 및 개정은 물론, 법률의 효력을 갖는 조약의 체결에 동의권을 갖는 등 입법 작용에서 핵심적인 역할을 한다. 따라서 국회의 입법 과정 및 기능을 살펴보고 여기서 파생되는 문제점과 이에 대한 보완책을 강구해보는 탐구 주제도 흥미로우면서 학생들의 교과 내용 학습을 위해서도 필요하다.

▤ DBpia 추천 논문
- 고문현. (2014). 국회입법기능의 정상화와 역할 강화방안. 법학논고, 46, 119-146.
- 정만희 (2016). 국회 입법과정의 개선방안에 관한 소고. 공법학연구, 17(4), 33-68.

PL 005 헌법 재판소

헌법 재판소의 위상은 날로 강화되고 있다. 그리고 민주주의 실현을 위해 헌법 재판소에 대한 기대도 크다. 이러한 사회적 기대 및 과제를 수행하기 위해서는 무엇보다도 헌법 재판소가 어떤 역할을 어떻게 해야 하는지에 대한 성찰이 필요하다. 우리 헌법 기관 중 하나이면서 매우 중요한 위치를 차지하고 있는 헌법 재판소의 기능 및 헌법 재판소가 추구해야할 이상향 등 나아가야할 방향에 대한 탐구는 정치와 법에서 필수적인 주제이다.

📇 DBpia 추천 논문
- 윤정인, 김선택 (2015). 헌법재판소는 민주주의의 수호자인가. 공법학연구, 16(1), 135-162.
- 김하열 (2015). 한국 헌법재판제도의 성과와 과제. 저스티스, 146(2), 94-113.

PL 006 선거 제도

선거와 관련되어 가장 쟁점이 되는 것은 선거 제도의 개편과 관련된 내용이다. 현재 우리나라 국회의원 선거 제도는 소선거구제와 다수대표제를 채택하고 있다. 이런 선거구제와 대표 결정 방식은 경제적 효율성 측면에서 유리하나 문제점으로 승자 독식, 또는 민의의 왜곡이라는 지적을 받는다. 따라서 국민 의사의 정확한 반영 및 경제적 효율성이라는 측면을 보완할 수 있는 선거 제도가 무엇인지 탐구해보는 것도 필요해 보인다. 또한 선거 연령도 선거와 관련된 사회적 쟁점 중 하나이므로 청소년의 참정권 보장이라는 측면, 정치적인 이해관계 등 다양한 시각에서 선거 연령의 적정 수준에 대한 탐색도 흥미로운 주제라고 할 수 있다.

📇 DBpia 추천 논문
- 홍완식.(2015). 선거제도 개편에 관한 연구. 법학연구, 59, 305-329.

PL 007   정치 참여와 의무투표제

시민들이 실질적이면서 가장 보편적으로 정치에 참여하는 방법은 투표에 참여하는 것이다. 그래서 민주주의의 위기를 극복하고 민주 시민으로서의 의식을 확립하기 위해서 가장 필요한 것은 바로 투표율을 높이는 것이라는 주장일 있을 정도이다. 따라서 우리나라뿐만 아니라 민주주의 모든 국가는 국민의 정치 참여, 즉 투표 참여율을 높이기 위해 여러 가지 제도적 장치를 마련하고 있다. 우리나라의 경우 사전 투표제를 시행하고 있지만, 이와 별도로 예전부터 논쟁 중인 쟁점은 바로 의무투표제 도입 여부이다. 관련 내용을 탐구함으로써 우리나라 정치 참여 문화에 대해 깊은 이해를 하는 계기가 될 것이다.

目 DBpia 추천 논문

- 정곤. (2016). 투표율 제고를 위한 의무투표제에 관한 사례 연구. 연구방법논총, 1(1), 85-118.
- 이준한. (2007). 의무투표제에 대한 고찰. 21세기정치학회보, 17(1), 1-20.

PL 008   청소년의 정치 참여

일반 시민들의 경우 정치 참여에 필요한 지식과 정보들은 다양한 매체를 통해서 습득하게 된다. 인터넷이 발달하기 이전에는 텔레비전, 신문 등의 전통매체나 대안간의 의사소통을 통해 정치 참여 정보를 얻었다면 인터넷이 활성화 되면서 SNS와 스마트폰 등 뉴미디어가 정치적 정보 습득에서 큰 비중을 차지하고 있다. 그렇다면 청소년들의 정치 참여에 필요한 정보 습득 경로는 무엇이며, 그런 경로로부터 얻은 정치 정보가 청소년의 정치 참여에 어떤 영향을 미치는지 살펴보는 것이 매우 흥미로우면서도 연구자 본인, 즉 학생의 정치의식을 되돌아보는 기회를 제공해 줄 것이다.

目 DBpia 추천 논문

- 이용운, 하승태. (2015). 청소년의 커뮤니케이션 유형별 정치적 의사소통이 정치참여에 미치는 영향. 지역과 커뮤니케이션, 19(1), 221-247.
- 민영, 노성종. (2011). 한국과 미국 청소년의 인터넷 이용, 정치의식, 그리고 정치참여. 한국언론학보, 55(4), 284-308.

PL 009 정당

정당은 현대 사회에서 일반 시민들이 정치에 참여할 수 있는 가장 일반적인 통로이다. 이에 일반적으로 대의제 민주주의는 정당 정치의 발전과 안정화와 깊은 관계가 있다. 따라서 현대 민주주의의 실제적인 모습이라 할 수 있는 대의 민주주의 발전을 위해 정당의 역할에 대해 깊이 있게 탐구해 보는 것도 필요하다.

📑 DBpia 추천 논문
- 윤종빈 (2016). 정당정치와 대의민주주의에 대한 소고(小考). 미래정치연구, 6(1), 141-156.
- 최태욱 (2016). 정당정치의 실종과 대의제 민주주의의 위기. 한국사회학회 심포지움 논문집, 137-146.

PL 010 언론의 역할과 기능

방송의 공정성은 모든 언론에 동일하게 요구되는 반드시 지켜야 하는 중요한 가치이다. 이는 신문이든 공중의 전파를 이용하는 방송이든 언론의 공정성을 중요한 가치로 여기고 동일하게 지켜야 하는 이념이기 때문이다. 모든 언론은 그 자체가 공공재의 성격을 가지고 있기 때문에 탄생과 동시에 사회의 공적 기능을 수행해야 한다. 그러나 공정성의 법적 개념이 명확하지 않고 범위에 대한 설정 문제 또한 사회적 논쟁 중 하나이다. 따라서 방송의 공정성의 의미하는 것은 무엇이지, 우리 법 또는 사회 제도 안에서 방송의 공정성을 위해 어떤 장치가 마련되어 있는지 탐구하는 것도 흥미로운 주제이다.

📑 DBpia 추천 논문
- 권형둔. (2014). 방송의 공정성에 대한 헌법이론과 법제도 개선방안. 공법학연구, 15(2), 23-52.
- 이정훈, 정준희. (2018). 공영방송 저널리즘의 신뢰성 회복을 위한 고찰. 한국언론정보학회 학술대회, 3-14.

2. 경제학

1) 2015 개정 교육과정에서 경제학 내용 체계

영역	핵심 개념	일반화된 지식	내용 요소	기능
			고등학교	
경제	경제생활과 선택	희소성으로 인해 경제 문제가 발생하며, 이를 해결하기 위해서는 비용과 편익을 고려해야 한다.	희소성, 합리적 선택, 비용과 편익, 경제적 유인, 시장경제 체제, 가계, 기업, 정부의 경제활동	조사하기 분석하기 추론하기 적용하기 탐구하기 의사 결정 하기
	시장과 자원 배분	경쟁 시장에서는 시장 균형을 통해 자원 배분의 효율성이 이루어지고, 시장 실패에 대해서는 정부가 개입한다.	수요, 공급, 시장 균형, 노동 시장, 금융 시장, 자원 배분의 효율성, 잉여, 시장 실패, 정부 개입, 정부 실패	
	국가 경제	경기 변동 과정에서 실업과 인플레이션이 발생하며, 국가는 경제 안정화 방안을 모색한다.	경제 성장, 한국 경제의 변화, 국민경제의 순환, 국내 총생산, 실업, 인플레이션, 총수요, 총공급, 재정 정책, 통화 정책	
	세계 경제	국가 간 비교 우위에 따른 특화와 교역이 발생하며, 외환 시장에서 환율이 결정된다.	무역 원리, 무역 정책, 외환 시장, 환율, 국제 수지	

2) 내용 요소를 중심으로 한 키워드(경제)

001 희소성
002 비용과 편익
003 경제적 유인
004 경제 체제
005 수요
006 공급
007 시장
008 노동 시장
009 기업
010 시장 실패
011 정부 개입

012 정부 실패
013 경제 성장
014 한국 경제의 변화
015 국민경제의 순환
016 국내 총생산
017 실업
018 인플레이션
019 총수요와 총공급, 경기변동
020 재정 정책
021 통화 정책
022 무역 원리

3) 경제학 키워드와 추천 논문

EC 001 희소성

희소성이란 인간의 물질적 욕구에 비하여 그것을 충족시켜주는 수단의 공급이 상대적으로 부족한 경우를 말한다. 그러나 단지 재화의 존재량이 적다고 해서 그 재화의 희소성이 높은 것은 아니다. 희소성은 원하는 양과 존재하는 양 사이의 관계에 따라 만들어지는 개념이기 때문이다. 마케팅 분야에서 생산자는 상품 또는 서비스를 소비자에게 유통시키기 위해 희소성을 활용한다. 희소성은 제품이나 기회의 가치를 상승시키는 것으로 인식되기 때문에, 광고에 활용되는 것이다. 관련된 연구를 통해 희소성의 개념이 조작 가능함을 알고, 이에 따라 의사결정이 달라질 수 있음을 이해할 수 있다.

📄 DBpia 추천 논문
- 은영, 임지은, 황장선 (2011). 희소성 메시지의 광고 효과. 광고연구, (89), 177-204.
- 이춘구. (2011). 자유민주주의의 공법적 고찰. 법학연구, 34, 375-401.

EC 002 비용과 편익

경제적 선택을 통해 얻게 되는 편리함이나 만족감 또는 유익함을 경제학에서는 편익이라고 한다. 합리적인 주체들은 자신들의 선택에 따른 편익을 극대화하기 위해 노력한다. 개개인의 선택에는 대가가 따르는데, 어떤 대안을 선택하게 되어 포기한 대안들 중에서 가장 가치가 큰 것을 그 선택에 의한 기회비용이라고 한다. 무엇을 기회비용으로 인식하는지에 따라 선택이 달라질 수 있다. 지방자치단체, 국가의 경우는 어떨까? 예를 들어 공공시설 건립이 경제적 타당성이 있는지를 살펴볼 때 비용과 편익을 분석하기 쉽지 않다. 관련 연구를 통해 비용과 편익을 어떻게 분석하여 국가 정책의 타당성을 도출하는지를 이해할 수 있다.

📄 DBpia 추천 논문
- 박상혁, 임가영, 손영우. (2013). 기회비용의 고려가 제품의 구매의사에 미치는 영향. 한국심리학회지: 소비자·광고, 14(1), 1-23.
- 장덕현, 구본진 (2018). 어린이도서관 건립의 경제적 타당성 분석. 한국문헌정보학회지, 52(2), 125142

EC 003 경제적 유인

사람들이 특정한 방식으로 행동하도록 동기를 부여하는 것을 경제적 유인이라고 한다. 경제적 유인에는 편익이 증가하도록 하여 어떤 행위를 더 하게 하는 긍정적인 유인과 비용이 증가하도록 하여 어떤 행위를 덜 하게 하는 부정적인 유인이 있다. 경제적 유인은 가계, 기업, 정부에서 모두 활용할 수 있는데, 정부에서는 사람들의 행동을 특정한 방향으로 유도하기 위해 경제적 유인을 정책으로 활용한다. 예를 들어 쓰레기 종량제, 빈 용기 보증금 제도, 환경 개선 부담금 제도, 범칙금 제도, 신고 포상금 제도 등은 경제적 유인을 통해 사회 문제를 해결하기 위한 정책으로 볼 수 있다. 경제적 유인과 관련된 정책을 결정할 때에는 기대하는 목적을 달성할 수 있는지 여부와 그 부작용을 고려해야 한다.

🗐 DBpia 추천 논문
• 안형기, 임정빈 (2013). 재활용 촉진을 위한 정책기제 개발. 한국정책과학학회보, 17(1), 273-303.

EC 004 경제 체제

경제생활은 자원의 희소성 때문에 발생하는 무엇을 얼마나, 어떻게, 그리고 누구를 위해 생산할 것인가라는 기본적인 경제 문제에 직면하고 있다. 이러한 경제 문제를 해결하기 위해 각 사회는 합의된 제도나 방식을 가지고 있는데, 이를 경제 체제라고 한다. 경제 체제는 생산 수단을 누가 소유하고 있는지에 따라 민간에서 소유하고 있다면 자본주의, 국가가 소유하고 있다면 사회주의로 구분할 수 있다. 또한 경제 체제는 경제 문제를 어떤 방식으로 해결하느냐에 따라 전통 경제 체제, 시장 경제 체제, 계획 경제 체제로 나눌 수 있다. 전통 경제 체제는 경제생활에서 발생하는 경제 문제들을 전통적인 관습이나 신분 제도 등에 따라 해결하려고 한다. 계획 경제 체제는 국가와 같은 중앙 계획 기구에서 계획에 따라 생산·분배·소비의 경제 생활이 이루어지도록 결정한다. 이에 반해 시장 경제 체제는 경제 문제를 이해 당사자들이 시장이라는 기구를 통하여 자유롭게 해결하도록 하는 경제 체제이다. 각각의 경제 체제는 장점과 단점을 가지고 있고, 각 국가의 상황에 맞는 경제 체제의 운용이 필요하다.

🗐 DBpia 추천 논문
• 김정주 (2013). 시장경제와 자본주의. 진보평론, (57), 219-234.
• 데이비드 하비, 한서린 (2017). 커먼즈의 미래. 창작과비평, 45(3), 54-64.

EC 005 수요

물품을 소유의 개념이 아닌 서로 공유해 쓰는 협업 소비를 기본으로 하는 공유 경제가 우리 삶에 널리 퍼지고 있다. 아나바다와 같이 책, 옷 등 자신이 사용한 물건을 되파는 것 뿐만 아니라 빈방, 자동차 등 활용도가 떨어지는 물건이나 부동산을 다른 사람들과 공유할 수 있게 된 것이다. 그러나 이러한 상품이 공유경제의 대상이 되면, 상품을 판매하는 자 입장에서는 수요 감소의 요인이 된다. 그래서 공유경제의 확산을 제한하자는 입장도 존재한다. 확산되고 있는 공유경제의 사례를 통해 수요나 사회적 변화를 예측하고 탐구할 수 있다.

▤ DBpia 추천 논문
• 박준식, 박지홍 (2015). 카셰어링 서비스가 교통수요와 택시에 미치는 영향. 교통연구, 22(2), 19-34.

EC 006 공급

인구와 산업이 집중된 우리나라의 수도권은 정치적, 경제적 기능의 중심지이기 때문에 사람들은 수도권에 모여든다. 특히 서울의 경우 도심은 주택 가격이 높다. 주택가격은 주택공급의 가격탄력성에 영향을 받는다. 주택수요가 증가할 경우 주택공급이 비탄력적이면 가격이 상승한다. 가격 변화에 따라 생산자들이 주택 공급량을 얼마나 신축적으로 조절할 수 있는지에 따라 공급의 가격 탄력성은 달라진다. 서울시내 거주 가구 중 네 가구당 한 가구가 1인 가구라고 한다. 이러한 1인 가구가 서울에서 안정된 주거 환경을 가질 수 있을지를 탐구하기 위해서는 주택 공급에 대한 이해가 필요하다.

▤ DBpia 추천 논문
• 이동훈 (2012). 1인가구를 위한 소형임대주택 공급확대 방안. 정책리포트, (109), 1-24

EC 007 시장

생산물, 생산 요소의 거래가 이루어지는 장소인 시장은 대규모 유통시설의 확대, 전자상거래의 활성화로 인해 과거 지역에 기반을 둔 재래시장, 전통시장, 골목시장과 같은 재래식 유통시장과 소규모 상권이 침체되고 있다. 이에 따라 대형마트의 의무휴업일 지정(유통산업발전법), 온누리상품권 발행(전통시장 및 상점가 육성을 위한 특별법) 등 다양한 정책이 도입되고 있다. 그러나 지역의 소규모 골목시장은 이러한 지원의 사각 지대에 있다. 하지만 지역 내 이용자들의 편의성, 지역 경제 활성화, 대형유통매장의 독점력으로 인한 가격 상승 방지 측면에서 필요한 시장이기도 하다. 골목시장을 활성화하기 위해 상인과 이용자들의 의식을 파악하여 문제 해결의 대안을 제시할 수 있다.

▤ DBpia 추천 논문

• 이석현 (2014). 골목시장의 공간 활성화에 대한 상인과 이용자 의식조사. Archives of Design Research, 27(3), 133-151.

EC 008 경제 체제

노동 시장의 원활한 흐름을 통해 고용을 창출하고 기업의 경쟁력을 높이려면 노동 시장의 유연성을 높여야 한다는 의견이 있다. 한편으로는 노동 시장의 유연성만 달성되고, 안정성이 확보되지 못하면 고용 불안이 커지고 노동자들이 저소득에 시달리게 될 수 있다는 우려의 시각이 있다. 우리나라는 2017년 경제 협력 개발 기구 자료에 의하면 비정규직 비율이 20.6%로 OECD 평균인 11.2%에 비해 높은 편이다. 현재 우리나라의 비정규직 노동 시장은 어떤 양상을 띠고 있을까? 연구를 통해 비정규직의 실태와 노동 유연성과 안정성이 우리 경제에 끼치는 영향을 파악하고, 비정규직 노동자들의 경험을 이해할 필요가 있다.

▤ DBpia 추천 논문

• 최인이 (2009). 유통 서비스업 여성비정규직 노동의 성격과 차별 양상에 대한 연구. 한국 사회학, 43(1), 89-129.

EC 009 기업

가계와 함께 민간 경제 활동의 주체인 기업은 이윤 극대화를 목적으로 한다. 하지만 기업의 지나친 자본 축적과 대기업 중심의 경제 정책 등으로 기업 양극화가 심해지고 있다. 동네 슈퍼와 빵집이 사라지고, 대형마트와 프랜차이즈가 그 자리를 대신하는 현상은 이익의 배분의 불균형을 가져올 수 있는 것이다. 이에 따라 기업의 잉여금은 주주나 소유주의 이윤을 극대화하는 것보다는 그 사업체 또는 지역사회를 위해 재투자되는 기업으로 사회적 기업의 개념이 등장하였다. 우리나라에서도 2006년 사회적 기업 육성법이 제정되고 다양한 사회적 기업이 등장하고 있으나, 사회적 기업의 정의와 방향에 대한 탐구가 지속적으로 필요하다.

▤ DBpia 추천 논문
- 백유성, 김종길 (2013). 사회적 기업과 기업의 사회적 책임에 관한 문헌연구. 사회적기업연구, 6(1), 2749.

EC 010 시장 실패

시장 경제 체제에서는 자유 경쟁을 통해 형성된 가격에 따라 자원이 효율적으로 배분된다. 자원이 효율적으로 배분된다는 것은 초과 수요나 초과 공급이 발생하지 않고, 사회적 잉여가 최대가 되는 상태를 의미한다. 하지만 현실적으로는 완전한 경쟁이 발생하기 어려워, 불완전 경쟁, 외부 효과 발생, 공공재의 부족 등으로 시장의 효율적 자원 배분에 실패하는 경우가 생기는데, 이를 시장 실패라고 한다. 시장 실패 현상을 해결하기 위해 자원의 효율적 배분이 실패한 원인을 분석하여 적합한 방안을 마련해야 할 것이다.

▤ DBpia 추천 논문
- 지광석 (2012). 기업의 가격담합과 소비자권익에 대한 소고. 소비자정책동향, (32), 27-45.
- 박상곤, 안일태 (2014). 문화관광해설사 투입의 외부효과와 시장실패. 관광연구저널, 28(9), 5-15.

EC 017   실업

일할 능력과 일할 의사를 가지고 있음에도 일자리를 구하지 못하고 있는 상태를 실업이라고 한다. 더 나은 근무 환경을 원하거나 자신의 적성에 적합한 직장을 탐색하는 과정에서 나타난 실업을 자발적 실업이다. 자발적 실업에는 경기 상황에 따라 나타나는 경기적 실업, 산업 구조의 변화와 기술 혁신으로 나타나는 구조적 실업, 계절의 변화 때문에 특정 시기에 걸쳐 반복적으로 일어나는 계절적 실업이 있다. 실업은 개인과 사회에 많은 영향을 미치며, 사회 갈등을 유발할 수 있다. 특히 최근 글로벌 경제 위기와 함께 세계 각국의 청년 실업률이 높아, 이로 인한 각국의 경제적 안정성 악화가 우려되고 있다.

DBpia 추천 논문

- 김성희 (2015). 박근혜 정부 노동개혁과 청년실업. 노동연구, 31, 5-37
- 오민애 (2016). 프랑스의 청년 실업과 청년 고용정책. 국제노동브리프, 14(2), 72-82.

EC 018   인플레이션

각각의 상품을 구매하기 위해 지불하는 금액인 가격을 종합한 후, 이를 평균적인 수치로 나타낸 것을 물가라고 한다. 가격이 때에 따라 오르고 내리는 것과 같이 물가도 변동한다. 인플레이션은 경제 전반에 걸쳐 물가가 지속적으로 오르거나 화폐 가치가 지속적으로 내려가는 현상을 말한다. 인플레이션이 나타나면 화폐 구매력이 하락하여 실질 소득이 감소하여 저축이나 투자를 줄이게 하여 경제 성장을 저해한다. 또한 물가가 오르면 실물의 가치는 상승하고 화폐 가치는 하락하기 때문에 부와 소득의 불공평한 재분배가 일어난다. 이처럼 인플레이션은 국민 경제에 많은 영향을 미친다.

DBpia 추천 논문

- 박영환, 이지영(2015). 물가안정목표제 도입국의 제도 현황 및 시사점. 한국은행, [BOK] 인플레이션보고서.

EC 019 총수요와 총공급, 경기 변동

일정 기간 동안 한 나라 안에서 공급되는 재화와 서비스에 대한 경제 주체들의 수요를 모두 더한 것을 총수요라고 한다. 총수요는 가계의 소비 지출, 기업의 상품 생산을 위한 투자 지출, 정부의 각종 소비와 투자 지출, 해외 부분의 소비인 순수출로 구성된다. 총공급은 일정 기간 동안 한 나라 안에서 생산자들이 공급하고자 하는 재화와 서비스의 총량이다. 공급하고자 하는 총생산물은 생산성, 생산 비용, 생산 요소에 영향을 받는다. 이러한 총수요와 총공급을 통해 국민 경제의 균형이 형성된다. 한 국가의 총체적인 국민 경제 활동 수준을 경기라고 하는데, 경기는 여러 가지 요인에 따라 확장과 수축의 흐름을 반복하고 이러한 과정을 경기 변동이라 한다.

📋 DBpia 추천 논문

• 박진수 (2013). 경기변동과 트렌드 컬러의 상관성 연구. 한국색채학회논문집, 27(2), 27-37.
• 정현상 (2017). 경기변동과 성별, 연령별 취업자 수 변화. 노동리뷰, 126-137.

EC 020 재정 정책

정부는 경기 변동을 완화하기 위해 정부 지출이나 조세의 정도 및 배분이 변화하도록 하여 총수요에 영향을 끼치고자 한다. 이를 재정 정책이라고 한다. 정부는 경기 불황, 경기 과열에 대응하여 정부 지출과 조세를 조절하여 총 수요를 확대하거나 줄이려고 한다. 이러한 재정 정책 실시를 위해서는 재정의 충분한 확보가 필요하다. 이를 위해 세출과 세입간의 균형이 필요한데, 최근 중앙 정부 및 지방 정부에서 나타나는 재정압박, 더 나아가 재정위기에 대한 우려의 목소리가 존재한다.

📋 DBpia 추천 논문

• 류민정 (2015). 지방재정압박의 원인과 개선과제. 한국지방재정논집, 20(1), 113-145.

3. 심리학 (사회)

1) 2015 개정 교육과정에서 심리학(사회) 내용 체계

영역	핵심 개념	일반화된 지식	내용 요소	기능
			고등학교	
심리학에 대한 이해	과학과 생활	·심리학은 인간 개인과 집단의 모습을 이해하는 수단이며, 과학적 사고는 합리적인 생활을 영위하는 데 필수적이다.	심리와 물리, 동물과 인간의 행동, 과학적 연구, 정신 물리학, 심리적·물리적 환경, 직업 세계, 직업 적성과 직업 흥미	이해하기 구조화 하기 합리화 하기 적용하기 실천하기
	심리학과 진로	·심리학의 여러 연구 분야는 주변 환경과 직업 세계를 이해하고 선택하는 데 도움이 된다.		
나(self) 알기	지각, 기억과 학습	·지각 과정의 오류를 이해하고, 이를 극복하기 위해서 기억 과정, 학습 및 문제해결 과정에 대한 과학적인 접근을 이해하고 실천한다.	지각, 지각의 오류, 기억의 과정(정보 처리 이론), 합리적 사고, 문제해결, 동기, 정서, 성격과 행동, 자아존중감, 자아 정체감, 개인차	
	동기와 정서	·동기와 정서는 행동에 중요한 영향을 미치는 요인이며, 부정적 동기와 부정적 정서를 이해하고 이를 통제할 수 있는 능력을 습득해야 한다.		
	성격과 자아 정체성	·건강한 성격을 지니려면 자아와 자아 정체감의 형성 과정이 중요하며, 자신의 성격과 자아 정체감을 파악하고 건강한 성격과 자아 정체감을 지니도록 해야 한다.		
사회적 정체성	사회적 관계	·집단 과정과 집단 갈등의 이해를 통해 건강한 사회적 관계성을 구축할 수 있다.	집단, 갈등과 갈등 해소, 집단 행동과 집단 과정, 교우 관계, 적응과 부적응, 심리적·물리적·미디어 환경	
	사회적 환경	·가족, 학교, 미디어 등 개인의 생활환경이 개인에게 미치는 영향력을 이해하는 것은 사회적 적응에 필수적이다.		
삶과 적응	적응과 부적응	·적응과 부적응의 기준을 이해하고 청소년기의 행복한 삶의 조건을 찾는다.	적응/부적응, 스트레스의 종류와 영향, 스트레스 극복 방안, 행복한 삶, 강점과 약점, 자아실현	
	강점과 행복 찾기	·자신을 이해하고 행동을 통제하는 방법을 습득함으로써 자신의 강점을 찾아 행복을 추구한다.		

2) 내용 요소를 중심으로 한 키워드(경제)

001 직업 적성과 흥미	009 집단 갈등
002 지각의 오류	010 집단행동과 집단 과정
003 정보처리이론	011 또래 관계(교우 관계)
004 동기와 정서	012 적응과 부적응
005 성격과 행동	013 스트레스와 스트레스의 극복
006 합리적 사고	014 청소년의 행복에 대한 인식
007 자아 존중감	015 자아실현
008 자아 정체감	

3) 심리학(사회) 키워드와 추천 논문

SPY 001　　직업 적성과 흥미

대부분의 사람들은 자아실현과 생계유지를 직업을 통해 이뤄낸다. 청소년기 자신의 적성과 흥미에 맞는 직업을 탐색하는 일은 자신을 이해하는 과정인 동시에 사회 구성원으로서 또는 경제생활을 영위해야 할 한명의 경제 주체로서 매우 중요한 과정이다. 많은 사람들이 자신의 적성과 직업의 괴리를 경험하는 경우가 많다. 적성과 직업이 반드시 일치하지 않아도 다양한 직업을 갖는 경우도 많고 이것이 일치하지 않아도 자신의 삶에 만족할 수 있지만 자신의 잠재적 소질과 능력, 흥미나 성격 특성을 잘 이해하고 직업 선택을 한다면 삶에 대한 만족감은 높아질 수 있다. 이를 위해 막연한 생각보다는 직업에 대한 간접 경험을 쌓고, 공신력 있는 검사 도구를 활용해서 직업에 대한 적성과 흥미 등을 찾아보는 과정이 필요하다. 특히 객관적으로 자신의 적성을 생각해볼 수 있는 신뢰성 있는 검사 도구를 검증하여 활용해 보는 것은 큰 도움이 될 수 있다.

📑 DBpia 추천 논문

- 김나라, 방재현. (2014). 청소년의 직업흥미 유형과 희망전공, 진로결정, 학교만족도의 관계. 농업교육과 인적자원개발, 46(3), 107-123.
- 이경희, 성태제. (2018). 종합진로직업적성검사 직업선호도척도의 성별에 따른 측정동일성 검증. 진로교육연구, 31(2), 223-238.

지각이란 외부환경으로부터의 자극을 선택적으로 받아들여서 해석하고 의미를 부여하는 일
련의 심리적 과정으로 지각의 오류란 외부환경으로부터의 자극이나 정보를 잘못 판단하거나
왜곡하여 받아들이는 경우를 말한다. 우리는 스스로의 지각에 대해 의심하지 않고 수용하는
경우가 있으나 실제로는 많은 부분에서 지각의 오류를 경험한다. 편견이나, 현혹됨, 또는 선
택적 지각 등 우리의 지각 과정에서 나타나는 오류를 이해하고, 이를 극복하는 것은 기억 과
정, 학습 및 문제 해결 과정에 대한 과학적인 접근을 가능하게 한다. 그러므로 지각의 오류가
나타나는 양상을 이해하고 이를 줄이려고 노력하는 것이 합리적으로 생각하고 선택하는 데
필요한 실천방안이다. 특히 소비에 있어서 나타나는 지각의 오류에 대해서 살펴봄으로써 수
많은 소비 선택 과정에서 범하는 우리의 오류를 줄일 수 있다.

📑 DBpia 추천 논문

• 한국심리학회. (2018) 더 알고 싶은 심리학. 학지사
• 한웅희. (2014). 소비자의 신념편향에 대한 도피이론적 접근. 한국콘텐츠학회논문지, 14(11), 411-421.

정보화 시대를 맞으면서 우리의 뇌는 더욱 많은 정보를 정리, 통합하여 의사 결정을 해야 하
는데 이러한 과정을 정보처리라고 한다. 인간의 경우 단기 기억의 능력에 한계가 있기 때문에
가능한 합리적으로 사고하려고 하여 부담이 적은 사고(思考) 절약 과정이 필요하다. 이를 위
해 받아들인 정보를 처리하기 위해 일정의 틀을 이용하여 정보를 체계화하고 해석, 추론, 의
사결정 등을 하는 사고 과정에 대한 이론을 살펴보면서 우리가 정보를 받아들이고 이를 활용
하는 방법을 이해할 수 있다.

📑 DBpia 추천 논문

• 이영훈. (2001). 태도의 지식구조와 정보처리 양식- 이중처리이론을 중심으로. 한국심리학회지 :
　사회 및 성격. 제15권 제2호, 85-109

동기와 정서

정서는 특정한 생리적 활동 패턴과 연합되어 있는 긍정적 혹은 부정적 경험으로, 동기는 한 행동의 목적이나 심리학적 원인으로 정의된다. 정서와 동기는 '움직인다'를 의미하는 공통의 언어적 뿌리를 공유한다. 이는 인간의 정서가 세상에 대한 정보를 받아들여 직·간접적으로 우리를 동기화 시키는 것과 관련한다. 특히 학습에 있어서 동기와 정서가 어떠한 관계가 있는지 확인해보는 것은 우리가 우리의 정서와 동기를 잘 활용하여 우리가 할 일을 어떻게 효율적으로 조절할 수 있는 지에 대한 중요한 정보를 제공할 수 있다.

🗐 DBpia 추천 논문

• 배대권. (2018). 영어 학습 동기와 성격 및 정서의 관계성. 현대영미어문학회 학술대회 발표논문집, 71-76.

SPY 005 성격과 행동

성격이란 한 개인의 특징적인 사고, 행동, 감정 방식을 말한다. 인간은 그가 갖고 있는 성격 특성들로 기술될 수 있고 특성은 특정한 그리고 일관성 있는 방식으로 행동하게 만드는 비교적 불변적인 성향이다. 이러한 성격 특성에 따라 행동이 설명될 수 있다. 특히 다른 사람들과의 상호 작용을 통하여 도움을 받는 것을 의미하는 사회적지지 중 하나로서 조직신뢰라는 개념을 매개로 성격과 행동 간의 관계를 살펴보는 것은 성격의 특성을 이해하고 건강한 성격을 지니려고 노력하고 좋은 행동을 유발하려는 과정에 도움을 줄 수 있다.

🗐 DBpia 추천 논문

• 송운석, 이민호. (2011). 개인성격과 혁신행동과의 관계에 대한 조직신뢰의 매개효과에 관한 연구. 사회과학연구, 27(1), 1-28.

SPY 006 　합리적 사고

경제학자들의 합리적 선택이론에 따르면, 사람들은 모드 가능한 대안을 평가하고 이득을 최대화하는 결정을 한다고 여긴다. 하지만 많은 심리적 연구가 인간의 사고 과정이 꼭 그렇지 않음을 보여준다. 우리의 일상생활의 의사결정은 오류와 결함투성이다. 하지만 어떤 문제가 우리의 정신적인 절차에 잘 맞으면 적절한 판단을 하는 데 상당한 기술을 보인다. 그러므로 합리적으로 사고하고 선택하는 방법을 위한 여러 전략 등을 모색해 보는 것이 의미가 있다.

▤ DBpia 추천 논문
• 함복희. (2016). 합리적 사고로의 전환을 위한 치유적 읽기 고찰. 한어문교육, 36, 297-331.

SPY 007 　자아 존중감

학업과 일의 성취는 물론 원만한 대인관계를 위해 객관적이고 건강한 자아 존중감의 형성은 매우 중요하다. 자신이 사랑받을 만한 가치가 있는 소중한 존재이고 어떤 성과를 이루어낼 만한 유능한 사람이라고 믿는 마음가짐은 스스로를 긍정하고 자신의 삶을 행복하게 살 수 있는 밑바탕이다. 자아존중감이 있는 사람은 자신의 자아 정체성을 제대로 확립할 수 있고, 새로운 일에 도전하고 더 나은 삶을 살 수 있도록 도전할 수 있다. 청소년기에는 사춘기를 경험하고 외모나 성적에 대한 고민 때문에 자아 존중감이 낮아지기 쉽다. 청소년기 자아 존중감과 학교생활에의 적응 관계를 살펴보고 이 연구의 결론을 우리의 삶에 적용해 봄으로써 균형감 있는 자아 존중감 형성에 도움을 받을 수 있다.

▤ DBpia 추천 논문
• 이혜순 외 (2012). 청소년의 충동성, 자아 존중감, 우울수준이 학교생활 적응에 미치는 영향. 한국콘텐츠학회, 한국콘텐츠학회논문지 제 12권 1호, 438-446.

SPY 008 　자아 정체감

자아 정체감은 다른 사람과 관계를 맺으며 가지게 되는 '나는 누구인가'에 대한 해답이다. 자아 정체감은 구체적인 의식으로 자신의 독특성을 자각한 상태를 말한다. 청소년기는 자아 정체감의 확립을 위한 노력이 이루어지는 시기로 자신에 대해 파악하고 건강한 성격과 자아 정체감을 지니려는 태도가 중요하다. 이를 위해 자아 정체감이 자신의 환경과 이에 대한 자기 인식 등과 맞물려 어떻게 형성되는지를 이해하는 것이 필요하다. 그 형성과정에 대한 양상을 파악한 연구를 통해 간접적으로나마 자아 정체감에 영향을 주는 요인들 및 자신을 객관화시켜 수용할 수 있는 여유를 갖는 것의 중요성을 이해할 수 있다. 이러한 과정이 중요한 것은 자아 정체감이 바르게 확립된 사람은 자신의 인생에서 스스로 주인이 되어 의미 있는 삶을 살아갈 수 있는 힘을 갖기 때문이다.

📑 DBpia 추천 논문
• 이용을. (2015). 탈북청소년의 자아정체감 형성과정에 관한 연구. 공공사회연구, 5(4), 107-131.

SPY 009 　집단 갈등

사회 안에는 다양한 사회 집단이 존재하고 이들 간에는 이해관계의 차이나 가치관의 차이 등으로 인해 갈등이 발생하기도 한다. 이러한 집단 간 갈등의 양상을 이해하고 해결하려는 노력을 통해 건강한 사회적 관계성을 구축할 수 있다. 사회 집단의 갈등이 원만하게 해결된다면 사회 발전의 원동력이 될 수 있기 때문이다. 다양한 집단 갈등 중 우리사회에서는 고령 사회로 진입하면서 노인 인구가 빠르게 증가하면서 세대 갈등이 사회적 이슈가 되고 있다. 세대 갈등의 양상과 원인, 해결책에 대한 모색을 통해 집단 갈등의 해결에 사회 구성원들이 서로 이해하고 통합하려는 노력의 필요성을 다시 한 번 생각해볼 수 있다.

📑 DBpia 추천 논문
• 이재경. (2018). 세대갈등의 양상, 원인, 대안 모색. 경제와 사회, 18-48.

집단행동과 집단 과정

현대 사회 다양한 이해관계의 충돌은 집단행동으로 이어진다. 이러한 집단행동의 이면에는 집단구성원이 추구하는 목적의 일치, 이를 실현시키기 위한 수단·방법의 일치, 집단의 규율·규범의 존재 등이 전제가 된다. 또한 집단 구성원들이 리더십에 이끌려 동조하고 의사 결정을 하는 집단적 상호 작용 과정이 내재되어 있다. 이러한 집단행동과 집단 과정의 양상을 잘 보여주는 연구를 살펴봄으로써 집단행동의 작동원리를 실제적으로 이해할 수 있다. 이러한 과정에 대한 이해는 집단행동의 적절성에 대한 판단과 더불어 이를 형성하고 규율하는 데 있어 도움을 줄 수 있다.

DBpia 추천 논문
• 최위정. (2017). 반세계화운동의 집단행동프레임 연구. 사회과학연구, 24(2), 323-352.

SPY 011　또래 관계

청소년들은 가족보다도 친구들과 더 많은 시간을 보내기도 한다. 그러면서 많은 갈등과 혼란을 겪기도 하고, 만족감을 경험하기도 하면서 사회적 관계를 유지 및 발전시키는 능력을 개발하기도 한다. 또래 친구들은 청소년들이 자기 자신을 점검하는 하나의 대상이 되며 자기 존재 가치를 확인할 수 있는 귀중한 준거가 되기도 한다. 그러므로 청소년들이 정체성을 수용하는 과정에서 나타난 또래관계의 영향 및 청소년에게 의미 있는 대상인 부모 등과의 관계를 이해하는 것은 청소년의 사회적 관계 형성에 대해 우리가 알아야 할 점을 시사해줄 수 있다.

DBpia 추천 논문
• 김은정. (2009). 한국 청소년들의 '학생으로서의 정체성' 수용과정 : 또래관계를 비롯한 '의미 있는 타자'들과의 상호작용을 중심으로. 한국사회학회 〈한국사회학〉 제 43권 2호, 85-129.

SPY 012 · 적응과 부적응

외부의 환경에 대해 알맞은 행동을 하는 것을 적응이라 하고 그것이 안되는 것을 부적응이라 한다. 이러한 적응과 부적응은 우리의 정신 건강 및 사회생활을 좌우한다. 특히 개인이 주위 환경이나 사회의 요구를 적절히 수용하지 못하고 타인과의 관계에서 조화를 이루지 못하는 데서 오는 불만이나 불안의 상태를 해소하는 것이 필요하다. 청소년의 입장에서 가장 중요한 사회 환경인 학교에 부적응한다면 건강하게 행복을 구할 수 없을 것이다. 학교 부적응에 영향을 미치는 요인들이 무엇인지를 파악하여 청소년들이 건강하게 행복을 추구하고, 나아가 사회 구성원을 건강하게 길러내는 학교의 역할을 제고해 보는 것은 매우 중요한 문제이다.

📑 DBpia 추천 논문

• 이지현. (2015). 학교부적응에 영향을 미치는 학생 개인 및 학교수준 요인. 청소년학연구, 22(7), 151-177.

4. 사회문제 탐구

1) 2015 개정 교육과정에서 사회문제 탐구 내용 체계

영역	핵심 개념	일반화된 지식	내용 요소		기능
				고등학교	
사회 문제의 이해	사회 문제		· 사회문제의 의미와 특징 · 사회문제 탐구 방법과 절차 · 사회문제 탐구 과정에서의 쟁점		
게임 과몰입	정보사회 게임과 몰입		· 정보사회의 의미와 특징 · 게임 과몰입의 발생 원인과 해결 방안		
학교 폭력	학교 폭력		· 범죄의 현황과 유형 · 학교 폭력의 발생 원인과 해결 방안		
저출산· 고령화에 따른 문제	저출산 고령화		· 출생과 사망의 사회적 의의 · 저출산· 고령화 현상으로 인해 나타날 수 있는 사회문제의 해결 방안		
사회적 소수자에 대한 차별	사회적 소수자 편견과 차별		· 사회적 소수자의 의미 · 사회적 소수자에 대한 편견과 차별의 발생 원인과 해결 방안		
사회문제 사례연구			· 사회문제 사례 선정 · 탐구 계획 수립과 해결 방안 도출 · 보고서 작성 및 발표		

2) 내용 요소를 중심으로 한 사회문제 탐구 키워드

001 게임 과몰입(게임중독)

002 정보격차

003 개인 정보 유출

004 인터넷 윤리

005 스마트폰 사용 문제

006 청소년의 언어 사용과 언어폭력

007 학교 폭력의 원인과 실태

008 저출산 · 고령화에 따른 사회 변화

009 사회적 소수자에 대한 차별

010 다문화 사회로의 변화

011 외국인 노동자 문제

012 난민 문제

013 외국인 범죄 문제

014 대중매체 안의 편견과 차별

015 미디어 리터러시

3) 사회문제 탐구 키워드와 추천 논문

SP 001　게임 과몰입

다양한 사회문제 중 정보 사회에서 발생하는 문제가 점점 심각해지고 있다. 그 중 특히 또래 집단에서 발생할 수 있는 사회문제에 대한 탐구를 해보는 것은 의미가 있다. 청소년의 일상과 관련된 대표적인 문제로 게임 과몰입 문제의 심각성을 인식하고 청소년 게임 과몰입의 원인이 무엇인지를 파악하거나 청소년 게임 과몰입을 막기 위한 셧다운제와 같은 사회적 쟁점에 대한 다양한 관점을 파악하는 것이 게임 과몰입 문제의 해결 방안을 모색하는 밑거름이 될 것이다.

目 DBpia 추천 논문
- 박조원 외(2013). 어린이, 청소년 게임 이용자의 심리적 특성이 게임 과몰입에 미치는 영향에 대한 연구. 한국콘텐츠학회, 한국콘텐츠학회논문지 제13권 11호, 665-676.
- 이준복(2014). 청소년보호법상 셧다운제에 관한 헌법적 연구. 서울시립대학교 법학연구소, 서울법학 제21권 3호, 555-592.

SP 002　정보격차

정보 사회에서는 정보에 대한 접근성 정도 및 정보를 활용하는 능력의 차이는 결국 정보 격차의 결과로 흔히 떠올리는 세대 간의 문화적 차이뿐만 아니라 경제적 격차 등의 사회적 불평등 문제로 이어질 가능성이 크다. 이에 정보 격차의 실태를 파악하고, 정보리터러시라는 다소 생소한 개념을 접해보는 것이 정보격차 문제를 인식하고 이의 해결을 위해 노력할 수 있는 기초가 될 것이다.

目 DBpia 추천 논문
- 성욱준(2014). 스마트 시대의 정보리터러시와 정보격차에 관한 연구. 서울행정학회, 한국사회와 행정연구 25(2) 53-75.
- 민영(2011). 인터넷 이용과 정보격차 : 접근, 활용, 참여를 중심으로. 서울대학교 언론정보연구소, 언론정보연구 48(1) 150-187.

SP 003 개인 정보 유출

인터넷과 휴대 전화 등 정보 통신 기술이 발달하면서 개인 정보의 수집과 유포가 용이해져 개인 정보 유출 사례가 빈번해지고 있다. 특히 인터넷을 이용할 때 회원 가입 등을 하면서 개인 정보를 입력하는 점을 이용해 업체에서 개인 정보를 상품처럼 매매하는 것이나 SNS를 통한 개인 정보 노출 등이 문제가 되고 있다. 이 부분에 대한 경각심을 갖고 개인 정보 유출 실태를 파악하고 개인 정보를 보호하기 위한 법적 조치에 대한 이해를 우선하는 것이 필요하다.

▤ DBpia 추천 논문

- 조수영. (2018). 개인정보보호법에서의 정보주체의 동의와 기본권 보장에 관한 연구. 법학연구, 18(1), 321-346.
- 최대선 외(2013). 소셜네트워크서비스 개인정보 노출 실태 분석. 한국정보보호학회, 정보보호학회논문지 23(5), 977-983.

SP 004 인터넷 윤리

인터넷 이용이 증가하면서 발생하는 무책임한 악성 댓글, 폭로성 정보로 인한 사이버 협박 등 인터넷을 사용하는 문제에 있어 윤리 의식의 부재로 인한 폐해가 심화되고 있다. 건전하고 안전한 인터넷 이용을 위한 인터넷 윤리가 필요한데 이를 위한 대책의 실효성 등을 파악해 보는 것이 문제의 해결을 위해서 선행되어야 할 것이다.

▤ DBpia 추천 논문

- 김태희, 강문설. (2010). 인터넷 윤리의식의 실태 분석 및 교육 효과 측정. 한국정보통신학회논문지, 14(5), 1257-1269.

'노모포비아(Nomophobia)', '스몸비'라는 용어가 나올 정도로 스마트폰의 유용성만큼이나 현대인들이 일상생활에서 스마트폰에 의존하는 경향은 커져 가고 있다. 특히 유아기나 청소년 시절부터 스마트폰에 중독되면 학습이나 대인 관계에도 부정적인 영향을 미칠 수 있다. 유용한 삶의 수단으로 스마트폰을 잘 활용하는 것이 필요한데 스마트폰 중독 문제는 이를 위해서 해결되어야 할 문제이다. 스마트폰 중독에 영향을 미치는 요인이 무엇인지, 또 스마트폰 중독이 일상생활에 미치는 영향은 무엇인지를 탐구하여 올바른 활용을 고민해 볼 필요가 있다.

📋 DBpia 추천 논문

- 김기태 외 (2016). 청소년의 스마트폰 네트워크 크기, 이용행태, 또래친구와의 관계지향성이 스마트폰 중독에 미치는 영향에 관한 연구. 한국방송학회, 한국방송학보 제30권 4호, 5-40.
- 김혜순 외 (2015). 청소년의 스마트폰 중독이 또래관계에 미치는 영향. 한국벤처창업학회, 벤처창업연구 제10권 5호. 117-125.

언어폭력이란 여러 사람 앞에서 상대방의 명예를 훼손하는 구체적인 말을 하거나 그런 내용의 글을 인터넷, SNS 등으로 퍼뜨리는 행동을 의미한다. 이러한 언어폭력은 당하는 사람이나 하는 사람 모두에게 부정적인 영향을 미친다. 특히 청소년 시기에 이러한 언어폭력은 사고에 부정적인 영향을 끼치고 언어 습관화되어 인성을 형성하는데 악영향을 미칠 수 있다. 큰 문제시 되고 있는 학교 폭력 유형의 다수가 언어폭력인데다 사이버 공간을 이용한 언어폭력이 증가하고 있는 것에도 유의해야 한다. 청소년이 받고 있는 스트레스만큼 거칠고 폭력적인 언어 사용이 가해자와 피해자 모두에게 정서적인 상처뿐만 아니라 명예 훼손, 모욕, 협박과 같은 범죄에 해당한다는 것을 인식하고 언어폭력에 대한 구체적인 연구를 살펴봄으로써 심각성 인식과 함께 개선점을 파악할 필요가 있다.

📋 DBpia 추천 논문

- 정여진, 손서희(2017). 청소년의 모바일 SNS 사이버 언어폭력 경험 관련 요인에 관한 연구. 한국가정관리학회지, 35(2), 1-16. 언론정보연구 48(1) 150-187.

SP 007   학교 폭력의 원인과 실태

학교 현장에서 입시 외에 가장 많이 거론되는 문제가 있다면 학교 폭력 문제가 아닐까? 법률까지 제정해 가며 규제를 하고 최근에는 경찰에서 T/F팀까지 구성하고 있다. 학교 폭력에서 법적으로는 이기는 사람이 있을지 몰라도 학교 폭력은 가해자측과 피해자측 모두에게 상처가 되는 일이다. 이 양상에 대한 연구를 살펴봄으로써 학부모·교사들이 최선을 다해 아이들과 소통을 할 수 있도록 하고, 타인의 고통에 대해 공감하는 법과 폭력의 부적절함을 가르쳐주는 노력이 수반될 수 있을 것이다.

▣ DBpia 추천 논문

- 한유경, 이희숙, 김성식, 이윤희(2016). 학교폭력 경험 양상의 변동 실태 및 영향요인 분석. 아시아 교육연구, 17(1), 145-168.
- 이미영, 장은진(2015). 학교폭력 가해자가 경험한 학교폭력 맥락에 관한 질적 연구. 한국심리학회지: 발달, 28(3), 115-140. 논문지 23(5), 977-983.

SP 008   저출산 · 고령화의 문제

우리나라의 급속한 저출산·고령화 현상으로 인해 생산 인구의 감소와 경제 위축, 국가 재정 지출 증가 등의 문제가 나타날 수 있으며 이러한 문제는 세대 간 갈등과 같은 사회적인 문제로도 이어질 수 있다. 예견되고 있는 저출산 · 고령화 현상의 문제점 해결을 위해서는 현상의 가속화를 막는 동시에 이미 벌어진 문제 상황에 대한 대책을 마련해야 한다. 이를 위해 적극적인 출산 장려 정책, 안정적인 노후 생활을 영위할 수 있는 복지 정책 및 노인들의 경제적 기반 마련 등 구체적 실천 방안으로 무엇이 있을지를 찾아보고, 그 실효성을 판단할 수 있는 연구가 지속되어야 하다. 삶의 질을 향상할 수 있는 사회 환경을 마련하기 위한 구체적 대안을 살펴보는 일이 무엇보다 중요하다.

▣ DBpia 추천 논문

- 유현종(2016). 미래 인구예측과 저출산 · 고령화 정책의 실천적 대안. 한국행정학회 학술발표논문집, 1845-1868.

SP 009 사회적 소수자에 대한 차별

사회적 소수자의 문제는 사회적 약자에 대한 시혜적 차원으로 단순하게 접근할 수 없는 사회 문제이다. 개개인은 사회적 상황과 개인적 신상의 변화에 따라 언제든 사회적 소수자에 입장이 될 수 있고, 이런 사회적 소수자에 대한 차별을 극복하는 것이 인류 역사의 발달 과정이라고 볼 수 있기 때문이다. 사회적으로 차별받았던 무수한 집단 또는 개인들은 그들이 소수 집단으로서 당하는 불리함에 항거하고 자신의 권리를 주장하면서 그 상황을 개선해 왔다. 하지만 세계화 시대 더 다양해진 문화의 충돌 속에 여전히 사회적 소수자들은 차별 받고 있고, 아직도 충분히 권리를 확보하지 못하고 있다. 사회적 소수자 문제에 대한 학생들의 인식이 대부분 학교 교육 또는 미디어를 통해 형성된다고 볼 때, 사회적 소수자 문제에 대한 사회과 교과서의 서술 내용 및 미디어의 전달 방식 등을 살펴보는 것은 사회적 소수자 차별에 대한 공론을 이해하는 데 출발점 역할을 할 수 있다.

🗒 DBpia 추천 논문
• 박가나(2016). 사회과 교과서의 사회적 소수자 관련 내용 분석. 사회과교육, 55(2), 71-91.

SP 010 다문화 사회로의 변화

우리 사회는 세계화 뿐만 아니라 저출산·고령화 때문에도 다문화 사회로의 변화가 빠르게 진행되고 있는 국가이다. 외국인 근로자, 국제결혼 여성, 외국인 가정의 자녀에 이르기까지 국내 체류 외국인의 구성이 다양해지고 있고 그 수도 증가하고 있다. 이런 변화는 우리 사회를 다양하고 풍요롭게 만드는 동시에, 문화적 차이로 인한 갈등이나 편견, 차별 등의 문제를 발생시킬 가능성도 크다. 이에 대처하기 위해 우리 사회 구성원 다수에게 다문화 사회에 필요한 지식과 가치 등을 전하는 다문화 교육이 필요하므로 이런 방향을 체계적으로 탐색해 보는 것은 매우 중요하다.

🗒 DBpia 추천 논문
• 이정금(2018). 미래사회 한국 다문화교육정책의 방향 탐색. 교육문화연구, 24(1), 549-567.

SP 011   이주노동자 문제

1980년대까지만 해도 우리나라 노동자들이 일하기 위해 다른 나라로 가서 어려움을 겪는 경우가 많았는데 요즘에는 우리나라 안의 이주 노동자들의 처우 문제나 법적인 부분이 사회 문제화 되고 있다. 이주노동자들 중의 다수가 그다지 높지 않은 임금을 받으며 차별 속에서 일하는 경우가 많다. 또한 다른 피부색과 문화적 차이로 인해 사회적 소수자로서 차별받는 일도 많다. 우리 사회의 경제적 필요와 이주노동자들의 일자리에 대한 이해가 맞아 날이 갈수록 늘어날 수밖에 없는 이주노동자들에 대한 사회적 인식이 바뀌어야 할 필요가 크다. 특히 청소년기에 형성되는 가치관은 성인기까지 우리 사회의 구성원으로 함께 생활해나가는 이주노동자들에 대한 인식으로 고착화될 가능성이 크다. 우리 안의 편견 등을 바로 잡을 수 있는 교육적 효과에 대한 연구를 살펴볼 필요성이 여기에 있다고 하겠다.

⊟ DBpia 추천 논문
- 김석호, 신인철, 김병수. (2011). 이주노동자에 대한 태도에 영향을 미치는 교육의 효과 분해. 한국인구학, 34(1), 129-157.

SP 012   난민 문제

우리 사회에서 난민 문제는 유럽 등 다른 사회의 문제로만 여겨졌으나 최근 예멘 난민 문제 등이 불거지면서 세계화 시대 난민 문제는 우리에게도 관심을 갖고 대책을 마련해야 하는 문제로 떠올랐다. 세계 도처에서 뿌리내리지 못하고 유랑하는 난민을 도외시하고 방치하는 것은 우리 사회 안의 약자를 돌보지 못하는 인류적 차원의 문제가 될 수밖에 없다. 하지만 무작정 이를 수용할 수만도 없기에 이에 대한 사회적 합의나 정책적 방향을 마련해야 한다. 이를 위해 사회적 합의의 기초로 제정된 우리의 난민법의 현재와 개선점 등을 연구하는 것은 가장 현실적인 노력의 기초가 될 것이다.

⊟ DBpia 추천 논문
- 이장희. (2016). 탈냉전 이후 난민법과 난민 인권보호의 실천과제. 인도법논총, (36), 143-161.

SP 012　난민 문제

우리 사회에서 난민 문제는 유럽 등 다른 사회의 문제로만 여겨졌었으나 최근 예멘 난민 문제 등이 불거지면서 세계화 시대 난민 문제는 우리에게도 관심을 갖고 대책을 마련해야 하는 문제로 떠올랐다. 세계 도처에서 뿌리내리지 못하고 유랑하는 난민을 도외시하고 방치하는 것은 우리 사회 안의 약자를 돌보지 못하는 인류적 차원의 문제가 될 수밖에 없다. 하지만 무작정 이를 수용할 수만도 없기에 이에 대한 사회적 합의나 정책적 방향을 마련해야 한다. 이를 위해 사회적 합의의 기초로 제정된 우리의 난민법의 현재와 개선점 등을 연구하는 것은 가장 현실적인 노력의 기초가 될 것이다.

📑 DBpia 추천 논문

- 이장희. (2016). 탈냉전 이후 난민법과 난민 인권보호의 실천과제. 인도법논총, (36), 143-161.

SP 015　미디어 리터러시

정보 사회가 본격화되면서, 정보를 만들고 유통하는 사람뿐만 아니라 정보를 검색하고 소비하는 사용자에게도 정보를 올바르게 다루는 태도와 능력 즉, 미디어 리터러시가 요구된다. 특히 오늘날에는 다수가 기존의 방송이나 신문 외에 다양한 온라인상 경로로 정보를 전달 받는다. 이러한 정보 중에는 거짓된 뉴스도 많고 왜곡된 정보도 많다. 이 때문에 미디어의 맥락을 정확히 이해하고, 심층적이고 비판적인 관점에서 수용할 수 있는 미디어 리터러시의 중요성이 매우 커졌다. 현상을 제대로 파악하고 올바른 가치관을 가질 수 있도록 미디어 리터러시에 영향을 미치는 요인들이 무엇인지를 알아보는 것이 필요하다. 이를 바탕으로 미디어 리터러시 함양 방안을 실질적으로 구체화하는 것이 필요하다.

📑 DBpia 추천 논문

- 노창희, 성동규. (2015). 문화자본이 미디어 리터러시 형성에 미치는 영향. 언론과학연구, 15(3), 97-130.

관련 전공/지원 학과로부터 ≫ 과제탐구의 질문 찾기!!

[ICT 관련 전기정보, 컴퓨터공학, 소프트웨어, ICT융합 등]

1) 서울대 전기정보공학부

910명의 대학원생 및 976명의 학사 과정 학생들이 전력/전기에너지시스템, 통신/신호처리, 로봇/제어시스템, 디스플레이/광공학, 반도체/회로, 컴퓨터하드웨어/SW, 임베디드 시스템, 생체전자 등 폭넓은 분야에서 공부함.

2) 서울대 컴퓨터공학부

컴퓨터 공학의 기초를 이루는 컴퓨터 구조 및 설계, 소프트웨어시스템, 네트워크, 컴퓨터 이론은 물론 모바일 컴퓨팅, 멀티미디어, 컴퓨터게임, 그래픽스, 내장형 시스템, 바이오 컴퓨팅, 유비쿼터스 컴퓨팅, 전자상거래, 암호 및 보안 등과 같은 첨단의 영역까지 연구함.

임베디드 시스템은 하나 이상의 주 처리 코어로 제어되는데, 이 코어는 보통 마이크로콘트롤러 또는 디지털 신호 처리 장치이다. 그러나 특정 임무 전용으로 사용되며, 때로 매우 강력한연산능력이 요구될 수도 있다.
외형적으로 임베디드 시스템의 범위는 들고 다닐 수 있는 디지털시계와 MP3 재생장치부터 커다란 고정 설비, 예를 들어 교통 신호등/공장 제어 장치 또는 원자력 발전소 제어 시스템에 이른다. 복잡성도 다양하여 한 개의 마이컴만 사용한 것부터 매우 복잡한 여러 단위와 주변장치, 네트워크를 갖추고 큰 캐비넷 안에 설치되는 것도 있다.

ICT 관련학과 소개

연세대글로벌융합공학부

개별연구는 1~2학년 학생들이 매 방학마다 학부 내에 있는 연구실에 소속되어서 연구를해보는 것으로 소속된 대학원 선배들이 연구를 어떤 식으로 하는지 직접 볼 수도 있고 실제로 자신이 하고 싶은 연구주제를 세워 연구가 가능함.
통섭연구를 통해 강아지를 위한 임베디드 시스템의 플랫폼을 만드는 것이 연구주제인 사례가 있으며 컴퓨터공학, 전자공학 등의 지식을 연결함.

3) 연세대 글로벌융합공학부

가장 큰 특징으로 내세울 수 있는 것은 개별연구와 통섭연구임!

개별연구는 1~2학년 학생들이 매 방학마다 학부 내에 있는 연구실에 소속되어서 연구를 해보는 것으로 소속된 대학원 선배들이 연구를 어떤 식으로 하는지 직접 볼 수도 있고 실제로 자신이 하고 싶은 연구주제를 세워 연구가 가능함.

통섭연구를 통해 강아지를 위한 임베디드 시스템의 플랫폼을 만드는 것이 연구주제인 사례가 있으며 컴퓨터공학, 전자공학 등의 지식을 연결함.

4-1) 연세대 전기전자공학전공 / 기계공학전공 / 컴퓨터과학과

4-2) 연세대 IT융합공학전공

정보, 전자, 나노, 바이오, 에너지 등 다양한 과학 기술 분야의 수평적 융합과 인문/사회과학, 예술, 디자인 등의 수직적 융합교육을 통해 국제적인 통섭형 리더를 양성하고자 함. 특히 IT융합전공은 대한민국 정부, 산업체 및 대학이 전폭적으로 지원하는 'IT명품인재양성사업'에 선정되어 프리미엄 교육을 수행할 수 있는 기틀을 마련.

5) 고려대 전기전자공학

미래 세계를 주도할 지도자급 인재의 교육과 양성을 목표로 하고 디지털 세상을 열어주는 첨단의 실용학문을 연구함.

6) 고려대 기계공학부

최첨단 실험 기자재로 구비된 풍동실험관, 메카트로닉스실, 내연기관실, CAE실, 정밀가공실, 열환경실험실 등 11개의 우수 실험실을 갖추고 있으며 지속적 개선을 진행하는 중임. 차세대기계설계 인력양성 프로그램을 개설하여 기계공업의 국제 경쟁력 향상에 기여한 바 있으며, 국내외 관련 학계에서 널리 인정받아 다수의 학술상 및 우수논문상 등을 수상함.

7) 포스텍 창의IT융합공학과

2가지 종류의 교과목이 필수 교과목으로 큰 틀을 이룸. 그 한 축은 창의IT설계 교과목으로 총 21학점의 비중이 가장 큼. 일련의 교과목을 통해 IT 학문&기술에 관련된 핵심적인 내용을 강의와 실습 및 설계와 실험들을 아울러 교육을 함. 또한 학생들이 주도적으로 창의적인 과제들을 추진할 수 있도록 program을 진행시킬 예정.
또 다른 축은 창의 studio 교과목임. 다양한 창의 studio 교과목들을 제공하여 6학점은 필수과목으로 나머지는 선택적으로 수강을 할 수 있도록 체계를 갖추고 있음. 창의 studio 과목들에서는 인문사회학적인 상상력을 마음껏 발휘할 수 있도록 교과목을 설계했음.

창의적인 i형
융합인재 양성
(C i E)

IT융합기술 교육과정
- 융복합 Idea 도출을 위한 고급 IT기반 기술지식 배양
- 새로운 Idea의 구현을 위한 융합기술능력 제고

문제해결 교육과정
- 사회과학 · 인문학과 공학 · 과학 등 다양한 분야간 융합 연구를 통한 프로젝트 교육
- 복잡계 문제 해결을 위한 혁신적인 교과과정 운영

가치관 함양 교육
(기업가정신 / 윤리 기준 확립)

창의적인
미래IT융합 연구
(i-LAB)

Creative Convergence
- Creative / System Thinking 기반 Ideation
- 통섭적인 사고를 통한 혁신과 융합 체질화

Smart Solutions
- 국가 성장 동력 개발을 위한 disruptive 혁신 연구
- New Concept Ideation에서 Commercialization 까지 기업가정신 기반 완결형 연구

High Risk, High Impact 연구
(도전적인 연구 발굴 및 수행)

8) 포스텍 컴퓨터공학과

컴퓨터공학은 인간 활동에 기초가 되는 모든 정보처리에 대해 연구하는 첨단 학문으로서 **정보의 관리-저장-전송** 등에 관한 연구와 관련하여 컴퓨터의 본질과 응용에 대한 근본적인 문제를 다룸. 모든 인간 활동이 정보에 근거하여 이루어짐. 따라서 정보의 양과 질의 향상을 목표로 하는 컴퓨터공학은 전 인류의 복지 향상을 위해서 그 중요성이 증대되고 있음.

이러한 추세에 따라 **인공지능, 소프트웨어 공학, 그래픽스, 병렬 컴퓨터** 등 여러 분야에서 **균형적인 발전을 도모**함. 특히 논리적 사고력이 요구되는 컴퓨터공학에서 필요한 **수학 교육도 강조**함!

면접 끝판왕

<면접 끝판왕>이 답인 이유

✓ 1. 현직에 있는 진학 전문 교사들의 생생한 경험을 담았습니다.

✓ 2. 학생부종합전형&교과전형의 중요한 핵심 키워드로 '면접'을 뚫는 해법을 담았습니다.

✓ 3. 다양한 유형의 질문을 활용해 스스로 면접을 준비하는 방법을 터득할 수 있습니다.

✓ 4. 학생부를 면접으로 연결하는 전략으로 나만의 면접을 완성할 수 있습니다.

✓ 5. 면접을 위해 학교 활동을 어떻게 하면 좋은지 방향을 제시해 줄 수 있는 책입니다.

✓ 6. 기출면접문항에 추천답변을 제시해 학생들이 답변을 만들 때 길잡이가 될 수 있는 책입니다.

✓ 7. 다양한 분야의 시사이슈를 수록해 심층 면접도 대비할 수 있는 책입니다. 시사이슈에 대한 대비는 지적인 소양의 향상은 물론, 토론 역량도 길러주는 일석이조의 효과가 있습니다.

✓ 8. 방대한 양의 자료를 활용해 계열별, 학과별로 면접 문항과 추천 답변을 참고할 수 있게 세분화했습니다.

✓ 9. 면접 문항에 담긴 키워드를 학생부와 자기소개서에서 추출할 수 있도록 실질적인 사례를 제시 하고 있습니다.

✓ 10. 기존의 면접 책들이 '면접 기출문항', '면접 소개'에 주력한 것과 달리 독자들이 책을 읽으면 면접장에서 자신감을 가질 수 있도록 구체적인 방법을 제시했습니다. 단계별로 면접 방법을 제시해 독자들이 읽기만 해도 실제 면접에 참여하는 효과를 거둘 수 있도록 차별화했습니다.

공부 끝판왕

<공부 끝판왕>이 답인 이유

✓ 1. 내가 공부가 안 된 이유, 콕콕!

✓ 2. 학년별 오르는 공부 끝판 전략, 콕콕!

✓ 3. 성적대별로 선택하고 집중할 과목, 콕콕!

✓ 4. 고1, 2, 3 학년별, 점수별 인강 추천, 콕콕!

✓ 5. 고1, 2, 3 학년별, 점수대별 문제집 추천, 콕콕!

✓ 6. 국어, 수학, 영어, 사회, 과학 끝판 공부법, 콕콕!

✓ 7. EBSi, M스터디, E투스의 활용 극대화 분석, 콕콕!

✓ 8. 진학기반의 상, 중, 하위권별 공부 개인 코칭, 콕콕!

✓ 9. 선배들의 뼈있는 공부를 위한 조언과 경험 나눔, 콕콕!

✓ 10. 3월, 6월, 9월, 11월(수능)까지 시기별 대비 특강, 콕콕!

※ 구입처 : https://mybestedu.kr | 활용 문의 : 010.9045.5874

학생부 끝판왕 1권

<학생부 끝판왕>이 답인 이유

✔ 1. 합격한 학생부를 분석하여 내 것으로 할 수 있다.

✔ 2. 단순한 지침이 아닌, 실제 활동과 전략이다.

✔ 3. 나의 학생부와 비교하면서, 부족한 학교생활의 방향을 잡을 수 있다.

✔ 4. 학교활동 중 나에게 딱 맞는 의미 있는 활동이 무엇인지 알 수 있다.

✔ 5. 대학에서 요구하는 활동이 구체적으로 실현되는 부분을 알 수 있다.

✔ 6. 학과별(계열별) 합격생의 학생부를 분석하여 학생 개인별 맞춤형이 가능하다.

✔ 7. 구체적으로 소개된 내용을 활용하여 수업이나 동아리 계획을 구상할 수 있다.

✔ 8. 진로에 맞춘 수업 선택을 고민하고, 전략적으로 택할 기회를 제공한다.

✔ 9. 합격공통요소가 정리되어 진학하고자 하는 계열의 합격 방향을 생각해볼 수 있다.

✔ 10. 다양한 활동에서 새로운 접점을 찾아낼 수 있다.
   (여러 활동을 통해 내게 필요한 새로운 활동을 개발할 수 있다)

학생부 끝판왕 2권

<학생부 끝판왕>이 답인 이유

✔ 1. 합격한 학생부를 분석하여 내 것으로 할 수 있다.

✔ 2. 단순한 지침이 아닌, 실제 활동과 전략이다.

✔ 3. 나의 학생부와 비교하면서, 부족한 학교생활의 방향을 잡을 수 있다.

✔ 4. 학교활동 중 나에게 딱 맞는 의미 있는 활동이 무엇인지 알 수 있다.

✔ 5. 대학에서 요구하는 활동이 구체적으로 실현되는 부분을 알 수 있다.

✔ 6. 학과별(계열별) 합격생의 학생부를 분석하여 학생 개인별 맞춤형이 가능하다.

✔ 7. 구체적으로 소개된 내용을 활용하여 수업이나 동아리 계획을 구상할 수 있다.

✔ 8. 진로에 맞춘 수업 선택을 고민하고, 전략적으로 택할 기회를 제공한다.

✔ 9. 합격공통요소가 정리되어 진학하고자 하는 계열의 합격 방향을 생각해볼 수 있다.

✔ 10. 다양한 활동에서 새로운 접점을 찾아낼 수 있다.
   (여러 활동을 통해 내게 필요한 새로운 활동을 개발할 수 있다)

※ 구입처 : https://mybestedu.kr | 활용 문의 : 010.9045.5874

과제탐구 끝판왕

<과제탐구 끝판왕>이 답인 이유

✓ 1. 과제탐구 활동을 하고 싶은 학생에게 로드맵 제공

✓ 2. 과제탐구 수업을 하고 싶은데 부담만 있는 선생님께 손쉬운 전략 제공

✓ 3. 학생의 성장을 위한 활동으로 다양한 학교 프로그램을 진행할 아이디어와 노하우 제공

✓ 4. 주제별 탐구보고서를 통해 동아리활동이나 교내대회 준비와 연동되는 가이드라인 제공

✓ 5. 학생마다 각자의 브랜드로 특화된 학교생활기록부의 기재항목별 영역이 유기적으로 연결

✓ 6. 학생의 관심 분야와 도전할 만한 학문적 범위를 좁히고, 탐구 활동을 통한 연구의 몰입 경험

✓ 7. 탐구 활동을 통해 배경지식을 쌓는 과정 훈련과 [독서활동상황]에 기록될 심화 독서는 덤

✓ 8. 학생이 희망하는 진로 분야의 경험을 통해 자기주도적 문제해결능력을 기르고, 이를 [과세특]에 드러낼 전공적합성 강화

✓ 9. 학생부의 비교과 활동의 핵심 근거가 되어줄 과제탐구 활동은 [행동특성 및 종합의견]에 리더십과 탐구심을 드러낼 핵심 근거

✓ 10. 발명 및 창업 캠프, 디자인 활동, 4차 산업혁명 캠프 등과 연계한 탐구 활동 학교 프로그램을 구성하여 [개인별 세특]에 기록

자소서 끝판왕

<자소서 끝판왕>이 답인 이유

✓ 1. 학생별 개별화 진로지도 전략 수록

✓ 2. 고등학교 생활 전반의 진로요소 추출

✓ 3. 진로에 맞춘 진학 설계의 다양한 Tip 제공

✓ 4. 진로지도를 하고 싶은 교사에게 로드맵 제공

✓ 5. 진로에 기반한 진로진학 상담의 노하우 제공

✓ 6. 진로수업이나 진로지도에 필요한 활동지 제공

✓ 7. 고등학교 창의적 체험활동을 진로로 묶어내는 방법 수록

✓ 8. 면접부터 멘탈관리까지 진로진학 지도의 실질적인 부분 기록

✓ 9. 학생 자신도 모르는 부족한 부분을 제대로 집어낼 방법 소개

✓ 10. 공부스타일 진단과 플래너 사용 등 실제적인 진로코칭 방법 수록

※ 구입처 : https://mybestedu.kr | 활용 문의 : 010.9045.5874

진로 끝판왕 1권

<진로 끝판왕>이 답인 이유

- ✔ 1. 학생별 개별화 진로지도 전략 수록
- ✔ 2. 고등학교 생활 전반의 진로요소 추출
- ✔ 3. 진로에 맞춘 진학 설계의 다양한 Tip 제공
- ✔ 4. 진로지도를 하고 싶은 교사에게 로드맵 제공
- ✔ 5. 진로에 기반한 진로진학 상담의 노하우 제공
- ✔ 6. 진로수업이나 진로지도에 필요한 활동지 제공
- ✔ 7. 고등학교 창의적 체험활동을 진로로 묶어내는 방법 수록
- ✔ 8. 면접부터 멘탈관리까지 진로진학 지도의 실질적인 부분 기록
- ✔ 9. 학생 자신도 모르는 부족한 부분을 제대로 집어낼 방법 소개
- ✔10. 공부스타일 진단과 플래너 사용 등 실제적인 진로코칭 방법 수록

진로 끝판왕 2권

<진로 끝판왕>이 답인 이유

- ✔ 1. 너무나 다른 학생별, 상황별 진로 진학 상담 노하우를 제공해요
- ✔ 2. 진로를 잘 모르셔도, 진로에 기반한 성장 설계 방법을 제공해요
- ✔ 3. 고등학교 담임교사의 수고를 덜어줄 시기별 맞춤 워크북을 제공해요
- ✔ 4. 막막한 창체 진로수업이나 진로지도에 쓰기 딱인 활동지를 제공해요
- ✔ 5. 매번 바뀌는 진학지도가 부담되는 선생님에게 쉬운 로드맵을 제공해요
- ✔ 6. 고등학교 생활 전반의 진로요소를 추출하여 진학으로 연결할 비법을 제공해요
- ✔ 7. 자소서부터 면접, 멘탈관리 지도까지 진로진학 지도의 실질적인 기술을 제공해요
- ✔ 8. 손 떨리는 고3 지도를 위한 학생별, 시기별 맞춤형 진로진학 지도전략을 제공해요
- ✔ 9. 기반을 잘 쌓아야 하는 고1, 2를 위한 시기별, 상황별 상담지도방법과 활동지를 제공해요

※ 구입처 : https://mybestedu.kr | 활용 문의 : 010.9045.5874

선생님을 돕는 에듀테크 '가르치는 사람들'
진로, 진학, 미래, 학습 분야 베스트셀러 추천도서

합격한 학생들의 학생부 엿보기

합격생들이 가장 많이한 활동
합격생들의 창체기록과 교과
세특 합격생들의 교과선택과
기록 워크북

선생님, 컨설턴트분들의 비밀 지도서

진로(직업), 진학(입시) 기반
활동 매뉴얼
공부실력 높이는 지도 전략
진학의 기초와 합격하는 입시
지도전략

고등학교 1, 2, 3학년 공부의 모든것

공부가 안된 이유10가지학년별
공부 끝내기
과목별 점수대별 성적 올리기
내신, 모의고사 공부의 모든
전략

학생부와 성장의 꽃! 과제탐구

과제탐구는 누구나, 어디서든
가능한 방법 제시
나만의 과제탐구 주제 잡기
수행평가, 발표활동에서 뽐내기
전략과 차별화 세특 작성

이제는 합격 수기다! 자소서 끝판왕

종합 전형의 합격 수기!
자소서로 종합전형 로드맵을
구성하라 따라만하면 나만의
자소서 완성! 모든계열의 활동
연결과 기록비법

더욱 더 중요해지는 면접에 강해지다

꼭 준비할 빈출 20개 질문
학교별기출&제시문 빅데이터
자료 답변 예시와 개인화하는
방법

중학 생활의 모든것!

중1 자유학기제 진로성장 전략
중2 평가가 시작! 성적올림 전략
중3 고입, 대입의 시작! 나의
입시 전략을 세우는 시간
고교 학점제 완벽 대비

영어 내신과 최저 전략서

영어에서 자주 틀리는 원인과
해법 헷갈리는 구문, 어휘,
어법 깨기
수행 평가, 수능 듣기, 독해의
약점 극복과 1등급 준비서

국어 내신과 최저 전략서

오답 빈도가 높은 국어 문제
분석과 솔루션으로 오답이 강
점으로 탈바꿈!
수행평가, 수능 국어의 핵심
개념 학습

수학 내신과 최저 전략서

수포자눈물닦아주기 프로젝트
왜 수학을 포기 하는 지 알고,
극복! 수포자 유형별, 극복
전략, 점수 업로드!

교육학 수업의 바이블

교육학 교양과목을 즐겁게!
교육학과 실제교육의 연결스
토리 논술, 면접문항으로 활동
극대화 학생과 함께 토론하고
참여하는 수업 교재

소프트웨어 수업의 종합지침서

초, 중, 고를 잇는 SW, IT, AI
수업과 활동이 이 한 권으로
완성! 자기 주도로 준비 하는
솔루션 전략으로 특기자 전
형, 종합 전형 합격

고등학교 활기차게 비상하라!

고1, 2, 3학년 활동 포트폴리오
창체수업, 진로활동, 행사기록
을 한 곳에! 전교생 3년 간 1권
에 성장활동 기록

20대를 시작하는 너에게

새내기대학생 상황별 생활가
이드 20대는 처음이지? 21세
기 사회 생활트렌드 분석한 나
만의 자기계발서

교육너머 교육을 기획하는 사람들!

어떻게 살 것인가 : 성장 하지
않는 다면 결코 만족할 수 없을
것이다!
역량 성장과 도전을 위한 실전
가이드

※ 구입처 : https://mybestedu.kr | 활용 문의 : 010.9045.5874

AI 기반의 온라인 학생 컨설팅상담 프로그램
My Best 진로, 진학, 미래, 학습

실력

고등 My Best 1.
계열성향검사

계열성향 검사로 나에게 맞는 계열 파악 나의 계열에 따른 직업, 학과 나의 계열에 따른 활동 전략

실력

고등 My Best 2.
학생부 로드맵

나의 학생부 준비 점수 분석 점수별 학생부 보완 활동 전략 나의 계열별 학교 활동 솔루션

실력

고등 My Best 3.
합격 공부

학년별, 점수대별 나만을 위한 공부코치 국영수, 사과 내신준비의 모든것 국영수, 사과 수능준비의 모든것

실력

고등 My Best 4.
3색줄 독서 솔루션

나의 독서 능력분석과 향상 전략 진로 독서와 노벨상 수상자의 딥다이브 독서법 3색줄 독서전략으로 심층독서

실력

고등 My Best 5.
합격 과제탐구

과제탐구 준비도를 파악하라! 마베대로 따라하면, 과제탐구 끝 워크시트를 채우며 작성하는 코칭

입시

고등 My Best 6.
합격 대학&전형

현재 내신&모의고사 기반 입시 컨설팅 고 1, 2학년의 대학과 전형 다지기 컨설팅 고3의 마지막 전략 완성 컨설팅

입시

고등 My Best 7.
합격 교과선택

고교학점제 기반의 학과별 필수 선택 학과3개의 교과 선택과 교과정보 우리학교 교육과정에 없는 교과 해결법

입시

고등 My Best 8.
합격 학생부

합격생들이 가장 많이한 활동 합격생들의 창체기록과 교과 세특 합격생들의 교과선택과 기록 워크북

입시

고등 My Best 9.
합격 자소서

종합전형의 합격 수기! 자소서로 종합전형 로드맵을 구성하라 챕터별로 따라 하면 나만의 자소서 완성

입시

고등 My Best 7.
합격 교과선택

고교학점제 기반의 학과별 필수 선택 학과3개의 교과 선택과 교과정보 우리학교 교육과정에 없는 교과 해결법

중학

중학 My Best 12, 13
중학계열성향검사
공부 끝판왕

고교학점제 준비는 계열파악이 먼저! 계열별 학교활동 로드맵 과목별 공부접근법, 방법 알기 플래너로 시간을 내가 관리

중학

중학 My Best 13.
고입 & 대입가이드

고교 선택전략! 일반고 vs 특목고 나의 자존감, 회복 탄력성을 읽어라 각 학교의 특징과 준비 방법 익히기

역량

역량 My Best 14, 15
미래역량 창의성 솔루션
미래역량 리더십 솔루션

나의 리더십과 창의성 역량 지수를 파악 실행할수 있는 리더십 역량 계발 창체활동 역량을 키우는 방법

역량

역량 My Best 16, 17
미래역량 문제해결 솔루션
미래역량 소통 솔루션

나의 문제 해결과 소통 역량 지수를 파악한다 세특의 핵심 문제해결력 키우기 소통역량 을 높이는 방법을 계발

역량

역량 My Best 18, 19
미래역량 프로젝트 솔루션
미래역량 전략적사고 솔루션

나의 프로젝트와 전략적사고 역량지수를 파악한다 프로젝트 역량을 올리는 방법 전략적사고 역량을 키우는 방법

※ 구입처 : https://mybestedu.kr | 활용 문의 : 010.9045.5874

My Best 학년별 연간 프로그램

1학년은 진로!
기간별 학생 성장 프로그램

프로그램	**고1 진로다**
참여대상	고등학교 1학년
참여비용	검사비용X학생수, 강사비 별도(요청시)
세부내용	특강형 ✓, 캠프 활동형 ✓, 컨설팅형 ✓

3, 4월 나를 알다

- 내게, 친구가, 부모에게 묻자. 나의 흥미와 적성은?
- 검사지로 성향 검사하자
- 미션 설정 하자

가이드7. My Best 계열 성향 검사

5, 6월 성적을 알다

- 내신 성적의 의미
- 모의고사 성적의 의미
- 교우 관계의 의미

가이드1. My Best 대학과 전형 가이드

7, 8월 공부를 알다

- 1학기 돌아보기
- 자기주도계획 수립과 실행
- 성장 경험 공부

가이드5. My Best 공부 가이드

9, 10월 나를 파다

- 자기주도학습 잇기
- 교과선택 계열 적합성
- 학과를 탐하라

가이드6. My Best 교과선택 가이드

11, 12월 성적올리다

- 시험기간 전략 시간관리
- 피드백 즉 오답지
- 성적 올리는 공부성향법

가이드2. My Best 학생부 가이드
가이드6. My Best 합격 학생부 포트폴리오

1, 2월 2학년이다

- 1학년 돌아보기 PMI
- 방학자기주도 학습과 경험
- 2학년 미리 겪어보기

가이드3. My Best 자소서 가이드

※ 구입처 : https://mybestedu.kr | 활용 문의 : 010.9045.5874

https://mybestedu.kr PROGRAM2

2학년은 진로&진학! 기간별 학생 성장 프로그램

프로그램	**고2 진진이다**
참여대상	고등학교 2학년
참여비용	검사비용X학생수, 강사비 별도(요청시)
세부내용	특강형 ✓, 캠프 활동형 ✓, 컨설팅형 ✓

3, 4월 다시 나를 알다
- 진로 좁히기 방법
- 1학년의 나를 분석하라
- 2학년 진로 공부 진학을 설계

가이드1. My Best
대학과 전형 가이드

5, 6월 다시 성적을 알다
- 공부성향 분석
- 자기주도 맞춤형 공부법, 인강, 학원
- 대학과 학과에 필요한 공부 잡기

가이드5. My Best
공부 가이드

7, 8월 다시 공부를 알다
- 1학기 돌아보기
- 혼자 공부, 함께 공부
- 대학 생활과 취업 간접 공부

가이드6. My Best
교과선택 가이드

9, 10월 다시 나를 파다
- 나를 객관화 하라, 위치
- 무엇에 집중할 것인가
- 부모님과 교사, 외부자원을 통해 지원받기

가이드2. My Best
학생부 가이드
가이드6. My Best
합격 학생부 포트폴리오

11, 12월 교과선택과 진학
- 나에게 필요한 교과선택
- 대학과 전형 좁히기
- 학생부, 자소서, 면접 시도

가이드3. My Best
자소서 가이드
가이드 4. My Best
면접 가이드

1, 2월 3학년이다
- 2학년 돌아보기 PMI
- 방학기간 진학, 진로 공부
- 3학년 미리 겪어보기

가이드1. My Best
대학과 전형 가이드
가이드3. My Best
자소서 가이드

※ 구입처 : https://mybestedu.kr | 활용 문의 : 010.9045.5874

My Best 학년별 연간 프로그램

3학년은 진학!
기간별 학생 성장 프로그램

프로그램	**고3 진학이다**
참여대상	고등학교 3학년
참여비용	검사비용X학생수, 강사비 별도(요청시)
세부내용	특강형 ✓, 캠프 활동형 ✓, 컨설팅형 ✓

3, 4월 대학과 전형

- ◆ 성적별 대학, 전형 파악
- ◆ 대학 조건 파기
- ◆ 나의 스펙 분석

가이드2. My Best
학생부 가이드
가이드6. My Best
합격 학생부 포트폴리오

5, 6월 내신 끝장

- ◆ 선택과 집중 내신
- ◆ 수능과 연결이다
- ◆ 학생부와 연결이다

가이드1. My Best
대학과 전형 가이드

7, 8월 원서 끝장

- ◆ 성적대별 대학과 학과 좁히기
- ◆ 나의 장점 분석, 최선 뽑기
- ◆ 자소서와 지원 & 수능 최저

가이드3. My Best
자소서 가이드

9, 10월 수능, 대학별 전형

- ◆ 수능이다, 최저다
- ◆ 면접과 대학별 고사
- ◆ 멘탈 관리

가이드4. My Best
면접 가이드

11, 12월 수능과 정시

- ◆ 수능점수의 의미
- ◆ 정시를 탐하라
- ◆ 버려진 시간 줍기

가이드4. My Best
면접 가이드
가이드 1. My Best
대학과 전형 가이드

1, 2월 대학생이다

- ◆ 고등학생은 잊어라
- ◆ 알바와 체험
- ◆ 독서와 진짜공부

※ 구입처 : https://mybestedu.kr | 활용 문의 : 010.9045.5874

끝판왕 추천후기

하*숙님
👍 독자후기

지난 주 신청한 자소서 끝판왕 책이 도착하여 꼼꼼히 읽어보고 부족하지만 후기 올려봅니다.
자소서의 각 문항의 작성 팁을 통해 먼저 전체 틀을 잡고 각 항목별로 평가요소에 맞춰 학생이 한 활동을 끼워 넣을 수 있는 장치가 되어 있고 계열별 학과별 사례까지 예시되어 있어 막막함에서 헤매다가 불빛을 찾은 거 같아 자소서 작성에 자신감을 갖게 되었습니다 저자 선생님들께 감사드립니다.

양*동선생님
👍 전문가 후기

이 책은 다년간 학생들의 자기소개서 작성을 지도하는 과정에서 이끌어낸 자기소개서 각 항목별 작성 비법을 한곳에 모아둔 비법서임이 틀림없다. 수시 모집의 당락을 좌우하는 학교생활기록부 자기소개서 면접의 연계를 가져다 줄 학생부종합전형 비법서가 바로 당신의 눈앞에 있다 힘든 길을 택하면 미래가 편해진다 라는 신념으로 학생부종합전형에서 당신의 길을 찾고자 한다면 이 책은 무한한 길잡이가 될 것이다.

두*맘님
👍 독자후기

현직선생님들의 감수를 하고 현직선생님들이 저자들이셔서 공교육 안에서 할 수 있는 면접 준비를 면접끝판왕을 통해서 할 수 있을 것 같습니다. 계열별로 나누어져 있고 자소서와 학생부를 활용해 면접 문제를 추출할 수 있는 방법도 함께 실려 있어 유용하게 쓸 수 있을 것 같습니다.
저희 아이의 경우 교육 계열이라 교육 계열 부분만 살짝 맛보기 하였는데 각 교육청에서 제공하는 자료를 바탕으로 사례를 들고 있어 더욱 신뢰할 수 있었습니다.

에듀동아
 출간기자

면접 문항에 담긴 키워드를 학생부와 자기소개서에서 추출할 수 있도록 실질적인 사례를 제시하고 있어 향후 대입 면접을 위해 학교 활동을 어떻게 하면 좋을지 그 방향을 제시해 주고 있는 책이다.
출판사 측은 "기존의 면접 대비서가 면접 기출문항이나 면접 소개에 주력한 것과 달리 이 책은 독자들이 면접장에서 자신감을 가질 수 있도록 구체적인 면접 대비 방법을 단계별로 제시하고 있다"면서 "이 책을 읽기만 해도 실제 면접에 참여하는 효과를 거둘 수 있을 것"이라고 밝혔다.

mama313님
👍 독자후기

이런 분들에게 꼭!!!! 필요한 책입니다.
공부하는 방법을 제대로 알고 싶은 학생 또는 방법을 알아서 자녀들에게 알려주고 싶은 부모님께 강추!!! 저도 초등교사로 공부는 이렇게 하는 거야라고 말해주기는 하지만 좀 더 구체적인 방법에는 설명이 늘 부족함을 느껴왔는데 이 책을 읽고 속이 시~원해지는 느낌을 받았다고 할까요? 공부하는 방법에 대해 구체적으로 사례를 들어가며 총체적으로 설명해주어서 넘 도움이 되었어요. 저희 아이들에게 적용 중이며 큰 딸아이는 직접 읽어보더니 도움이 된다고 합니다. 중고등 학생과 학부모님들은 꼬~옥 읽어보시길 추천합니다~

isom85님
👍 독자후기

고등 딸을 둔 엄마이자 아이들의 나침반이 되어야 할 나에게 공부면역력을 키워주게 도와줄 보물 같은 책입니다. 지인들에게 선물하고, 고등 딸에게 읽히고, 저 역시 옆에 끼고 보고 있어요. 정말정말 강추합니다.

독자후기

정보가 부족한 학부모에게 유용한 자료로 도움이 됩니다 학생들도 자신의 진로방향에 길라잡이 역할을 할 수 있을 것 같습니다. 학교선생님보다 더 자세한 상담자료로 가치가 크다고 생각됩니다.

1. 정시전형의 경우 지원가능 대학의 리스트가 많은데 수시전형의 경우는 전반적으로 지원가능대학의 리스트가 적어요.
2. 학생부 교과전형 지원가능대학 리스트에 평균 등급이 표기되면 좋을 듯 합니다.
3. 성적에 맞게 원하는 지역 계열로 추천해주시어 한번에 비교가 가능하여 좋았습니다.
4. 처음 과목별 내신등급 입력시 단위 수가 다른 과목들의 경우 등급계산이 애매했어요 등급 기재에 대한 안내가 살짝 되었으면 했습니다.
5. 사용후기의 수능전형의 선지답안이 논술답안 그대로 였어요 내년에 첫아이가 고 3이 되니 입시에 대해선 잘 모릅니다. 나름 공부를 하면서 다양한 전형들 속에서 아이에 유리한 전형을 생각해보았는데 그걸 확인하는 기회가 되어 좋았습니다.

수시전형의 추천대학이 더 추가 된다면 완벽할 듯 합니다. 감사합니다.

체험후기

저는 큰애가 고 3입니다 교과와 학종 투 트랙으로 지원했어요.

그래서 정시나 논술에 대한 평을 어찌할지 몰라 보통으로 했습니다. 교과와 학종도 설문 조사할 때부터 지망 순서대로 선택하는 항목에 따라 가능 대학을 추천해 주셨으면 하는 아쉬움이 남습니다 또한 현재 모의나 내신상태에서 어느 선까지 도달했을 경우 어느 선의 어느 대학까지는 원서 지원이 가능할 수도 있다. 뭐 이런 커리가 나오면 학부모나 아이 입장에서 목표도 생기고 동기부여가 될 수 있을 것 같습니다.

가령 저희는 화생공 약대 순으로 고려 중이거든요. 그럼 현재 가능 대학은 이 선이고 좀 더 끌어 올리면 이 대학선까지는 원서 제출을 할 수 있을 것 같다 요렇게요. 문자로 하려니 전달이 제대로 되었을지 모르겠네요. 앞으로도 꾸준히 받아 볼 수 있다면 받아 보면서 코멘트를 더 해드리고 싶네요. 좋은 일들을 하셔서요.

체험후기

전체적으로 유용합니다. 감으로만 예상했던 리스트가 작성되니 내년에도 꼭 활용하고 싶네요.

다만, 학종 부분과 논술은 모고 성적 대비 너무 낮게 작성되지 않았는지요. 전사고라 내신이 낮지만 모고 성적이 기준이 되어 주는게 아닌지 의문이 있네요. 실제 원서 쓸 때도 모고가 기준이 되어 학종과 논술 섞어 수시 6장을 쓰지 않을까 싶은데요.

체험후기

전체적으로 프로그램 아이디어가 너무 좋아요.

어디를 갈지 진학에 대해 막막했던 학생 입장에서는 큰 희망이 될 것 같아요. 부족한 점이나 보완할 점들을 알려주니 어떻게 해야 할지 방향 설정도 되구요. 내신성적 모의고사 성적 분석의 총평은 매우 좋습니다. 지원할 수 있는 대학의 가능성을 세밀하게 말해주고 있어서요.

지원가능 대학의 학과를 전 모집단위보다 좀 더 자세히 나타내줬으면 좋겠습니다 학생이 원하는 학과를 선택할 수 있도록 해서 전국의 대학 중에서 본인이 원하는 학과 위주로 지원 가능 대학을 알려주시면 좋겠습니다 내신 성적을 입력할 때 각 학년별로 과목별 등급을 입력하여 뚜렷한 성적 입력이 가능하면 좋겠습니다 수시로 지원하는 친구들에게 정시 모집단위도 알려줘서 수능에 미리 대비하고 준비하는 기회가 될 수도 있을 것 같아 좋습니다.

독자후기

이렇게 세세히 각 전형마다 설명이 있을 줄 몰랐습니다.

그냥 간단한 내용으로 전달해 주실 줄 알았는데 각 전형마다 어찌해야 하는지 자세한 설명에 감탄했습니다. 진짜 최곱니다.

My Best 추천 후기

체험후기

대학과 전형에 이어 학생부 분석 자료 잘 받았습니다. 대학과 전형은 실제 대학 지원에 있어 현재 내신과 모의 성적을 바탕으로 지원이 유리한 전형들에 대한 안내 및 해당 대학 및 학과들을 콕 집어 추천해주시어 좋았습니다. 거기에 반해 학생부 분석의 경우는 학생부 자체를 분석하다 보니 같은 학생부라도 답하는 사람에 따라 다른 답들을 선택할 소지가 있고 또 학생부 자체를 점수로 메기는 부분에 있어 어려움이 컸으리라 봅니다. 또한 보내주신 자료 중 제 아이에 대한 분석 자료는 전체 자료 중 얼마 되지 않았고 그보단 학생부 전형을 위한 전반적으로 챙겨져야 할 부분들이 안내가 들어 있었습니다. 이 자료는 고 2보단 고 1이 미리 알고 챙겨지면 더 좋겠단 생각입니다. 학생부 영역별 평가표를 보니 아이에게 부족한 영역이 한눈에 보여 수시전형의 학종을 생각하는 아이들에게는 많은 도움이 될 듯합니다. 그리고 학생부 기록에 있어 학생이나 부모님이 아셔야 할 안내가 잘 되어 있네요. 끝 부분에 아이가 진학하길 원하는 계열 관련 동아리 및 봉사활동 안내가 구체적으로 잘 되어 있고 원하는 계열에 대한 다양한 직업명이 소개되어 있습니다. 그리고 진학을 원하는 학과 관련 고교 선택과목 소개 및 진학을 원하는 학과에 관련된 추천도서도 잘 되어 있습니다. 정시 쪽으로 기운 큰 아이에겐 그닥 도움이 되진 않지만 곧 고등학생이 될 둘째는 이 자료를 참고로 잘 챙겨 봐야겠어요. 감사합니다.

체험후기

'현재 나의 학생부를 알자 에서 학생부를 다 드린 것이 아니라서 세부적인 내용 설명을 듣지 못하는 아쉬움은 있습니다. 그래프에서 한눈에 영역 중 무슨 영역이 높고 낮은지를 판단할 수 있는 것은 좋습니다. 낮은 영역에 대한 추가 설명이 좀더 구체적으로 있었으면 합니다.

체험후기

'나만의 명품 만들기 에서는 다른 학생부 가이드 북보다 좀더 자세히 설명되어 있는 부분이 많아 좋습니다. 학교 생활에서만 알 수 있을 만한 내용이 첨부되어 있어 좀더 공들여 읽어야겠다는 생각을 했습니다.

체험후기

저는 학원 설명회 대학교 입시설명회를 통해 얻은 지식들과 대학 입사관 1:1 상담, 학생부 읽기를 위한 강의 수강 경험을 통해 저희 아이의 학생부를 조금이나마 객관적으로 볼 수 있는 상황이었습니다. 1학년 기준 학생부를 개인적으로 읽었을 때 중간 중상 정도라고 판단했는데 막상 컨설턴트 상담을 통해 진단해 보니 중하 수준이었습니다. 그래서 좀더 엄격하게 학생부를 다시 한번 진단하고 문맥상에서 공통적인 ctrl V 내용이 아닌 우리아이의 특성을 나타내는 개인화된 서술을 중심으로 살펴보게 되었고 항목간의 유기성을 가지는 내용 연계되어 발전 가능성을 보여주는 맥락에 대해 고민하게 되었습니다.

체험후기

학종을 준비하는 고 1, 2학년과 학부모에 매우 적절하다고 생각합니다. 개인별 특성에 대한 의견은 좀 부족하지만 기입한 자료가 적으니 당연하다고 생각합니다. 대신 공통 내용은 학종을 잘 모르는 학생과 학부모도 알 수 있도록 구체적으로 길안내를 해 주는 지침서 및 체크리스트로 매우 유용합니다.

체험후기

학생부 평가에서 가장 중요한 영역들을 알게 되었고 영역들 준비에 도움이 되었습니다. 독서 기록하는 방법, 전공별 도움되는 봉사활동, 동아리 활동, 체험활동 보고서, 선생님과 소통의 중요성 등 세부적인 부분까지 자세히 설명되어 있어서 좋았습니다.

나만 알고 싶은 과제탐구 끝판왕

초판발행	2025년 3월 7일
지은이	신다인·이성훈·송경훈·김승호·정동완
펴낸이	노 현
편 집	이혜미
기획/마케팅	이선경
표지디자인	권아린
제 작	고철민·김원표
펴낸곳	㈜피와이메이트
	서울특별시 금천구 가산디지털2로 53, 210호(가산동, 한라시그마밸리)
	등록 2014.2.12. 제2018-000080호
전 화	02)733-6771
f a x	02)736-4818
e-mail	pys@pybook.co.kr
homepage	www.pybook.co.kr
ISBN	979-11-7279-064-6 93370

정 가	25,000원

박영스토리는 박영사와 함께하는 브랜드입니다.